智·慧·商·业
创新型人才培养系列教材

U0742427

财税基础

微课版

张樊 朱明会 胡宝云／主编

帅屏 冯俊瑛 牟英杰／副主编

人民邮电出版社

北 京

图书在版编目（CIP）数据

财税基础：微课版 / 张樊，朱明会，胡宝云主编.
北京 ：人民邮电出版社，2025. --（智慧商业创新型人
才培养系列教材）. -- ISBN 978-7-115-67197-4

Ⅰ. F810

中国国家版本馆 CIP 数据核字第 20254MX356 号

内 容 提 要

　　财税基础是电子商务、商务数据分析与应用、网络营销与直播电商等专业的基础课程。本书以学
生为中心，按照"我有财税思维—我可以避免违规—我可以得到更多—我可以创造更多"的设计思路
编写，通过"了解财务思维""了解税务思维""认清风险与成本""走进财务分析""走进财务管理"5
章内容，旨在帮助非财务人员建立财税思维，并树立合规意识和正确的纳税意识，能够规避风险，实
现自我价值和企业价值同步提升。

　　本书内容新颖、讲解透彻、资源丰富，实用性强，既可作为应用型本科院校、高等职业院校相关
专业财税基础、财税素养课程的教材，也可供广大从业人员学习和参考。

◆ 主　　编　张　樊　朱明会　胡宝云
　　副 主 编　帅　屏　冯俊瑛　牟英杰
　　责任编辑　崔　伟
　　责任印制　王　郁　彭志环

◆ 人民邮电出版社出版发行　　北京市丰台区成寿寺路 11 号
　　邮编　100164　电子邮件　315@ptpress.com.cn
　　网址　https://www.ptpress.com.cn
　　三河市祥达印刷包装有限公司印刷

◆ 开本：787×1092　1/16
　　印张：11.25　　　　　　　　2025 年 8 月第 1 版
　　字数：264 千字　　　　　　2025 年 8 月河北第 1 次印刷

定价：49.80 元

读者服务热线：(010)81055256　印装质量热线：(010)81055316
反盗版热线：(010)81055315

前言
PREFACE

　　财税基础是非财会类专业拓展财税思维的课程。党的二十大报告中提出，要"健全现代预算制度，优化税制结构，完善财政转移支付体系""加大税收、社会保障、转移支付等的调节力度""完善个人所得税制度，规范收入分配秩序，规范财富积累机制，保护合法收入，调节过高收入，取缔非法收入"。作为数字经济从业者，我们需要在理解国家财政税收政策的基础上，知晓这些政策对企业和个人的影响。本书严格依据财政部发布的《企业会计准则》和我国现行的各项税收法律法规，从非财税岗位涉及的财税思维构建需求出发，采用案例启发式教学模式，旨在培养学生的财税素养，使其能够提升自身数字思维、规避风险，实现业务财务融合、企业价值提升的目标。

　　本书具有以下特色和创新。

　　（1）**定位精准，难度适宜。**本书基于非财会专业学生学习财务和税务管理知识的需求，本着"能够简单了解账务处理流程，基本看懂财务资料，了解企业财务报表数据背后蕴含的经济意义，明确税制内容，正确计算应纳税额"的原则，通过知识讲解和案例分析，帮助学生深刻理解商务工作岗位中可能涉及的各种财税知识，形成一定的财税思维。

　　（2）**知识讲授与价值引领相融合。**本书通过相关知识点的讲解、课堂讨论、案例分析和思考与练习，来帮助学生培育和践行社会主义核心价值观，树立合规意识和正确的纳税意识，实现专业知识讲授与思想价值引领融合，培养职业道德。

　　（3）**注重数字思维和财税素养的培养。**在大数据技术的影响下，数字思维越来越受到重视，而财税思维是数字思维的体现之一。思维决定行为，行为决定结果。本书通过案例分析等形式，来帮助学生在学习过程中养成用数字思维思考问题的习惯，逐步提升个人的财税素养。

　　（4）**数字资源丰富，线上线下融合。**本书配套搭建了内容丰富的在线课程，并通过二维码提供相关数字资源，同时还有对应的思考与练习，能够帮助学生提升动手操作能力，加深对专业知识的理解。

　　（5）**校企合作，"双元"开发。**基于共建、共享、缓解众多院校开设财税基础课程缺乏教学资源的愿望，本书由四川邮电职业技术学院与立信会计师事务所（特殊普通合伙）四川分所共同开发。从内容的选取到案例的使用，校企双方多次进行认真的审核，力求使本书内容更加丰富实用。书中选用了大量经过脱敏处理的真实企业案例，对学生有较强的指导意义。

本书编写团队成员具有扎实的财税专业理论知识和丰富的实践经验，积累了大量的教学素材，为打造新形态教材奠定了坚实的基础。本书由四川邮电职业技术学院张樊、朱明会、胡宝云任主编，立信会计师事务所（特殊普通合伙）四川分所帅屏、冯俊瑛、牟英杰任副主编，薛萍、袁小雅参与编写，成都京东世纪贸易有限公司杜秋红参与审阅。

尽管编者在编写过程中力求准确、完善，但书中可能仍有不足之处，恳请广大读者批评指正，在此深表谢意！

编者

2025 年 3 月

目录
CONTENTS

第 1 章　了解财务思维

📎 学习目标

知识目标

➤ 了解业财融合，理解财务思维。

能力目标

➤ 能运用财务思维思考企业经营问题；

➤ 能运用业财融合为企业创造价值。

素养目标

➤ 培养爱国情怀，践行社会主义核心价值观；

➤ 培养团结协作意识、财务数据思维意识和职业判断能力；

➤ 弘扬自信自强、守正创新、踔厉奋发、勇毅前行的精神品质。

你知道什么是财务思维吗？具有财务思维和不具有财务思维有什么区别吗？具有财务思维对我们有什么好处？让我们一起来揭开财务思维的神秘面纱吧！

1.1　认知财务思维

财务思维能够提高工作效率，财务思维会给你带来新的思考模式，会给你带来巨额财富！

1.1.1　解读财务思维

财务思维是一种思考问题的视角，需要理解数字背后的逻辑关系和业务含义。使用财务思维思考业务问题是一种良好的职业习惯。

微课视频	动画视频
解读财务思维	数字背后的自由：财务思维启示录

1. 什么是财务思维

什么是财务思维？我们先从不同人的回答中来感悟一下。

税务经理这样说："财务思维就是你对业务的敏感性。看一张凭证，你看到的不是分录，而是业务，是资金流动。你知道这笔业务之前发生了什么，知道之后会带来什么影响，知道中间的涉税环节，更重要的是，知道怎样选择业务活动对企业最有利。"

财务经理这样说："财务思维就是当你审核合并报表初稿时，大约 5 秒钟，就能圈出第一个有问题的数字，接着是第二个……不到 5 分钟，就会跟会计人员提出这些数字的问题。"

销售会计这样说："工厂月末结账时，实际销售成本和账面有十几万元的差额，工厂会计核对了一上午，也没找出到底哪里出错了，只能向总部的销售会计求助。你拿到工厂的数据，10 分钟后，可以告诉工厂，有一笔在途成本数据的小数点错位了。"

可以说，以上都是财务思维的呈现。

首先，财务思维是一种思考问题的视角，即习惯用经济效益来衡量一项决策或选择是否合理，习惯用财务语言解释业务逻辑，习惯用数字来量化分析过程和结果。这些习惯需要在日常工作和学习中培养，要时刻牢记从财务的视角看待企业的问题，心中总是有损益结构，事事不忘问有没有会计利润。

其次，财务思维是理解数字背后的逻辑关系，以及背后的业务含义。就像财务经理，能迅速发现报表数据的问题；就像税务经理，通过一张凭证就能看到完整的业务流程。这些都需要丰富的专业知识和业务基础作为支撑。

最后，财务思维是对数字的敏感度。对数字敏感并不是要求财务人员能解决多么复杂的数学问题，而是要具备对数字的快速反应能力。比如看到目标利润，能知道增长率大概应该是多少；看到两组工厂的对比数据，能很快发现差距。对数字敏感还表现为能快速地记忆数字，比如看到当月的数据，能迅速想起上个月的数据是多少，而不是要翻出报表才能想起。

可以说，财务思维无处不在。财务语言是用来解释商业活动的通用语言，逐渐培养对数字的敏感度，借助财务工具和方法分析问题，就能顺利解决问题，提高工作效率。

动画视频

简言之，财务思维就是用经营活动的结果——财务数据，判断企业经营决策的过程。财务思维可分为两类：结果导向性思维和整体性思维。

财务思维无处不在

图 1-1 所示为结果导向性思维。左边显示的是业务视角，右边显示的是财务视角。业务视角讲究的是过程，财务视角讲究的是结果。无论有哪些业务变量，最后都希望体现在一定的财务变量上，即收入增加、利润提高、现金流充裕、资产质量提高、负债得到控制。

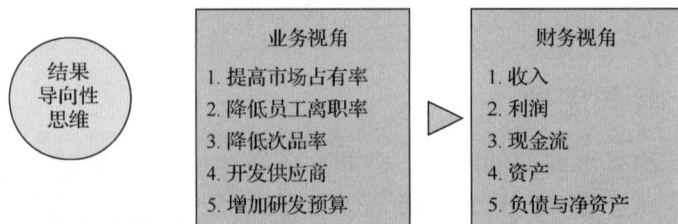

结果导向性思维	业务视角	财务视角
	1. 提高市场占有率	1. 收入
	2. 降低员工离职率	2. 利润
	3. 降低次品率	3. 现金流
	4. 开发供应商	4. 资产
	5. 增加研发预算	5. 负债与净资产

图 1-1 财务思维——结果导向性思维

有一套非常著名的工具，叫作平衡计分卡，其框架如图 1-2 所示。这个工具将具体的业务变量和财务变量对应起来，把战略落实到具体的业务中。平衡计分卡最高级别的变量就是财务变量。财务变量的下一级变量是客户变量,企业为了追求更高的财务绩效,必须服务于客户,去了解市场。客户变量的下一级变量是内部流程变量,即企业要用具体的业务流程来支持其产品和客户。最后一级变量是学习与成长变量。平衡计分卡中每一级变量都对应相应的指标。

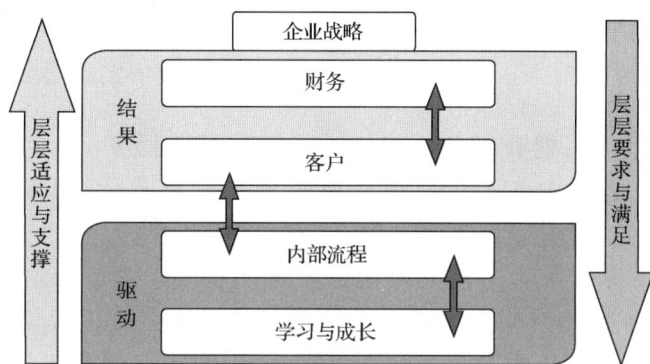

图 1-2 平衡计分卡框架

平衡计分卡的作用就是将战略目标层层分解成具体的业务指标,让业务指标跟战略性目标及财务目标能够顺利对接。

例如,顾客去饭店吃饭,看到一份套餐很不错,但分量太多,吃不完。顾客问饭店服务员,能不能把分量减少一半,少收一半钱。服务员答复不可以,因为饭店有严格的规定,套餐分量不能减半。顾客为了不浪费,同时减少不必要的开销,最终选择离开这家饭店。

从这个例子我们可以看出,一个公司的业务指标再优秀,如果不能顺利转换成财务指标,那其业务优化可能是不持续的。就像前面举的例子,套餐的分量是很足,但是从顾客的角度来讲,他不需要这样的量,最后只好选择放弃点这份套餐。这样,饭店无法获得这笔生意,没有绩效。财务思维的一个特征,就是强调财务结果,即结果导向性思维。

图 1-3 所示为整体性思维。从中可以看出,任何财务变量都不是孤立存在的。比如一个公司的收入情况,它会受到公司资产的制约。公司资产好不好,会直接影响收入;同时收入的变动也会影响资产的增减变动;资产会影响债务,负债会因资产的增减而有所增减。收入变动,利润可能会发生变化,从而引起现金流变动,进而使公司的净资产发生变动。这个财务思维就是整体性思维。因此,在优化财务变量的时候,一定要整体联系起来考虑。

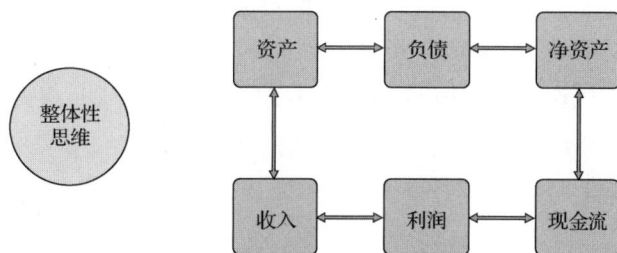

图 1-3 财务思维——整体性思维

假设公司未来的目标是要大幅度提高公司的收入，于是公司就要为实现这个目标购置相应的资产。资产增加会引起债务增加，债务增加会产生费用（如借款费用），这样就会影响利润，最终可能导致公司的资产负债率上升。因此，任何一项业务，都会涉及多个财务变量。财务人员要用整体性、联系性的思维方式，来解决公司的业务和财务问题，千万不可孤立地看待问题。

拓展阅读

拥有财务思维，才能看懂行业秘密

很多人对财务知识有一个误解，觉得这是财务专业人士才应该掌握的知识，其他员工、创业者、企业家不懂财务，好像也没什么关系。其实不是这样的。财务知识是每一位商务人士都应有所了解的，通过它，才能透彻理解商务基本逻辑。虽然做财务报表的是财务人员，但企业的管理人员和普通员工都应该能看懂财务报表。每个行业都有自己的经营策略，企业的管理人员如果不懂这些策略，不管在业内摸爬滚打多少年，都不算入行。而这些经营策略，只有拥有财务思维的人才能够看得懂。

2. 为什么要具备财务思维

为什么要具备财务思维？因为具有财务思维能创造价值。这就要求人人都要有财务思维，财务人员应该具有财务思维，非财务人员也应该具有财务思维。

课堂讨论

销售人员的财务困惑

销售部门是企业中除了财务部门以外与资金打交道最多的部门。销售人员不懂产品制造成本的构成，就不知道如何给产品合理定价，算不清实际的销售成本和销售费用，不知道自己对企业利润表的贡献，不知道应收账款管理办法，不知道收回应收账款对自己业绩的贡献。很多的"不知道"导致销售人员在前端投入大量的精力促成交易，结果在年终考核时，因应收账款没有收回，使得自己的辛苦付出没有得到相应的回报。

请问：为什么会出现销售人员辛苦付出却没有得到相应回报的情况呢？

拥有财务思维的员工，能让工作目标更清晰，行动更迅速，成长更稳健；拥有财务思维的员工，能避免拖延和低效率，提高业绩；拥有财务思维的员工，能及早发现工作中的缺失，在发生危机前弥补；拥有财务思维的员工，能立刻找到"浪费"和"多余"，精简工作流程，轻松达成目标；拥有财务思维的员工，能实时、高效地解决问题。

案例分析 1-1

创业者的财务思维

财务思维能够帮助企业家从量化的角度看待企业经营，让决策更加有效。对于那

些产品还没上市的初创公司来说，如何来做财务管理呢？答案是：盯住现金流。

现金流即现金流量，是指企业一段时间内现金流入和流出的数量。初创公司在收入形成之前，必须准备足够的资金来支撑正常的运营，一直到公司能产生销售收入、产生现金流入为止。

预测初创公司的现金流，需要做好以下三个方面的功课。

第一步，预测收入。把产品（服务）定价、客户数量这二者放在时间框架中看它们如何增长，这便是"收入预测"。

（1）产品（服务）定价。无论公司是销售产品还是提供服务，都有基本的定价。假设公司生产的是耳麦产品，则首先要将零配件的生产成本加上希望的利润得出可能的定价；其次将本公司产品与市场上的同类产品进行比较，了解产品的差异；最后确定合理的定价。如果发现产品价格比生产成本还低，那就要果断放弃这项产品的生产和销售。

（2）客户数量。对于初创公司来说，什么时候获得第一个客户、客户人数到底有多少，这很重要。仍以耳麦产品为例：如果用分销方法去销售，就不妨向成熟的分销商打听，其每月大概可以卖多少个耳麦；如果采用直销，那必须考虑广告的投放。比如，在某社交媒体上做广告，假设浏览量有10万人次，按照广告的有效率是2%～3%计算，那么可能带来2 000～3 000个客户。目标客户是哪些、潜在客户有多少，创业者应该事先调查了解。

（3）时间框架。预测了产品（服务）定价和客户数量之后，需要把它们放进一个时间框架里去，一般来说，创业者需要做3～5年的预测。

初创公司的财务管理要以月为周期。比如公司需要3个月时间设计开发产品，外加3个月时间测试、改进、量产，然后正式投放市场，那么公司获得销售收入最早也要在第7个月。如果分销商还有90天的账期，那么公司可能要到第10个月才能收到货款。初创公司按月进行财务管理，不仅可以拿出具体的数据和投资人讨论细节，还可以用这些数据来对照和指导每个月的日常运营。如果每个月都能达到预测的数据，那么到了年底，即可完成全年计划。

第二步，计算成本。计算成本包括以下几个方面。

（1）固定成本，如人员工资、房租、保险费、职工福利费、办公费等。

（2）可变成本，如原材料、包装、运输、直接人工成本等。

（3）销售成本，如广告、销售、客户服务的成本。

（4）固定资产投入，如办公场地装修和购买办公家具、计算机、生产设备的费用等。

（5）应交税费和其他支出，如增值税、企业所得税等。

第三步，分析和调整。初创公司每个月都应该仔细对照和监控重要的财务指标，要根据运营情况相应地进行调整，使之更加合理。如果实际情况和预测总是相差甚远，要及时找出原因，使情况迅速好转，否则应该当机立断，停止该项业务，重新考虑新的业务策略。

【案例思考】创业者为什么需要具备财务思维？财务思维的核心要素是什么？

【分析】初创公司无论有多好的创意，有多么出色的团队，要是现金流断了，公司就会面临破产危机。创业者必须清楚自己公司现金流里的每一个数字，而且要明白财务管理不是财务总监一个人的事情，千万不可忽视财务思维中的核心要素——现金流。

📖 **案例分析 1-2**

运用财务思维进行管理变革，提升企业绩效

1984 年，35 岁的张瑞敏接手海尔，那时候海尔是个濒临倒闭的街道小工厂。工资支付不出来，张瑞敏靠四处借钱给员工支付工资。

2009 年，海尔的销售额超越了世界家电巨头惠而浦和 LG。

2016 年，海尔的销售额达到 2 000 多亿元，是 1984 年的 500 多倍。

海尔是怎么实现逆袭的呢？用张瑞敏的话说，这个秘诀就是，让每个人都成为自己的 CEO。也就是说，企业中的每个员工都应该像 CEO 那样来思考和决策。

从成本中心到利润中心

我们都知道，有收入才有利润。但企业里不是每个部门都要面对市场产生收入的。传统的管理会计根据一个部门是否产生收入这个标准，进行了"利润中心"和"成本中心"的划分。

利润中心直接面对市场，能对外销售获得收入，典型的就是销售部门。成本中心不直接面对市场，不产生收入，如生产部门和财务部门。由于部门的性质不同，考核标准也不一样，因此利润中心考核利润，成本中心考核成本。

上述划分会出现两个主要问题。

第一，部门之间的目标不一致。假设销售部门接到一笔大额订单，客户要求一周内必须拿到产品。销售经理跑去找生产经理，问能不能加班加点把产品尽早生产出来，生产经理说："实在不好意思，生产线已经排满了。"

生产经理为什么不愿意呢？因为生产部门是成本中心，只考虑如何按时完成生产，降低成本。额外的订单给销售部门增加多少收入，和生产部门没有直接关系，反而还增加了生产负担。从销售部门和生产部门各自的立场来说，它们做的都是最利于自己的决定。但是对于企业来说，不接这笔订单是一种损失。

第二，部门之间无形中筑起了一道墙。大数据时代，企业最大的变化就是从"产品导向"转向了"用户导向"。以前用户没有太多选择，企业生产什么，用户就买什么，企业不用让每个部门都面向市场，实时感受市场的变化。但是现在的市场竞争激烈，需要所有部门都直接倾听用户和市场的声音。小米公司就特别重视和用户的互动，把用户当成设计师。小米公司每次推出新产品之前，都会让用户提意见，综合用户意见改进产品，最后推出用户想要的产品。

"内部市场链"机制

市场的变化直接反映在销售收入中，如果能想办法让企业每个部门的收入都和市场收入直接挂钩，那么每个部门都会关注市场。也就是说，把企业的成本中心，变成利润中心。

企业内部部门之间，甚至人和人之间，其实都存在一种契约关系。企业可以沿着这个思路，建立一个内部市场交易机制，实现部门之间的产品和服务"买卖"市场化，从而让各部门都产生收益。

比如，生产部门向销售部门提供产品，行政部门向其他部门提供劳务，那么这些产品和劳务就可以有相应的定价，让其他部门来购买产品和劳务，提供产品和劳务的

部门就能获得收入。这样一来，销售部门接到订单后，就得从生产部门购买产品，然后再销售到市场上，因此销售部门和生产部门都能得到收益。

内部转移价格

企业为了实现部门之间的交易，就得想办法制定一个内部交易价格。这个价格，在财务中叫"内部转移价格"。内部转移价格是怎么确定的呢？

有一家专门生产排水排污管道的公司，其有近一半的产品销往全球98个国家和地区。钢铁行业和宏观经济走向是密切相关的。和大多数制造业企业一样，该公司一直采用传统的管理方法，中后台部门都认定是"成本中心"，只考核成本，对外部市场的变化反应迟钝。2024年，该公司遭遇经营危机，总经理借鉴了新的管理思维方式，采取了新的管理措施：第一，紧盯市场，增加各部门之间的沟通，对外部市场变化做出快速反应；第二，各事业部从成本中心转化为利润中心。

该公司生产铸管先经过熔炼工序，然后是离心浇注工序，最后成型。这两道工序由两个部门负责，分别是A部门和B部门。假如A部门把铁管卖给B部门时，内部转移价格是每根100元，那么这100元就是A部门的收入、B部门的成本。确定这100元需要考虑两个成本：一个是A部门实际的生产成本，假设是每根60元；另一个是外部市场价格，也就是如果A部门直接把铁管卖给其他公司，能卖多少钱，假如是每根100元。这里的外部市场价格很重要。因为对A部门来说，这就是卖给B部门的机会成本。

假设B部门把铁管卖给C部门的价格是每根250元，减去其他成本每根120元，那么B部门能支付给A部门的价格必须小于每根130元，这样才能保证有利润。假设A部门要120元，外部供货的价格是110元，B部门会接受吗？那B部门肯定不会从A部门买了。

所以从公司的立场来说，如果A部门能接受的最低转移价格能同时低于B部门的成本价格和外部市场价格，也就是说，价格在每根100~110元，内部交易就能实现。

实际中，有外部市场价格作为对标时，对确定内部转移价格很有帮助，但不是每个产品或者服务都有外部市场价格。这时，还有一个方法可用于确定内部转移价格——成本加成。成本加成就是在生产成本上加一点利润，以确定内部转移价格。

确定内部转移价格这种财务创新，可以让每个部门，甚至每个人都变成利润中心。当每个部门、每个人都达到利润最大化时，企业整体就实现了利润最大化。

【案例思考】管理高手如何运用财务知识来管理企业？

【分析】第一，无论部门的属性、是否直接面向市场，每个部门都是利润中心。第二，当人人都达到利润最大化时，企业整体就实现了利润最大化。第三，建立企业内部交易市场，通过确定内部转移价格，可以让所有部门都成为利润中心。

1.1.2 如何看待业财融合

1. 认识业财融合

业财融合，即业财一体化，是指财务与业务活动的有机融合，即以经营业务为主线，以资金流向为控制点，实现业务、财务管控一体化。更进一步讲，业财融合其实是财务、业务（生产、销售、服务）、信息技术的融合，业

微课视频

如何看待业财融合

动画视频

业财融合：企业数字化的"中枢神经系统"

财融合一定要依靠信息技术才能实现。

在数字时代，财务已经不能局限于事后的财务报告。一个企业的营运犹如在空中飞行的飞机，驾驶舱的仪表盘（见图1-4）可以告诉飞行员现在的飞行状况，以便飞行员做出正确的判断。经营者也要掌握企业"驾驶舱"中的"仪表盘"（见图1-5），这个"仪表盘"的数字要真，提供速度要快，要有对比，要让经营者迅速发现经营问题，从而做出正确的决断。

空速表	姿态仪	高度表
转弯协调表	航空指示表	垂直速率表

图 1-4　飞机仪表盘

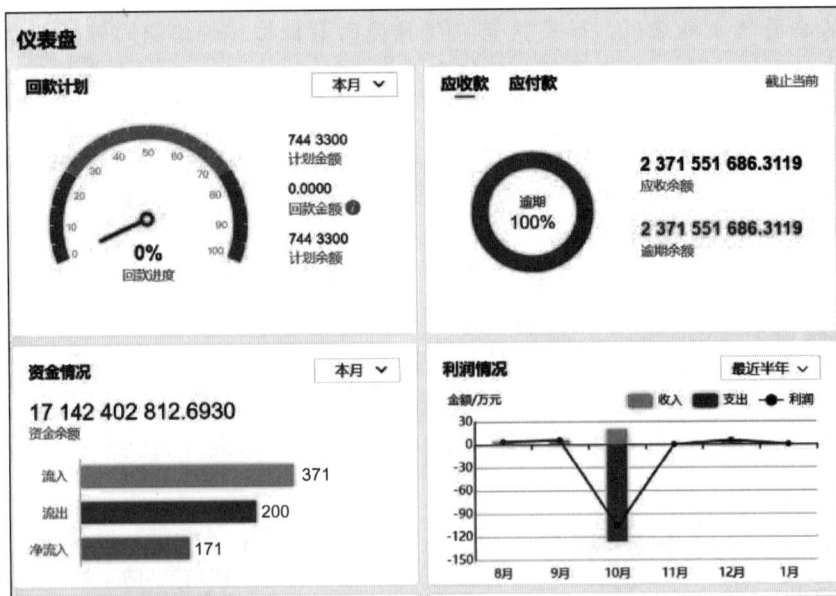

图 1-5　经营仪表盘（示例）

业财融合主要体现在以下几个方面。

（1）打通业务流程。

（2）打通财务会计流程。

（3）通过信息系统把财务和业务流程打通。

（4）通过信息系统实现实时信息驱动。

案例分析1-3

某电商企业业财融合出现的问题

某电商企业在其细分领域中，目前处于领先地位，主营业务拓展团队能够快速响应市场、线上和线下营销都有高投入；虽然业务拓展很快，但是当前企业整体未实现盈利。在业务持续快速扩展的向好形势之下，战略投资者更希望了解以下情况或解决以下问题。

动画视频

**拼图陷阱：
当业财融合沦为
一场数字游戏**

收支状况：企业拓展过程中成本和收入增长的细分和实时情况。

盈亏平衡：突破盈利的边界点所需要的业务拓展规模和时间。

边际效益：基于电商平台运营的边际成本和边际收益情况。

主力业务：快速拓展业务过程中当前财务数据无法对应到产品，无法分析未来哪种产品和业务是盈利的主要来源。

绩效模型：如何解决客户经理绩效模型合理性问题。

数据打通：业务高速发展变化，财务系统无法对接，大量手工加工处理，难查询难核对。

基于以上需求或问题，该企业因而提出要进行业财融合，但是发现企业内部之前对这件事情的理解停留在"系统整合"的层面。该企业认为，将业务发生、业务核算放在一个整合的系统中就算大功告成，似乎借助 SAP 系统就能解决业财融合问题。但是，基于这个理解是无法真正实现业财融合的。当前的互联网业务的特点是多业务平台并存、业务模式快速变化，因为系统平台体积庞大、难以快速应对变化等问题；同时，大平台打造慢、耗费高，不适于创业或者转型阶段的业务模式。

【案例思考】该电商企业真正实现了业财融合吗？业财融合出现了哪些问题？

【分析】该电商企业没有真正实现业财融合，只是把多个平台简单地整合在一起，造成多平台并存的局面，不适用于业务模式快速变化的情况。

2. 为什么要进行行业财融合

财务部门和业务部门的共同目标是为企业创造价值，企业确定战略和目标后，层层分解到不同的部门和组成单元。

问题产生了——分解后的部门目标可能会与企业目标不一致，这样就造成了部门目标与企业整体目标的偏离。

比如，财务部门一味强调合规和制度，但没有考虑合规和制度到底是为了什么；技术研发部门一味强调技术和研发，但没有考虑技术和研发到底是为了什么；销售部门只顾销售，但不考虑资金收回的可能性、速度及对企业资金的影响等。上述部门开展业务，都应为"为企业创造价值"这一目标服务。

因此，企业管理的核心，就是要时刻把所有部门、所有人都拧成一股绳，围绕着为企业创造价值的目标而努力。

那么，财务部门在这个过程中怎么才能主动地去解决问题呢？答案就是，要成为懂基本业务的财务部门。

作为业务部门在这个过程中又应该怎么主动地去解决问题呢？答案就是，要成为懂基本财务思维的业务部门。

目前财务部门存在的问题是跟其他部门的界限太明显，财务是财务，业务是业务。大多数财务人员熟悉财务会计知识，而对企业的业务知识懂得太少。财务人员可以试着思考：企业的前十大客户是谁？企业的竞争对手是谁？企业跟竞争对手比较有什么优势？企业所处行业未来面临的挑战有哪些？如果上述问题财务人员都不知道，那就是一个不懂业务的纯粹的传统财务人员，其工作基本就是进行财务处理，很少能参与企业价值创造的过程。财务人员不需要成为业务专家，但是需要懂得企业的基本业务知识。

在企业资源有限的前提下，财务人员掌握财务目标的同时了解企业的运营状况，可以帮助企业实现有效的资源配置。财务部门在对业务实施管控的同时，也要向业务部门提供服务。财务人员的工作不再是业务的事后核算和监督，而应该从价值角度对业务进行事前预测，计算业务活动的绩效，并把这些重要的信息反馈给具体业务人员，从而为其行动提供参考。这样，财务人员就扮演了策略咨询专家的角色。

那么，作为业务人员在这个过程中又应该怎么主动地去解决问题呢？答案就是，要成为懂基本财务思维的业务人员。业务人员要具有财务思维，为了在竞争中获胜，要利用财务思维方法。业务人员要把财务思维作为行动的依据，具体来说，就是要了解自己企业的基本盈利结构（损益结构）和现金收支的结构（现金流量结构），思考如何实现企业利润最大化。

拓展阅读

蒙牛集团的业财融合

蒙牛集团通过组织架构转型，强化业务支持职能，提供有价值的信息，完善风险管理，并经过多年的实践与创新探索，实现了业财融合。

一是蒙牛集团制定的财务发展战略，即战略财务（专业）、运营财务（支持）、共享财务（高效），确定了财务"支持业务发展、服务公司战略"的组织定位。在此基础上，蒙牛集团财务共享中心于2015年11月正式上线，并于当月完成了整个集团的会计核算（销售、采购、费用报销、总账报表、资产管理等）和资金的共享，下属单位基本上实现了零现金，从而为实现业财融合奠定了基础。

二是为利益相关者提供有价值的信息。蒙牛集团2015年与银行系统打通，运用"互联网+"平台，自动把交易数据推送给银行，实现供应链上下游融资支持，解决客户和供应商的资金问题，为整个集团业务发展提供良好的基础。

三是完善风险管理体系。在财务部门的主导下，蒙牛集团建立了"7553"管理体系，即7个风险领域（战略风险、市场风险、营运风险、财务风险、法律与合规风险、质量与食品安全、可持续发展风险），5项管理机制（组织职能、人员团队、规章制度、业务流程、信息技术），5项管理流程（风险识别、风险评估、风险应对、风险监控、风险报告），3道防线（业务部门对风险确认和管理，总部管理和专业监督，内部审计和纪检）。

3．怎么实现业财融合

有些企业成立经营管理部，由一个员工负责一套通过采集产量、产值、物耗、人工、能耗、产品单耗等数据而生成的 BI 报表，其实这走进了"数字搬运工"的误区。财务部门和业务部门应转变思维，立足于业务信息，用对商业价值的敏感度提炼出有价值的仪表盘数字信息。那么，怎么才能实现业财融合呢？

首先，财务工作规程化。这是仪表盘数字"真和快"的前提。财务部门是数字的采集者，而业务部门是有商业价值业务信息的提供者。财务工作规程化，不仅打破了企业内部的资源配置，而且提高了财务工作效率。

其次，财务数字信息化。高速发展中的企业，需要时刻掌握企业经营信息，否则企业经营就容易走偏，偏离经营目标。

最后，财务信息仪表盘化。企业财务信息量很大，经营者不会花费大量的时间去阅读。不同的业务部门需要不同的关键绩效指标，所以应根据企业的业务单元和经营目标搭建仪表盘模板。仪表盘可提供经营目标与关键绩效指标的对比信息，经营者通过仪表盘就能发现哪些指标偏离了经营目标，以及时采取措施，实现企业经营目标。

业财融合的核心目标是建立财务和业务运营两个领域的关联关系，即从财务角度发现的问题入手，可以及时和准确地解读业务运营中存在的问题。实现这一目标的关键，是业务与财务数据的打通、数据分析与业务需求贴合。

拓展阅读

美的的业财融合

传统财务的财务处理往往采用事后处理的手段，因此会造成业务与财务脱节，财务报告看似正常，但可能企业正处于失控局面。

那么如何重塑业财之间的相关性，使财务真实、及时地反馈业务事实，支持高效决策与控制呢？首先，不得不解决"业财融合"问题。业财融合的关键在于业务拉通，即把业务过程变量——市场份额、离职率、次品率等，转变成财务变量——收入、利润、现金流、资产、负债等，只有完成变量的转变，才能使业财融合真正支撑企业科学化管理。

美的财务共享中心基于前端业务拉通集成及统一的核算平台，将前端的交易、对账、付款等一系列流程的各环节作为数据采集点，产生大量的数据资源并实时存储信息，对数据进行统一提取、整理汇总、口径转换等处理，通过管理维度进行归集、展示。

美的财务共享中心依据报表格式和统一指标体系，建立分析模型并打造出财务信息平台，进行报告编制，提供标准的财务会计、多维度成本盈利分析等服务，满足了信息披露、管理和决策支持需要。

美的通过财务共享中心平台统一业务流程，在关键环节进行信息标注，将财务规则渗透到关联交易全过程，为后期的月结对账及经营分析打下了坚实的基础。以往每月6号或者7号才能出集团的合并报表，现在出具报告时间缩短了1～2日，而且还能出两套基于法人架构的财务报告及基于管理架构的管理报表。特别是，对于经营预算执行报告，现在能达到实时出具，让公司能实时监控预算的执行情况，为管理赋能。美的的业财融合是通过财务共享中心的财务共享统一数据平台实现的。

1.2 运用财务思维推动业务开展

财务部门和业务部门之间有冲突，也有合作。

1.2.1 财务部门如何推动业务开展

财务部门可以推动业务开展，主要体现在以下两个方面。

1. 财务部门可以为业务部门服务

财务部门要充分利用各种途径参与、支持业务部门的工作，帮助企业创造更多的价值，也让业务部门理解财务工作的意义，从而来配合财务部门工作。

2. 财务部门可以监控业务经营状况

财务是业务的全面反映，企业的财务状况和业务经营成效是通过财务数据体现出来的。企业的战略选择、商业模式、经营能力和盈利能力都可以在财务数据上体现出来。

财务部门应该发挥监管职能，充分利用各种资源，提升业务人员的风险防范意识、利润管理意识，让业务人员理解财务工作的意义和财务工作对业务活动的实际帮助，用经营效果的提升直观展示财务管理价值，从而实现财务与业务融合的企业管理良性循环。

微课视频

如何通过财务推动业务的开展

1.2.2 业务部门如何促进财务的发展

业务部门也可以促进财务的发展，主要体现在以下两个方面。

1. 业务人员具有财务思维，可以帮助财务部门完成各项指标

为了在竞争中获胜并产生利润，业务人员要了解自己企业的基本盈利结构（损益结构）和现金收支结构（现金流量结构），具有财务思维，帮助财务人员发现业务前端中容易出现的财务问题，以便改善。

微课视频

如何通过业务促进财务的发展

📖 **案例分析 1-4**

财务总监与销售总监的冲突

有不少人发现：当他们的职位越来越高的时候，在沟通上花费的精力也越来越多。比如财务总监，对外要代表公司与市场监督管理、税务等部门协调，对内要协调其他部门与财务部门的工作，同时还要关注其他部门对财务部门的意见和要求等。但实际上，很可能并没有因为花费在沟通上的时间多，部门之间的沟通就变得顺畅，相反，部门之间的矛盾经常激化，造成企业资源内耗。

李总是一位善于抓住机遇、善于利用资源、时刻惦记公司业绩增长的销售总监。近期销售任务指标压力非常大，迫切需要寻找新的销售突破。高总是一位有原则、有风险意识、工作认真负责的财务总监，他时刻严守公司资金安全的防线。

在李总的眼里，高总总是在他带领销售团队冲销量的时候，设置各种障碍，导致业务推进困难。比如，李总在绞尽脑汁想如何才能寻求新的销售突破的时候，宏达公司提出可以合作。宏达公司是公司的重点客户，但是要求账期延长 10 天，且信用额度

动画视频

左右手战争：当财务与业务戴上不同滤镜

增加300万元。李总考虑销售机会难得，口头答应宏达公司的要求，并向财务总监高总申请给予宏达公司政策优惠。高总调查数据后发现，宏达公司当前有一笔200万元的欠款逾期10天未付，并且近五年资信有不良记录，多次拖延账期，于是坚守财务原则，不同意李总的申请。

李总看了高总的回复后非常生气，他直接找高总："如果公司没有销售，没有业绩，没有资金流，公司怎么运营？你们财务部门不懂业务，不体谅销售人员的辛苦。"

高总却说："不能一味迁就客户。如果客户不能及时回款，或者回不了款，就会影响公司的资金流。宏达公司的资信记录不好，不能信任。"

最后高总坚持认为：宏达公司要拿货可以，但必须先把上一笔货款付了。结果，两人不欢而散。

【案例思考】财务部门和业务部门的冲突会导致什么样的后果？

【分析】企业里面经常发生类似的争执。在这个案例中，财务总监和销售总监两个人不能互相理解，甚至互相指责，这种情形会直接影响公司的发展。这就是业财不融合的后果。

2. 业财融合，可以促进财务新发展

（1）业财融合有助于有效整合企业各项业务流程，有助于改善财务管理效率。

企业要搭建业财融合的平台，需要将财务部门与采购部门、销售部门、设备管理部门等具体的业务部门建立更加紧密的联系，打破传统的"二维"财务体系。具体表现为：对集团内部各单位同质化、标准化业务进行剥离，成立专门的业务单元——财务共享服务中心对其加以处理，进而使集团财务有更多的人力、物力投入决策支持、业务考核等，其他分/子公司财务部门则以数据收集和录入来发挥财务一线职能，提供更高质量的财务信息。

（2）业财融合有助于推进财务管理人员业务化、业务管理人员财务化。

在业财融合的条件下，记账凭证是由系统自动生成的，会计人员可以从日常繁杂的会计核算处理中摆脱出来，更好地关注经济业务的发生和发展过程，从而更有效地实现会计的监督、管理职责，也更有效地推进财务管理人员业务化、业务人员财务管理化。

（3）业财融合有助于推动财务板块渗透业务板块，实现财务管理业务化。

在业财融合的信息系统中，将基于特有规则构建的动态会计平台嵌入各业务信息系统中去，不仅可以提升系统实时处理会计信息的能力，还能使财务板块渗透到业务板块，将会计核算从事后的静态处理发展为事中的动态处理，财务管理从静态管理走向动态管理，财务监控也实现从间歇性监控到持续性监控的转变。

职业道德与财税素养

不具备财务思维，缺乏风险意识，得不偿失

甲企业销售空调给乙企业，乙企业提出要求甲企业先发货，乙企业再付款。甲企业销售人员小王为了冲本月销售业绩答应了乙企业的要求。结果，乙企业拖了很久都没付款，甲企业销售人员小王因为没有及时收回货款，年底的奖金也泡汤了。

动画视频

业绩航船与信用冰山

【案例警示】

小王因为不具有财务思维，缺乏风险意识，没有意识到以后有收不

回货款的风险而急于促成销售，提前发货，得不偿失。对于销售货款管理，先发货后付款的，必须由定价管理小组根据客户信誉度、财务状况及其经营状况进行综合评定，确定其授信额度，然后严格按授信额度进行发货，不得超过授信额度发货，同时要及时催收货款。

思考与练习

一、多选题

1. 关于财务思维，说法正确的有（   ）。
   A. 作为创业者，一定要充分理解财务思维的重要性，并且能够熟练运用财务思维经营企业，这将对企业的顺利成长、壮大有很大帮助
   B. 财务思维是指"为了在竞争中获胜、获取利益，利用会计数字来思考的方法"
   C. 财务思维要求把企业的一切经营活动都数字化，进行观察和对比分析，从而看出经营变化
   D. 财务思维就是以会计数字为基础，制订计划，然后实施，实时检查，若有差异，就调查、分析其内容并迅速采取行动

2. 财务思维可以分为（   ）。
   A. 结果导向性思维   B. 整体性思维
   C. 过程思维   D. 局部思维

3. 实现业财融合有三步，即（   ）。
   A. 财务工作规程化   B. 财务数字信息化
   C. 财务信息仪表盘化   D. 财务过程灵活化

4. 关于业财融合，下列说法正确的有（   ）。
   A. 业财融合有助于有效整合企业各项业务流程，有助于提高财务管理效率
   B. 业财融合有助于推进财务管理人员业务化、业务管理人员财务化
   C. 业财融合有助于推动财务板块渗透业务板块，实现财务管理业务化
   D. 业财融合可有效整合企业财务过程

5. 财务部门要做好与业务部门的沟通，下列说法正确的有（   ）。
   A. 了解销售部门的业绩管理   B. 参与销售员工的激励方案设计过程
   C. 参与销售任务的分配   D. 有利润意识

二、判断题

1. 财务思维是用经营活动的结果——会计，判断企业经营决策的过程。（   ）
2. 具有财务思维能创造价值。（   ）
3. 不懂财务思维，只能当基层员工。（   ）
4. 业财融合是指财务与业务活动的有机融合，即以经营业务为主线，以资金流向为控制点，实现业财管控一体化。（   ）
5. 业财融合其实是财务、业务（生产、销售、服务）、信息技术的融合。（   ）
6. 财务部门和业务部门的共同目标是为企业创造价值。（   ）
7. 业务促进财务的发展，表现为业务人员具有财务思维，帮助财务部门完成相应财务指标。（   ）

8. 业务促进财务的发展，表现为业财融合，促进财务新发展。 （　　）

9. 财务推动业务的开展，财务可以为业务服务。 （　　）

10. 财务推动业务的开展，财务可以监控业务。 （　　）

三、简答题

1. 请简要叙述什么是财务思维。

2. 请简要叙述什么是业财融合。

3. 请简要叙述财务如何推动业务的开展。

4. 请简要叙述业务如何促进财务的发展。

动手做一做

请从网上搜集具有财务思维的成功案例并进行分析，比较具有财务思维和不具有财务思维的区别。

第 2 章　了解税务思维

知识目标

➤　熟悉税收和税法的基础知识，了解我国现行的税法体系；

➤　掌握现行主要税种的税目。

能力目标

➤　能够正确完成税费计算和申报。

素养目标

➤　树立正确的纳税意识；

➤　培养诚实守信、遵纪守法意识，自觉遵守职业道德规范。

你知道和我们相关的税有哪些吗？如何进行税费计算和纳税申报？让我们来一一揭晓。

2.1　认知税务思维

　　税收作为企业生产和经营活动的重要制约因素，会对企业的各类行为产生重要影响。无论是企业的投资者，还是经营管理人员，掌握一定的税收知识，才能主动根据自身的情况做出最佳决策，达到企业价值最大化的目标。

2.1.1　了解税法

　　税法是调整税收法律关系的法律规范的总称。税收取之于民，用之于民。

动画视频

税务智慧成长记

1. 税收与税法

　　税收是指以国家为主体，为实现国家职能，凭借政治权力，按照法定标准，无偿取得财政收入的一种特定分配形式。税收是政府收入最重要的来源，是人类社会经济发展到一定历史阶段的产物。在社会主义市场经济条件下，税收主要具有资源配置、收入再分配、稳定经济和维护国家政权的作用。

税收与其他财政收入形式相比，具有强制性、无偿性和固定性的特点。

税法是调整税收关系的法律规范的总称，是国家法律的重要组成部分，是调整国家与社会成员在征税、纳税上的权利和义务关系的行为规则。税法要素是指各单行税法共同具有的基本要素，具体包括如下。

（1）纳税人。纳税人是指依法直接负有纳税义务的自然人、法人和其他组织。与纳税人相联系的另一个概念是扣缴义务人。扣缴义务人是指负有代扣税款并向国库缴纳义务的单位和个人。

（2）征税对象。征税对象是纳税的客体，是指税收法律关系中权利义务所指的对象，即对什么征税。不同的征税对象是区别不同税种的重要标志。

（3）税目。税目是征税对象的具体化，是具体规定应当征税的项目。

（4）税率。税率是应征税额与计税金额的比例，是计算税额的尺度，是税法的核心要素。我国现行的税率形式主要有比例税率、定额税率和累进税率。

（5）计税依据。计税依据又叫税基，是指据以计算征税对象应纳税款的直接数量依据，它解决对征税对象课税的计算问题，是对课税对象的量的规定。

（6）纳税环节。纳税环节是指征税对象流转过程中应当缴纳税款的环节，可以是生产环节、批发环节、零售环节等。

（7）纳税期限。纳税期限是指纳税人纳税义务发生后应依法缴纳税款的期限。

（8）纳税地点。纳税地点是指纳税人具体申报缴纳税款的地点。

（9）税收优惠。税收优惠是国家对某些纳税人和征税对象给予鼓励与照顾的特殊规定，包括减税与免税、起征点和免征额等。

（10）法律责任。法律责任是指违反税法规定的行为人（纳税人和税务人员）对违法行为所应承担的具有强制性的法律后果。

2. 税收法律关系

税收法律关系是国家征税和纳税人纳税的利益分配关系。与其他法律关系一样，税收法律关系由主体、客体和内容3个方面构成。

（1）主体。我国税收法律关系中，主体一方是代表国家行使征税职责的税务机关，包括国家各级税务机关和海关；另一方是履行纳税义务的人，包括法人、自然人和其他组织。

（2）客体。税收法律关系客体即征税对象，如增值税法律关系的客体是增值额。

（3）内容。税收法律关系内容是指主体享有的权利和所应承担的义务。这是税收法律关系中最实质的内容。

3. 税收立法机关

税收法律由全国人民代表大会及其常务委员会制定，如《中华人民共和国企业所得税法》（以下简称《企业所得税法》）、《中华人民共和国税收征收管理法》（以下简称《税收征管法》）等。

全国人民代表大会及其常务委员会可授权国务院立法，如《中华人民共和国增值税法》（以下简称《增值税法》），自2026年1月1日起施行，《中华人民共和国增值税暂行条例》同时废止。

税收行政法规由国务院制定，如《中华人民共和国税收征收管理法实施细则》（以下简称《税收征管法实施细则》）、《中华人民共和国发票管理办法》（以下简称《发票管理办法》）等。

税收地方性法规由地方人民代表大会制定，如海南省、西藏自治区制定的一些特殊地方涉税法规。

税收部门规章可由财政部、国家税务总局、海关总署制定，如《中华人民共和国税务代理试行办法》（以下简称《税务代理试行办法》）。

税收地方规章可由省政府或国务院批准的市政府制定。

4. 我国现行税法体系

我国现行税法体系由税收实体法体系和税收征收管理法体系构成。

（1）税收实体法体系。

我国目前税收实体法共有18个税种。

- ◆ 商品和劳务税：增值税、消费税、关税。
- ◆ 所得税：企业所得税、个人所得税、土地增值税。
- ◆ 财产和行为税：房产税、车船税、印花税、契税。
- ◆ 资源税和环保税：资源税、环保税、城镇土地使用税。
- ◆ 特定目的税：城市维护建设税、车辆购置税、耕地占用税、船舶吨税、烟叶税。

（2）税收征收管理法体系。

税收征收管理法体系包括《税收征管法》《中华人民共和国海关法》（以下简称《海关法》）和《中华人民共和国进出口关税条例》（以下简称《进出口关税条例》）等。由税务机关负责征收的税种的征收管理，按照全国人民代表大会常务委员会发布实施的《税收征管法》执行；由海关负责征收的税种的征收管理，按照《海关法》及《进出口关税条例》等有关规定执行。

📖 **案例分析 2-1**

减税降费"及时雨"变企业发展"加速器"

国家各项减税降费政策的陆续出台，对小微企业特别是创新科技型企业来说，就像一场及时雨，使其坚定了发展信心。

重庆某汽车配件有限公司是一家致力于汽车座椅和航空座椅连接件、装饰件、功能辅件的研发、生产和销售的创新型小微企业。在座椅新型连接件这个细分领域，全球仅美国、日本和中国有相应的技术专利，该公司一举打破了世界500强企业对国内细分市场的垄断。

公司创始人在学生时代就立志要在实体经济的浪潮中有一番建树。创业初期，由于技术、资金等各方面资源的不足，公司仅能承接一些低端加工产品，盈利只能勉强维持生存，根本不足以思考后续发展，更别提与国外企业竞争。

国家各项减税降费政策的陆续出台，对小微企业，特别是创新科技型企业来说，就像一场及时雨，使其坚定了发展信心。重新整理思路后，公司决定走"自主研发、科研创新"的路线，在研发方面加大资金投入，并扩充研发人员及研发设备。几年来，该公司产品陆续获得国家专利20余项。

公司的加速发展，离不开减税降费政策的大力扶持。"小型微利企业所得税减免政策的不断扩围，让我们惊喜连连。公司成立以来，年产值以每年平均30%左右的速度快速增长，持续不断的税收优惠政策让公司有更多的资金投入研发和再生产。"说到这里，该公司运营总监难掩内心的激动，"根据市场的变化，我们预计全年实现利润总额280万元，公司享受到了国家新的政策，预计能减免所得税47万元。"

有了好政策的扶持，公司税负大幅减轻，持续加大了对科技创新研发及生产规模的投入，仅2022年就投入研发费用1 229 471.74元，投入生产设备金额达725 288.92元（约占2022年利润总额的47%）。通过设备升级，生产自动化、智能化，公司降低了运营成本，提高了产能，产品也更具市场竞争力，并被认定为科技创新型企业。

公司不仅享受到了企业所得税的减免，增值税税率的下调也为公司发展注入强心剂。税率的下调增加了公司的流动资金，上游企业下调了产品及服务价格，降低了公司运营成本，同时，终端市场因为税率下调而主动降价，刺激了消费者的购买欲望，增强了市场活力。

减税降费不仅增强了公司的综合竞争力，也让员工得到了实惠。个人所得税改革后，公司缴纳个税的员工从之前的三十几人锐减到五人，缴税金额下降了83%，"改革红包"实实在在地装进了员工的口袋。

"国家不断出台各项减税降费政策扶持企业成长，税务部门也不断提高服务水平助力企业发展，就像一双温暖有力的大手，左手政策、右手服务，扶持着企业在发展的道路上走得更快更稳。"该公司运营总监表示。有了好政策和好服务的保驾护航，公司一定可以冲破阻力，成为国内领先、发展和谐的专业化企业，向世界展现新时代下的"中国智造"！

【案例思考】税收与创业者的生产经营活动有什么关系呢？创业者有必要了解税收方面的知识吗？

【分析】在国家各项减税降费政策的陆续出台下，尤其是国家对小微企业，特别是创新科技型企业的一系列税收优惠政策的扶持下，案例企业逐步发展壮大，成为国内领先、发展和谐的专业化企业。创业，无论是选择投资方向、经营范围，还是选择投资地点，或是经营过程中的生产、购销、资金周转等，都与税收有十分密切的关系。税收是影响企业生产经营活动的重要因素。创业者研究、策划创业，都不能忽视税收的影响，经营企业更必须了解、掌握一些必备的税收知识。

2.1.2　解析税务登记

税务登记是税务机关依据税法规定对纳税人的生产经营活动进行登记的一项基本制度。企业无论是开业、经营还是终止，都必须在税务机关的监管之下，依法办理各项涉税手续。在开业阶段，企业领取加载统一社会信用代码的营业执照后，办税人员需要办理的涉税手续包括"多证合一"登记信息确认、领购发票等。随着企业的发展，企业办税人员可能面临办理税务信息变更，停业、复业税务登记，跨区域涉税事项报验等税务登记，以及进行纳税申报及依法使用和保管会计凭证、账簿、发票等工作。企业终止经营时，必须向税务机关办理清税申报，以便到市场监督管理部门办理注销登记手续。

微课视频

解析涉税登记事项（一）

1. 税务登记

自 2016 年 10 月 1 日起，全国范围内正式实施"五证合一，一照一码"。由工商、质监、税务、人力社保、统计五个部门分别核发不同证照，改为由市场监督部门核发加载法人和其他组织统一社会信用代码的营业执照（见图 2-1）。自 2016 年 12 月 1 日起，全面实施个体工商户营业执照和税务登记证"两证整合"，工商行政管理部门（现市场监督管理部门）向新开设个体工商户发放加载统一社会信用代码的营业执照。

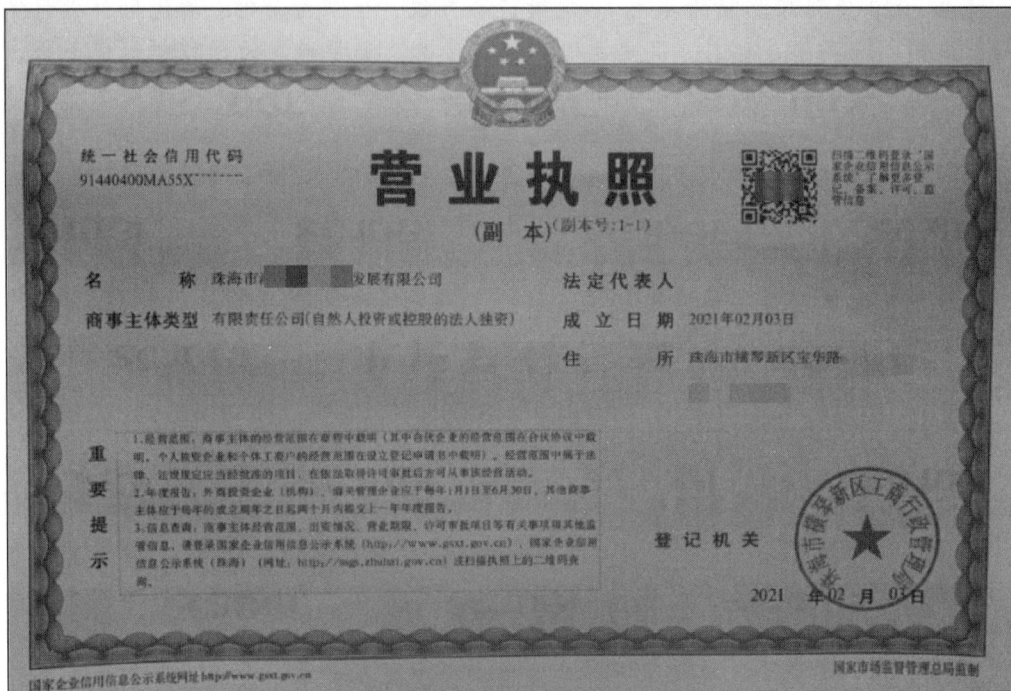

图 2-1　营业执照样本

新设立企业领取"一照一码"营业执照后，登记信息由企业登记机关发送给税务机关，纳税人无须再次进行税务登记，不再领取税务登记证。并在第一次办理税务事项时将涉税相关信息，在税务部门进行补充登记。

（1）办理"多证合一"登记信息确认的时间。

企业在领取加载了统一社会信用代码的营业执照以后，在首次办理涉税事宜时，如增值税一般纳税人资格登记、发票领用、纳税申报等，应当对"多证合一"登记信息进行确认、补充或更正。

（2）办理"多证合一"登记信息确认的程序。

纳税人在首次办理涉税事宜时，税务机关应当依据市场监督管理部门共享的登记信息制作"多证合一"登记信息确认表，交由纳税人进行确认，提醒纳税人对其中不全的信息进行补充、对不准的信息进行更正、对需要更新的信息进行补正。

2. 税务变更

自 2023 年 4 月 1 日起，纳税人在市场监管部门依法办理变更登记后，无须向税务机关报告登记变更信息；各省、自治区、直辖市和计划单列市税务机关根据市场监管部门共享的变更登记信息，在金税三期核心征管系统自动同步变更登记信息。

3. 停业、复业登记

停业、复业登记，是指实行定期定额征收方式的纳税人或比照定期定额户进行管理的个人独资企业，因自身经营的需要暂停经营或恢复经营而向主管税务机关申请办理的税务登记手续。

微课视频

解析涉税登记事项（二）

（1）办理停业、复业登记的对象。

实行定期定额征收方式的个体工商户或比照定期定额户进行管理的个人独资企业，在营业执照核准的经营期限内需要停业的，应当在停业前向主管税务机关申报办理停业登记，纳税人停业期满不能及时恢复生产经营的，在停业期满前到主管税务机关申报办理延长停业报告，并在恢复生产、经营之前，向主管税务机关申报办理复业登记。

（2）办理停业税务登记的程序。

① 纳税人提出停业申请。纳税人应当在停业前向主管税务机关申报办理停业登记，并如实填写停业登记表，说明停业的理由、期限，停业前的纳税情况和发票的领、用、存情况。

② 税务机关审核、办理停业登记。经主管税务机关审核（必要时可以进行实地审查），纳税人可以办理停业登记。在办理停业登记时，主管税务机关应当责令申请停业的纳税人结清税款，并收回发票领购簿和发票。对不便收回的发票，主管税务机关应当就地予以封存。

（3）办理复业税务登记的程序。

① 纳税人提出复业申请。纳税人应当于恢复生产、经营之前，向主管税务机关申报办理复业登记，并如实填写停业、复业（提前复业）报告书。

② 税务机关审核、办理复业登记。经主管税务机关确认，纳税人可以办理复业登记，领回或启用发票领购簿及发票，纳入正常管理。

📋 注意

◆ 纳税人在停业期间发生纳税义务的，应当按照税收法律、行政法规的规定申报缴纳税款。

◆ 纳税人在申报办理停业登记时，应如实填写停业复业报告书，说明停业理由、停业期限、停业前的纳税情况和发票的领、用、存情况，并结清应纳税款、滞纳金、罚款。

◆ 纳税人按申报停业登记时的停业期限准期复业的，应当在停业到期前向主管税务机关申报办理复业登记；纳税人提前复业的，应当在恢复生产经营之前向主管税务机关申报办理复业登记。

◆ 纳税人停业期满不能及时恢复生产经营的，应当在停业期满前到税务机关办理延长停业登记；不申请延长停业的，视为已恢复生产经营，税务机关将纳入正常管理，并按核定税额按期征收税款。

◆ 纳税人的停业期限不得超过一年。

---

4. 注销登记

（1）清税申报的情形。

已领取加载统一社会信用代码的营业执照的企业，如果需要办理注销登记，则应当先向主管税务机关申报清税，由主管税务机关出具统一的清税证明，方可向市场监督管理部门申请办理注销登记。清税证明的格式，如图2-2所示。

图2-2　清税证明样本

（2）清税申报的程序。

① 申报清税前的清理工作。纳税人申报清税前，应当对下列事项进行清理：缴销发票，办理发票缴销手续时，纳税人应当如实填写发票缴销登记表，并携带发票领购簿和未使用的空白发票，向主管税务机关申请办理发票缴销手续；进行最后一期申报纳税，并结清应纳税款、多退（免）税款、滞纳金和罚款。

② 提出清税申请。纳税人应当在办理注销工商登记前，依法向主管税务机关提出清税申请，填写清税申报表，并根据主管税务机关的要求提交下列有关证件和资料。

◆ 工商营业执照被吊销的应提交市场监督管理部门发出的吊销决定。

◆ 单位纳税人应当提供上级主管部门批复文件或董事会决议及其他有关证明文件。

◆ 除加载统一社会信用代码的营业执照以外的其他税务证件。

◆ 企业所得税纳税人提供中华人民共和国企业清算所得税申报表及附表。

◆ 已发放发票领购簿的纳税人还应提供发票领购簿等。

③ 领取清税证明。税务机关受理清税申请后，应当对纳税人提交的有关材料进行审核，并在20日内向符合要求的纳税人出具清税证明。

✎ **特别提醒**

　　企业在新设的过程当中，是应当先向工商行政管理部门申请注册登记，然后才到税务机关来完成信息采集（先工商后税务）；企业在注销的过程中，应先税务注销，方可向工商行政管理部门申请办理企业注销登记（先税务后工商）。

（3）不需要办理税务注销的情形。

对向市场监管部门申请简易注销的纳税人，符合下列情形之一的，可免予到税务机关办理清税证明，直接向市场监管部门申请办理注销登记：未办理过涉税事宜的；办理过涉税事宜但未领用发票、无欠税（滞纳金）及罚款的。

📚 **案例分析 2-2**

未办理税务登记，会被处罚吗？

2021 年 9 月 2 日，北京市、天津市、河北省税务局联合发布《京津冀税务行政处罚裁量基准》公告：

自 2021 年 10 月 1 日起，新办营业执照的企业，不办理税务登记，处 2 000 元以下罚款，情节严重的，处 2 000 元以上 1 万元以下的罚款。

序号	违法类型	违法行为	处罚依据	裁量基准
1	税务登记	纳税人未按照规定的期限申报办理税务登记、变更或者注销登记	《税收征管法》第六十条第一款第一项，纳税人有下列行为之一的，由税务机关责令限期改正，可以处二千元以下的罚款，情节严重的，处二千元以上一万元以下的罚款：（一）未按照规定的期限申报办理税务登记、变更或者注销登记的	一年内首次违反且危害后果轻微，并在税务机关发现前主动改正或者在税务机关责令限期改正的期限内改正的，不予行政处罚。 除前款规定情形外，按以下标准进行处罚： （一）在税务机关发现前主动改正或者在税务机关责令限期改正的期限内改正的，对个人处 50 元以下的罚款，对单位处 1 000 元以下的罚款。 （二）在税务机关责令限期改正的期限内未改正的，对个人处 50 元以上 2 000 元以下的罚款，对单位处 1 000 元以上 2 000 元以下的罚款。 （三）多次违反且在税务机关责令限期改正的期限内未改正的，或者有其他严重情节的，处 2 000 元以上 1 万元以下的罚款
2	税务登记	纳税人不办理税务登记	《税务登记管理办法》（国家税务总局令第 7 号公布，国家税务总局令第 36 号、第 44 号、第 48 号修改）第四十条，纳税人不办理税务登记的，税务机关应当自发现之日起 3 日内责令其限期改正，逾期不改正的，依照《税收征管法》第六十条第一款的规定处罚。《税收征管法》第六十条第一款：纳税人有下列行为之一的，由税务机关责令限期改正，可以处二千元以下的罚款；情节严重的，处二千元以上一万元以下的罚款：（一）未按照规定的期限申报办理税务登记、变更或者注销登记的；（二）未按照规定设置、保管账簿或者保管记账凭证和有关资料的；（三）未按照规定将财务、会计制度或者财务、会计处理办法和会计核算软件报送税务机关备查的；（四）未按照规定将其全部银行账号向税务机关报告的；（五）未按照规定安装、使用税控装置，或者损毁或者擅自改动税控装置的	税务机关应当自发现之日起 3 日内责令其限期改正，逾期不改正的，按以下标准进行处罚： （一）处 2 000 元以下的罚款。 （二）情节严重的，处 2 000 元以上 1 万元以下的罚款

说明：节选自《津冀税务行政处罚裁量基准》

【案例思考】不办理税务登记会对企业生产经营带来哪些影响呢？

【分析】税务登记制度是我国税务工作实践中一直采用的一项税务管理制度。税务登记又称纳税登记，是税务机关对纳税人的开业、变更、歇业，以及生产、经营等活动情况进行登记管理的一项基本制度，也是纳税人已经纳入税务机关监督管理的一项证明。

未按照规定的期限申报办理税务登记由税务机关责令限期改正，可以处二千元以下的罚款；情节严重的，处二千元以上一万元以下的罚款。纳税人不办理税务登记的，由税务机关责令限期改正；逾期不改正的，经税务机关提请，由工商行政管理机关吊销其营业执照。

首违不罚情形：在税务机关发现前主动改正或者在税务机关责令限期改正期限内改正。

注册公司如果不去税务登记，无论是否正在经营，都是违法的！我国税法规定，从事生产、经营的纳税人应当自领取营业执照之日起30日内，向主管税务机关申报办理税务登记。逾期未登记的，税务机关可以责令限期改正并可处罚款。如果长期不去税务登记，法人和负责人会拉入税务黑名单。一旦被拉入税务黑名单，法人和负责人不能再注册新公司；法定代表人不能买社保，不能办理贷款和移民，并且限制高消费，不能乘坐飞机和高铁。

动画视频

税务思维觉醒：认知即盾牌

案例分析 2-3

企业注销后，还会被税务局追查吗？

2022年，辽宁某拍卖有限公司已注销多年，因被税务机关认定为偷税漏税，补税罚款3 000余万元。一时间舆论哗然，大家纷纷表示：企业已经注销了，怎么还会被稽查？

该已注销企业2016年5月有两笔佣金收入共28 191 500元未申报，被主管税务机关定义为偷税。被追缴增值税、附加税费、企业所得税共7 740 742.12元；滞纳金按日加收滞纳税款万分之五的滞纳金；对少缴的增值税、城市维护建设税、企业所得税拟处3倍罚款，金额合计23 099 059.62元。补税罚款合计超3 000万元。

【案例思考】企业已注销，是否能免于税务追责处罚？你如何看待这个问题。

【分析】注销仅代表企业的市场经营主体资格的终结，作为纳税主体的身份没有消灭。**公司注销后，税务局可以追责。**

《税收征管法》第五十二条规定：因税务机关的责任，致使纳税人、扣缴义务人未缴或者少缴税款的，税务机关在三年内可以要求纳税人、扣缴义务人补缴税款，但是不得加收滞纳金；因纳税人、扣缴义务人计算错误等失误，未缴或者少缴税款的，税务机关在三年内可以追征税款、滞纳金；有特殊情况的，追征期可以延长到五年；对偷税、抗税、骗税的，税务机关追征其未缴或者少缴的税款、滞纳金或者所骗取的税款，不受前款规定期限的限制。

动画视频

注销≠免责：税责长追

从上述案例可以看出，纳税人偷漏税的行为具有主观故意的性质，税务机关有无限期追征权。尤其需注意，注销以后税务机关还能追责。不仅追征期不受限，而且追征对象也是没有限制的，追征对象包括"未注销企业"和"注销企业"两种。因此，税务机关对企业的偷漏税行为可以追溯，并不因企业注销而失效。

2.1.3 解析发票管理

1. 认知发票

发票是指在购销商品、提供或者接受服务及从事其他经营活动中，开具、收取的收付款凭证。发票是在生产经营过程中的采购环节和销售环节产生的。发票的实质就是收付款凭证：在采购环节，发票是我们支付的付款凭证；在销售环节，发票是我们收款的收款凭证。

2. 发票的作用和意义

（1）发票是企业产生成本、费用或收入的原始凭证。单位和个人采购日常用品、购买材料、提供服务等行为，都可在税法要求下开具和索取相应的凭证，即发票。

（2）发票是企业做账的依据。企业在日常经营过程中，开具和取得的真实有效的发票，都可登记入账，并在符合税法要求下进行企业所得税税前扣除。

（3）发票是缴税的费用凭证。比如增值税，应交增值税=销项税-进项税，相应的进项发票和销项发票可作为缴税的费用凭证。

（4）发票起到减轻企业税负的作用。在实务中，发票作为成本计算依据，所列金额准予在计算应纳税所得额时扣除，因此，能在很大程度上减轻企业税负。

3. 发票的种类

（1）常规发票。

① 增值税发票管理新系统开具发票。从增值税发票管理新系统开具发票主要有增值税专用发票、普通发票、机动车销售统一发票、二手车销售统一发票。

a. 增值税专用发票。增值税专用发票是增值税一般纳税人销售货物或者提供应税劳务、服务开具的发票，是购方支付增值税额并可按照增值税有关规定作为增值税进项税额参与抵扣的凭证之一。2019 年，国家税务总局印发《关于实施第二批便民办税缴费新举措的通知》，明确全面推行小规模纳税人自行开具增值税专用发票。小规模纳税人（其他个人除外）发生增值税应税行为、需要开具增值税专用发票的，可以自愿使用增值税发票管理系统自行开具。纸质增值税专用发票如图 2-3 所示。

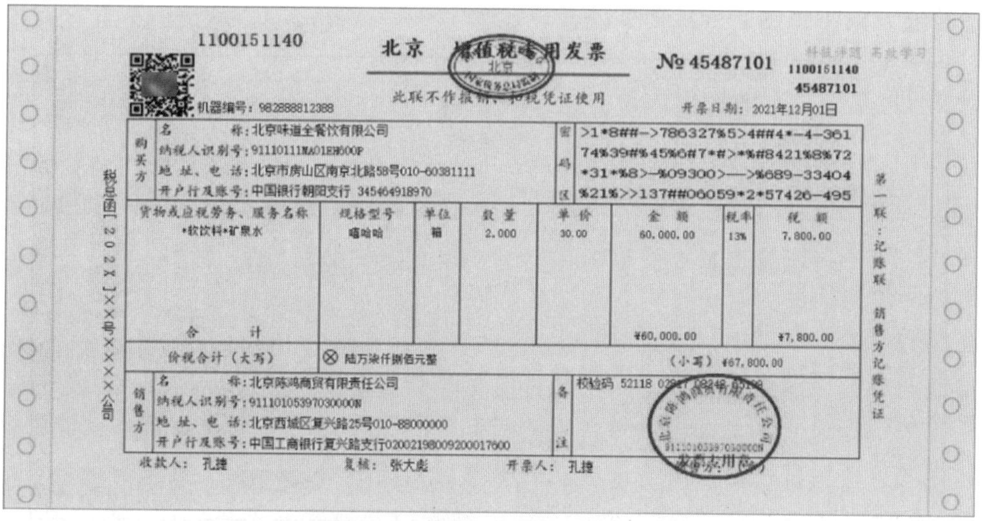
1100151140　北京增值税专用发票　№ 45487101　1100151140　45487101

此联不作报销、扣税凭证使用　开票日期：2021年12月01日

机器编号：982888812388

购买方	名　　称：北京味道全餐饮有限公司 纳税人识别号：91110111MA01EH600P 地 址、电 话：北京市房山区南京北路58号010-60381111 开户行及账号：中国银行朝阳支行 345464918970
密码区	>1*8##->786327%5>4##4*-4-361 74%39#%45%6#7*#>*%#8421%8%72 *31*%8>-%09300>—>%689-33404 %21%>>137##06059*2*57426-495

货物或应税劳务、服务名称	规格型号	单位	数量	单价	金额	税率	税额
*软饮料*矿泉水	嘻哈哈	箱	2.000	30.00	60,000.00	13%	7,800.00
合　　计					¥60,000.00		¥7,800.00
价税合计（大写）	⊗ 陆万柒仟捌佰元整				（小写）¥67,800.00		

销售方	名　　称：北京陈鸿商贸有限责任公司 纳税人识别号：91110105397030000N 地 址、电 话：北京西城区复兴路25号010-88000000 开户行及账号：中国工商银行复兴路支行02002198009200017600
备注	校验码 52118 [illegible]

收款人：孔捷　复核：张大彪　开票人：孔捷　销售方：（章）

第一联：记账联　销售方记账凭证

税总函[202X]××号××××公司

图 2-3　纸质增值税专用发票

增值税电子专用发票，是指增值税专用发票电子化，其法律效力、基本用途、基本使用规定等与增值税纸质专用发票相同，如图 2-4 所示。2015 年 7 月 20 日，国家税务总局决定，自 2015 年 8 月 1 日起，在北京、上海、浙江和深圳开展增值税电子发票试运行工作；非试点地区，2016 年 1 月 1 日起使用增值税电子发票系统开具增值税电子普通发票。自 2020 年 12 月 21 日起，在天津、河北、上海、江苏、浙江、安徽、广东、重庆、四川、宁波和深圳等 11 个地区的新办纳税人中实行专票电子化，这些地区开出的电子专票，全国范围内皆可接收使用。2021 年 1 月 21 日起，在其余地区的新办纳税人中实行专票电子化。

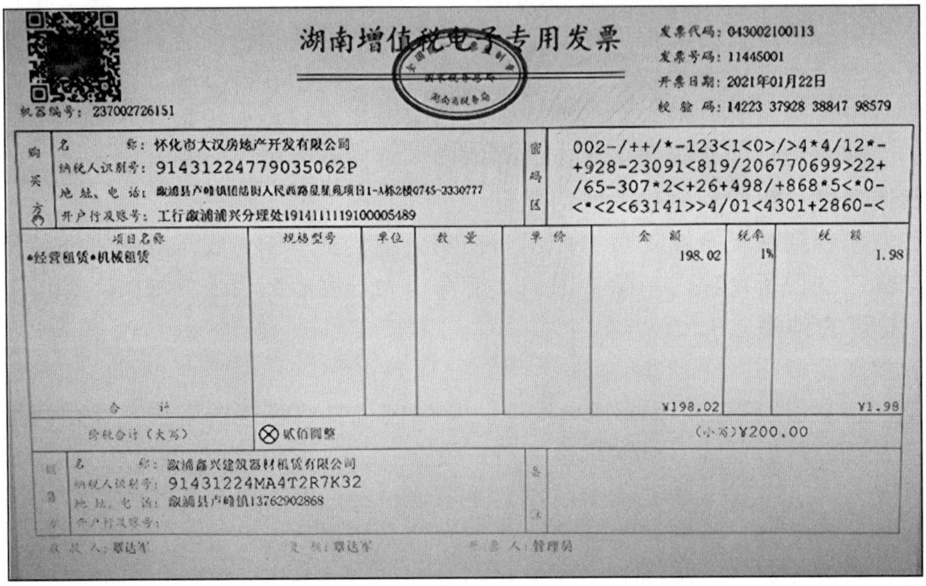
湖南增值税电子专用发票
发票代码：043002100113
发票号码：11445001
开票日期：2021年01月22日
校 验 码：14223 37928 38847 98579
机器编号：237002726151
购买方 名 称：怀化市大汉房地产开发有限公司
纳税人识别号：91431224779035062P
地址、电话：溆浦县卢峰镇...人民西路...项目1-A栋2楼0745-3330777
开户行及账号：工行溆浦浦兴分理处1914111119100005489
密码区 002-/++/*-123<1<0>/>4*4/12*-
+928-23091<819/206770699>22+
/65-307*2<+26+498/+868*5<*0-
<*<2<63141>>4/01<4301+2860-<

项目名称	规格型号	单位	数量	单价	金额	税率	税额
*经营租赁*机械租赁					198.02	1%	1.98
合计					¥198.02		¥1.98
价税合计（大写）	⊗贰佰圆整				（小写）¥200.00		

销售方 名 称：溆浦鑫兴建筑器材租赁有限公司
纳税人识别号：91431224MA4T2R7K32
地址、电话：溆浦县卢峰镇13762902868
开户行及账号：
备注
收款人：覃达军　复核：覃达军　开票人：管理员

图 2-4　增值税电子专用发票

b. 增值税普通发票。增值税普通发票由增值税一般纳税人和小规模纳税人不能开具专用发票时使用，分为增值税普通发票（见图 2-5）、增值税普通发票（卷票）和增值税电子普通发票（见图 2-6）三种。

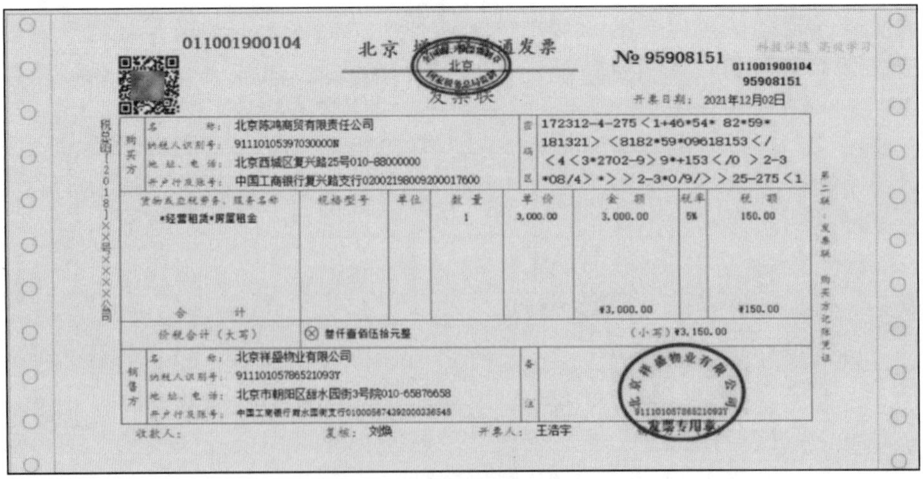
011001900104
北京增值税普通发票
№ 95908151
011001900104
95908151
发票联
开票日期：2021年12月02日
购买方 名 称：北京陈鸿商贸有限责任公司
纳税人识别号：91110105397030000N
地址、电话：北京西城区复兴路25号010-88000000
开户行及账号：中国工商银行复兴路支行02002198009200017600
密码区 172312-4-275<1+46*54* 82*59*
181321><8182*59*09618153</
<4<3*2702-9>9*+153</0 >2-3
08/4>>>2-3*0/9/>>25-275<1

货物或应税劳务、服务名称	规格型号	单位	数量	单价	金额	税率	税额
*经营租赁*房屋租金			1	3,000.00	3,000.00	5%	150.00
合计					¥3,000.00		¥150.00
价税合计（大写）	⊗叁仟壹佰伍拾元整				（小写）¥3,150.00		

销售方 名 称：北京祥盛物业有限公司
纳税人识别号：91110105786521093Y
地址、电话：北京市朝阳区丽水园街3号院010-65876658
开户行及账号：中国工商银行丽水园街支行010005874392000336548
备注
收款人：　复核：刘焕　开票人：王浩宇
第二联：发票联　购买方记账凭证
税总函[2018]××号××××公司

图 2-5　增值税普通发票

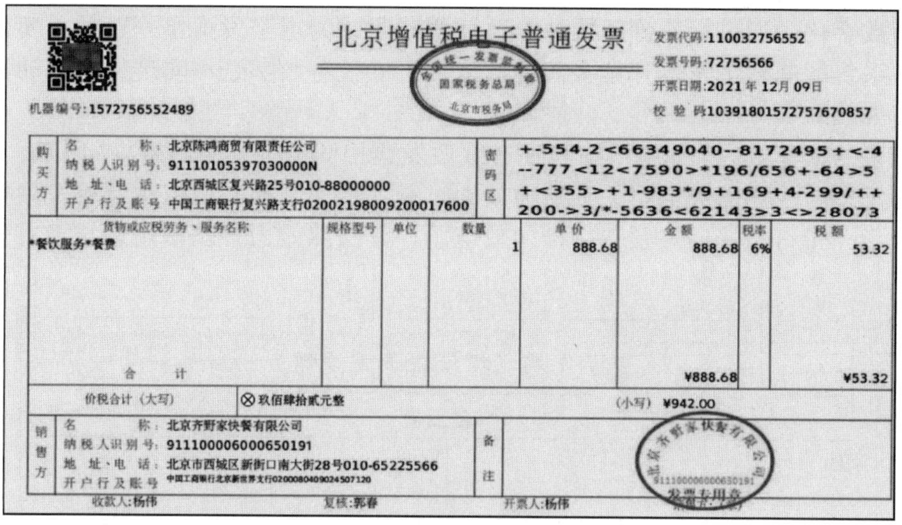

北京增值税电子普通发票

机器编号：1572756552489

发票代码：110032756552
发票号码：72756566
开票日期：2021年12月09日
校 验 码：10391801572757670857

购买方	名 称：北京陈鸿商贸有限责任公司 纳税人识别号：91110105397030000N 地 址、电 话：北京西城区复兴路25号010-88000000 开户行及账号：中国工商银行复兴路支行02002198009200017600	密码区	+-554-2<66349040--8172495+<-4 --777<12<7590>*196/656+-64>5 +<355>+1-983*/9+169+4-299/++ 200->3/*-5636<62143>3<>28073

货物或应税劳务、服务名称	规格型号	单位	数量	单价	金额	税率	税额
*餐饮服务*餐费			1	888.68	888.68	6%	53.32
合 计					¥888.68		¥53.32
价税合计（大写）	⊗玖佰肆拾贰元整				（小写）¥942.00		

销售方	名 称：北京齐野家快餐有限公司 纳税人识别号：911100006000650191 地 址、电 话：北京市西城区新街口南大街28号010-65225566 开户行及账号：中国工商银行北京新世界支行0200080409024507120	备注	

收款人：杨伟 复核：郭春 开票人：杨伟

图 2-6 增值税电子普通发票

c. 机动车销售统一发票。凡从事机动车零售业务的单位和个人，从 2006 年 8 月 1 日起，在销售机动车（不包括销售旧机动车）收取款项时，必须开具税务机关统一印制的新版《机动车销售统一发票》。

d. 二手车销售统一发票。二手车经销企业、经纪机构和拍卖企业，在销售、中介和拍卖二手车收取款项时，必须开具二手车销售统一发票。

② 非增值税发票管理新系统开具发票。非增值税发票管理新系统开具发票包括通用（机打、手工定额）发票、门票、过路（过桥）费发票、客运发票、火车票、飞机行程单等。

注意

发票实行不定期换版制度。

拓展阅读

增值税专用发票和增值税普通发票的区别

从内容来说：增值税专用发票和增值税普通发票大体内容是差不多的，只是发票的名称不同。

从发票的联次来说：增值税普通发票比增值税专用发票少了一联——抵扣联，抵扣联是购买方作为进项税额抵扣的凭证。

因此，它们最主要的区别是作用不同：增值税专用发票可以抵扣进项税额；增值税普通发票不可以抵扣进项税额。

（2）全面数字化的电子发票。

① 数电票基本概念。

全面数字化的电子发票（以下简称“数电票”）是与纸质发票具有同等法律效力的全新发票，不以纸质形式存在、不用介质支撑、不需申请领用，而是将纸质发票的票面信息全面数字化，通过标签管理将多个票种集成归并为电子发票单一票种，实现全国统一赋码，系统智能赋予发票开具金额总额度，设立税务数字账户实现发票自动流转交付和数据归集。

数电票的法律效力、基本用途与现有纸质发票相同。其中，如图 2-7 所示，带有“增值税专用发票”字样的数电票，其法律效力、基本用途与现有增值税专用发票相同；如图 2-8 所示，带有“普通发票”字样的数电票，其法律效力、基本用途与现有普通发票相同。

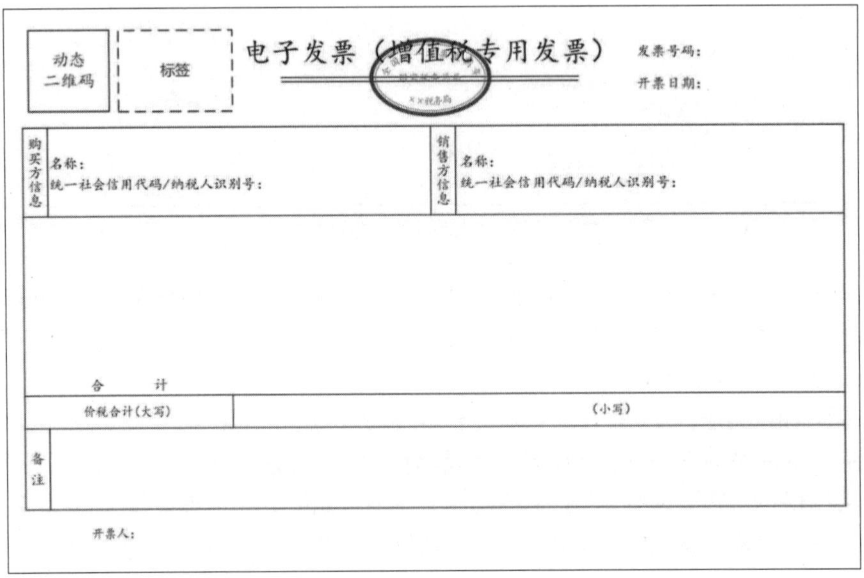
动态二维码
标签
电子发票（增值税专用发票）
发票号码：
开票日期：
购买方信息 名称：
统一社会信用代码/纳税人识别号：
销售方信息 名称：
统一社会信用代码/纳税人识别号：
合 计
价税合计（大写）
（小写）
备注
开票人：

图 2-7　电子发票（增值税专用发票）票样

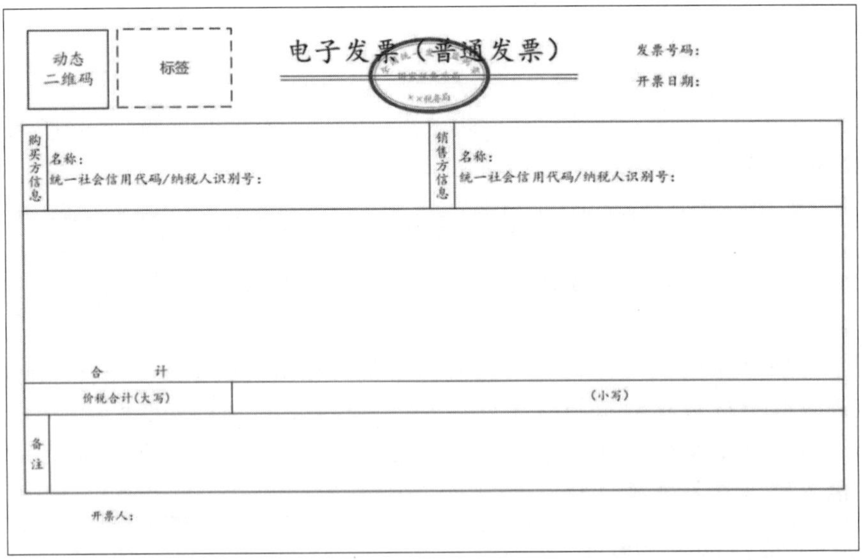
动态二维码
标签
电子发票（普通发票）
发票号码：
开票日期：
购买方信息 名称：
统一社会信用代码/纳税人识别号：
销售方信息 名称：
统一社会信用代码/纳税人识别号：
合 计
价税合计（大写）
（小写）
备注
开票人：

图 2-8　电子发票（普通发票）票样

② 数电票票面内容。

数电票无联次，基本内容包括：发票号码、开票日期、购买方信息、销售方信息、项目名称、规格型号、单位、数量、单价、金额、税率/征收率、税额、合计、价税合计（大写和小写）、备注、开票人等。

其中，电子发票服务平台为从事特定行业、发生特殊应税行为及特定应用场景业务（包括稀土、建筑服务、旅客运输服务、货物运输服务、不动产销售、不动产经营租赁服务、农产品收购、光伏收购、代收车船税、自产农产品销售、差额征税等）的纳税人提供了对应特定业务的数电票样式。

📚 **拓展阅读**

数电票与电子发票相比的票面变化

（1）取消了发票密码区、发票代码、校验码；取消了"地址、电话"栏和"开户行及账号"栏；取消了收款人和复核人栏；取消了"销售方（章）"栏，不需要加盖发票专用章。

（2）将销售方信息栏从发票的左下角调整至右上角。

（3）数电票号码为 20 位。

（4）税务机关暂不为纳税人代开数电票，自行登录电子税务局开具。

（5）数电票的载体为电子文件，无最大开票行数限制，交易项目明细能够在数电票中全部展示，无须开具销货清单。

（6）数电票将原备注栏中手工填列、无法采集的内容，设置为固定可采集、可使用的数据项，并展示于票面上。

---

③ 数电票特点。

数电票的特点可以简单概括为"两去两化两制"。

a. 去介质。纳税人不再需要预先领取专用税控设备，通过网络可信身份等新技术手段，摆脱了专用算法和特定硬件束缚，实现了"认盘改认人"。

b. 去版式。"全电"发票可以选择以数据电文形式（XML）交付，破除了 PDF、OFD 等特定版式要求，降低了发票使用成本，提升了纳税人用票的便利度和获得感。"全电"发票票样根据不同业务进行差异化展示，为纳税人提供了更优质的可视化展示。

c. 标签化。通过标签实现了对电子发票功能、状态、用途的具体分类，从而一是改变了当前多个发票票种的现状；二是能够实时标识发票流转中的各类状态。

d. 要素化。发票要素是发票记载的具体内容，是构成电子发票信息的基本数据项。

e. 赋码制。电票平台在发票开具时会自动赋予每张发票唯一编码的赋码机制。

f. 授信制。依托动态"信用+风险"的体系，结合纳税人生产经营、开票和申报行为，自动为纳税人赋予发票开具金额总额度并动态调整，实现了"以系统授信为主，人工调整为辅"的授信制管理。

📚 **拓展阅读**

数电票 VS "纸电"发票

1. 开票前置环节不同

数电票：相较纸电票，无须进行票种核定，无须进行税控设备申领，无须进行发票领用。

纸电票：需进行票种核定申请，需申领税控设备，需向主管税务机关领用纸电票的号码段。

2. 开票额度管理不同

数电票：采用"授信制"，纳税人可在给定的总额度内开票。

纸电票：发票数量和票面限额管理同纸质发票一样，只能在给定的份数和限额内开具发票。纳税人需要依申请才能对发票增版增量。

3. 票面展示内容不同

数电票：票面更加简洁，数电票删除了纸电票票面上的地址栏、银行账户账号栏、发票代码、开票人及密文区，购买方和销售方信息并列展示，更加直观；取消了开票行数限制。

纸电票：数电票发票号码位数不同，数电票号码为 20 位，含年度、行政区划代码、开具渠道、顺序编码等信息，系电票发票号码为 8 位，按年度分批次编制；纸电票项目有 8 行的限制。

4. 发票开具平台不同

数电票：在电子发票服务平台上开具，仅允许纳税人在线开票。

纸电票：在公共服务平台上开具，可以离线开票。

5. 发票种类构成不同

数电票：设计了显性标签和特定要素，将"7+10"种制式发票统一为电子发票，其不仅涵盖了增值税发票，也包括了机动车发票、二手车发票、航空运输客票电子行程单、铁路电子客。其内涵与外征较之纸电票更加丰富。

纸电票：仅包括增值税电子普通发票和增值税电子专用发票。

6. 发票交付手段不同

数电票开具后：发票电子数据文件自动发送至开票方和受票方的税务数字账户，并可对各类发票数据进行自动归集。

纸电票开具后：开票方需将发票电子数据版式文件（OFD 等）通过邮件、短信等方式人工交付给受票方。

7. 版式文件格式不同

数电票：数电票电子数据文件增加了国际通行的 XML 纯数据电文格式，同时保留了 OFD、PDF 等格式。

纸电票：电子数据版式文件格式为 OFD 等格式。

④ 税务数字账户。

税务数字账户是电子发票服务平台面向纳税人归集各类涉税涉费数据，集查询、用票、业务申请于一体的应用。通过对全量发票数据的归集，为纳税人提供发票用途勾选确认、发票交付、发票查询统计等服务，并支持纳税人下载及打印数字化电子发票，同时满足试点纳税人发票查验、发票入账标识、税务事项通知书查询、税收政策查询、发票额度调整申请等需求。

税务数字账户具有以下功能。

◆ 发票服务"一站式"管理

税务机关通过电子发票服务平台税务数字账户为试点纳税人提供发票归集、用途确认、查询、下载、打印等服务。纳税人登录电子发票服务平台后，可进行发票开具、交付、查验及用途勾选等系列操作，享受"一站式"服务。税务数字账户还增加了国内旅客运输凭证用途确认、海关缴款书采集及确认、加计扣除农产品进项税额确认等功能，纳税人在同一个平台即可进行全部增值税扣税凭证的用途确认。

◆ 发票数据"一户式"归集

税务数字账户实现了发票流转状态实时记录和查询、发票风险信息提醒等服务。纳税人开具和取得各类发票时，系统自动归集发票数据，"一户式"推送至对应纳税人的税务数字账户，从根本上解决纳税人纸质发票管理中出现的丢失、破损及电子发票难以归集等问题。

同时，税务数字账户为纳税人提供发票入账标识服务，纳税人使用该功能时，系统将同步为发票赋予入账状态字样，供财务人员及时查验，避免重复报销入账风险。

◆ 涉税信息"一键式"查验

税务数字账户可满足纳税人发票额度调整申请、税务事项通知书查询、税收政策查询、原税率发票开具申请、发票批量查验等需求，为纳税人提供高效便捷的发票服务。纳税人可通过税务数字账户体验 7×24 小时在线的发票查验、发票资料查询统计、税收政策查询等服务。

4．发票的领用

需要领用发票的单位和个人，应当持设立登记证件或者税务登记证件，以及经办人身份证明，向主管税务机关办理发票领用手续。领用纸质发票的，还应当提供按照国务院税务主管部门规定式样制作的发票专用章的印模。主管税务机关根据领用单位和个人的经营范围、规模和风险等级，在 5 个工作日内确认领用发票的种类、数量及领用方式。单位和个人领用发票时，应当按照税务机关的规定报告发票使用情况，税务机关应当按照规定进行查验。

需要临时使用发票的单位和个人，可以凭购销商品、提供或者接受服务，以及从事其他经营活动的书面证明、经办人身份证明，直接向经营地税务机关申请代开发票。依照税收法律、行政法规规定应当缴纳税款的，税务机关应当先征收税款，再开具发票。税务机关根据发票管理的需要，可以按照国务院税务主管部门的规定委托其他单位代开发票。

禁止非法代开发票。

临时到本省、自治区、直辖市以外从事经营活动的单位或者个人，应当凭所在地税务机关的证明，向经营地税务机关领用经营地的发票。

5．发票开具

销售商品、提供服务及从事其他经营活动的单位和个人，对外发生经营业务收取款项，收款方应当向付款方开具发票；特殊情况下，由付款方向收款方开具发票。

所有单位和从事生产、经营活动的个人在购买商品、接受服务及从事其他经营活动支付款项，应当向收款方取得发票。取得发票时，不得要求变更品名和金额。

不符合规定的发票，不得作为财务报销凭证，任何单位和个人有权拒收。

开具发票应当按照规定的时限、顺序、栏目，全部联次一次性如实开具，开具纸质发票应当加盖发票专用章。

任何单位和个人不得有下列虚开发票行为：

（1）为他人、为自己开具与实际经营业务情况不符的发票；

（2）让他人为自己开具与实际经营业务情况不符的发票；

（3）介绍他人开具与实际经营业务情况不符的发票。

任何单位和个人应当按照发票管理规定使用发票，不得有下列行为：

（1）转借、转让、介绍他人转让发票、发票监制章和发票防伪专用品；

（2）知道或者应当知道是私自印制、伪造、变造、非法取得或者废止的发票而受让、开具、存放、携带、邮寄、运输；

（3）拆本使用发票；

（4）扩大发票使用范围；

（5）以其他凭证代替发票使用；

（6）窃取、截留、篡改、出售、泄露发票数据。

除国务院税务主管部门规定的特殊情形外，纸质发票限于领用单位和个人在本省、自治区、直辖市内开具。

除国务院税务主管部门规定的特殊情形外，任何单位和个人不得跨规定的使用区域携带、邮寄、运输空白发票。

禁止携带、邮寄或者运输空白发票出入境。

6. 发票保管

开具发票的单位和个人应当建立发票使用登记制度，配合税务机关进行身份验证，并定期向主管税务机关报告发票使用情况。

开具发票的单位和个人应当在办理变更或者注销税务登记的同时，办理发票的变更、缴销手续。

开具发票的单位和个人应当按照国家有关规定存放和保管发票，不得擅自损毁。已经开具的发票存根联，应当保存5年。

案例分析 2-4

大学生"实习"却被抓，因为虚开发票

2021年2月4日下午，上海市虹口区人民检察院召开新闻发布会，发布涉税类案件典型案例。其中一起虚开发票犯罪案件，引发关注。

据报道，小陈本是一名大学生，临近毕业，高中同学为其介绍了一份工作。高中同学称，这份工作的内容是收发快递，每月工资7 000元。禁不住同学的再三劝说，2020年3月，小陈从深圳赴上海开始实习。

实习期间，小陈陆续收到许多装有不同公司营业执照、公章、法定代表人名章等材料的包裹。随同包裹一起寄来的还有很多空白发票，小陈猜测自己所在的公司正在从事违法犯罪活动。

正如小陈猜测的那样，同学介绍的这家"公司"实则是一个专门从事虚开发票的犯罪团伙。该团伙从非法渠道买入公民个人身份证，用这些身份证注册了近300家空壳公司，然后通过这些公司套取正规发票并进行倒卖。

团伙内部分工明确，小陈被称为"仓库管理员"，负责管理身份证、公司营业执照、

动画视频

虚开发票：人生不能承受之轻

空白发票等,有需要核税的公司就由他发给下面指定的领票员去核税。

2020年5月19日,小陈在上海被抓获。案发后,民警在小陈的租住地搜出身份证32张、空白发票75张、公章10枚、空壳公司资料143套。

小陈表示,自己没有实际参与注册公司、虚开发票等行为,只是听从老板指挥做做杂务。殊不知,经过查证,由小陈负责管理的空壳公司为他人开具增值税普通发票价税合计超过3亿元人民币。

虹口区人民检察院审查后认为,小陈与他人结伙,为他人虚开增值税普通发票,情节特别严重,应当以虚开发票罪追究刑事责任。法院做出一审判决,以虚开发票罪判处小陈有期徒刑2年,罚金5万元。

小陈所在学校得知他的犯罪行为后,已按规定将其开除学籍。

【案例思考】法院做出一审判决,以虚开发票罪判处小陈有期徒刑2年,罚金5万元。什么是虚开发票罪?它有哪些表现形式,又会有哪些后果呢?

【分析】根据《中华人民共和国刑法》(以下简称《刑法》)第二百零五条的规定,虚开增值税发票罪是指虚开增值税专用发票或者虚开用于骗取出口退税、抵扣税款发票之外的发票的行为。

广义上讲,一切不如实开具发票的行为都是虚开发票的行为,包括没有经营活动而开具或虽有经营活动但不如实开具。狭义的虚开发票则是对发票能反映纳税人纳税情况、数额的有关内容做不实填写,致使所开发票的税款与实际缴纳税款不符的一系列行为。

根据《刑法》及《中华人民共和国发票管理办法》的有关规定,虚开发票的行为主要如下。

(1)为他人虚开发票,指合法拥有开发票资格的单位或个人,明知他人并无购货行为或者没有提供或接受劳务,仍为其开具不实发票的行为。

(2)为自己虚开发票,指合法拥有开发票资格的单位或个人,在并无购货行为或者没有提供或接受劳务的情况下,为自己开具不实发票的行为。

(3)让他人为自己虚开发票,指并无购货行为或者没有提供或接受劳务的单位或个人,委托有开票资格的其他单位或个人为自己开具不实发票的行为。

(4)介绍他人虚开发票,指在合法拥有开发票资格的单位或个人与需要委托开具不实发票的单位或者个人之间沟通联系、牵线搭桥的行为。

根据《最高人民检察院 公安部关于公安机关管辖的刑事案件立案追诉标准的规定(二)》,涉嫌下列情形之一的,应予立案追诉:①虚开发票金额累计在五十万元以上的;②虚开发票一百份以上且票面金额在三十万元以上的;③五年内因虚开发票受过刑事处罚或二次以上行政处罚,又虚开发票,数额达到第①、②项标准百分之六十以上的。

📕 案例分析 2-5

买发票抵扣税款 违法者后悔不迭

大连市某电商企业,2022年至2023年间故意购买虚开的增值税专用发票抵扣税款,这一违法行为被税务机关检查发现,除补税60余万元外,还被罚款60余万元,并被列入税收违法黑名单。

该企业的经营者王某一谈到此事后悔不迭，直叹自己交友不慎，贪小失大。原来前几年，王某在生意场上认识了一个"朋友"。一来二去熟了之后，这位"朋友"向王某暗示，自己可以提供增值税专用发票，发票的金额和内容可以完全按照客户要求开，只收5%的"手续费"。王某心里盘算着，自己的生意这几年越做越大，利润也水涨船高，买点发票，多抵扣点税款似乎也是个不错的选择。于是他禁不住诱惑，从"朋友"那里多次购买了发票。而且双方还一起配合，把账目和资金流做得像模像样。王某起初还有些担心，后来逐渐尝到了少缴税款的甜头，觉得一来此事做得"天衣无缝"，未必能被发现；二来自己只是购买发票而已，又不是对外虚开发票，问题不大。然而终于有一天东窗事发，"朋友"对外虚开发票的行为被发现，税务机关顺藤摸瓜，找到了王某。王某这才知道，让他人为自己开具与实际经营业务不符的发票，也属于虚开发票违法行为。

更让王某吃惊的是，公司被列入黑名单的后果：公司被"信用大连"网站公示为联合惩戒对象后，订单量比上年下降了一半；客户得知公司被列入黑名单后，纷纷表示不想再继续合作了。

目前该公司的纳税信用等级被直接降到了D级，税务机关对其出口退税从严审核。该公司所在工业园区的其他企业经营者纷纷感慨："没想到，买发票抵税的代价这么大，得不偿失，我们企业绝不犯类似的错误！"

惩罚并不是目的，税务机关更希望通过监管，使得公司纠正错误，规范经营，健康发展。为助力公司走出困境，税务人员为公司讲解黑名单制度的相关规定，对公司进行跟踪辅导，帮助公司规范财务和管理制度。该公司也积极配合税务机关，按时足额补缴了全部的税款、滞纳金和罚款。税务人员告知该公司，只要诚信守法，到期之后该公司的信息将会被撤出公布，也不再被联合惩戒。经营者王某表示要牢记教训："这次我是真体会到了处处受限、寸步难行的滋味，以后心思都放在产品技术改进的正道上，不再动歪脑筋，要诚信依法纳税，争取以后评上A级信用纳税人！"

【案例思考】请分析该案例中企业的违法行为。

【分析】该案例中的企业行为属于虚开发票违法行为。让他人为自己虚开增值税专用发票也属于虚开发票的一种，任何一家企业都应守住发票"红线"。涉案公司只顾眼前利益，为少缴税款，购买虚开的增值税专用发票抵扣税款。结果因小失大，除了需要补缴税款、滞纳金和罚款之外，公司名誉也受到影响，在生产经营诸多环节中还受到多部门联合惩戒。涉税违法，得不偿失，企业经营者应算好这笔账，切莫抱侥幸心理。

7. 发票的接收

销售方成功开具发票后，系统默认将全面数字化的电子发票文件及数据自动交付至购买方税务数字账户，购买方可以在税务数字账户中下载所需的数电票。

步骤一：登录电子税务局网页端，单击【我要办税】—【税务数字账户】—【发票查询统计】—【全量发票查询】。

步骤二：进入发票查询页面，查询类型选择"取得发票"，选择需要查询的票种，即可查询已取得的发票。在查询出的数电票记录后单击"下载"按钮，即可下载存档、打印，如图2-9所示。

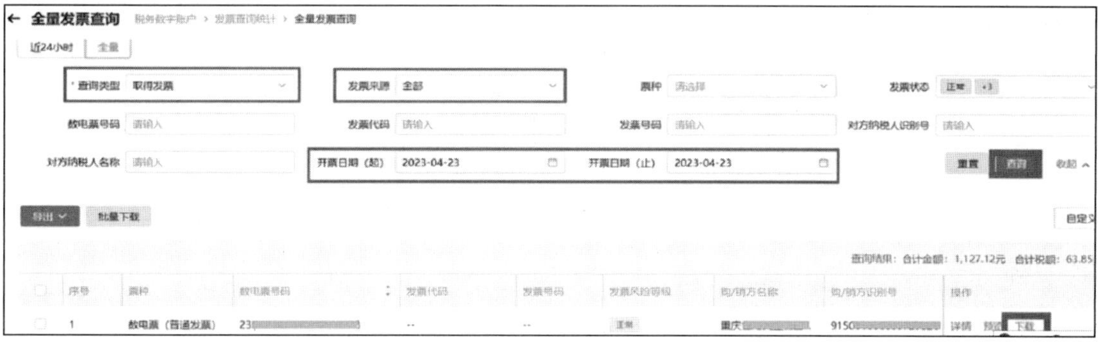

图2-9 全量发票查询界面

受票方也可以要求销售方通过电子邮件、二维码、电子文件导出等方式交付数电发票。受票方选择邮箱交付，受票人可登录邮箱查看发票；受票方选择二维码交付，纳税人可通过移动端扫描交付二维码查看发票；受票方选择 PDF、OFD 或 XML 格式交付，可请开票方交付相应格式的发票并查看。

8. 发票的查验

企业收到发票后，怎么对发票进行查验呢？

（1）通过全国增值税发票查验平台进行查验。

纳税人可通过全国增值税发票查验平台，如图2-10 所示，对数电票进行查验。全国增值税查验平台仅支持单张发票查验模式，包括手工查验及扫描查验等方式。

图2-10 国家税务总局全国增值税发票查验平台

（2）试点纳税人可以通过电子发票服务平台税务户发票查验模块对数电票进行查验。

试点纳税人登录电子发票服务平台税务数字账户后，可通过"全量发票查询"模块查询其开具和取得的发票，如图2-11 所示。

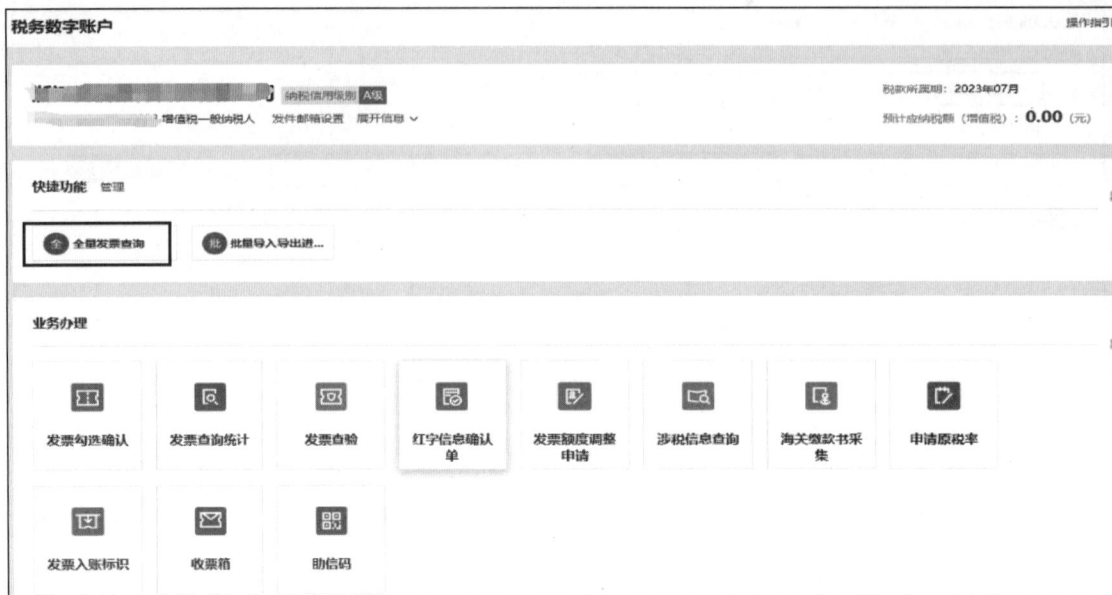

图 2-11　税务数字账户页面截图

　　电子发票服务平台税务数字账户提供两种发票查验方式，一是单张发票查验，即手工单张录入，单张文件导入；二是批量发票查验，即下载模板录入信息导入查验，如图 2-12 所示。

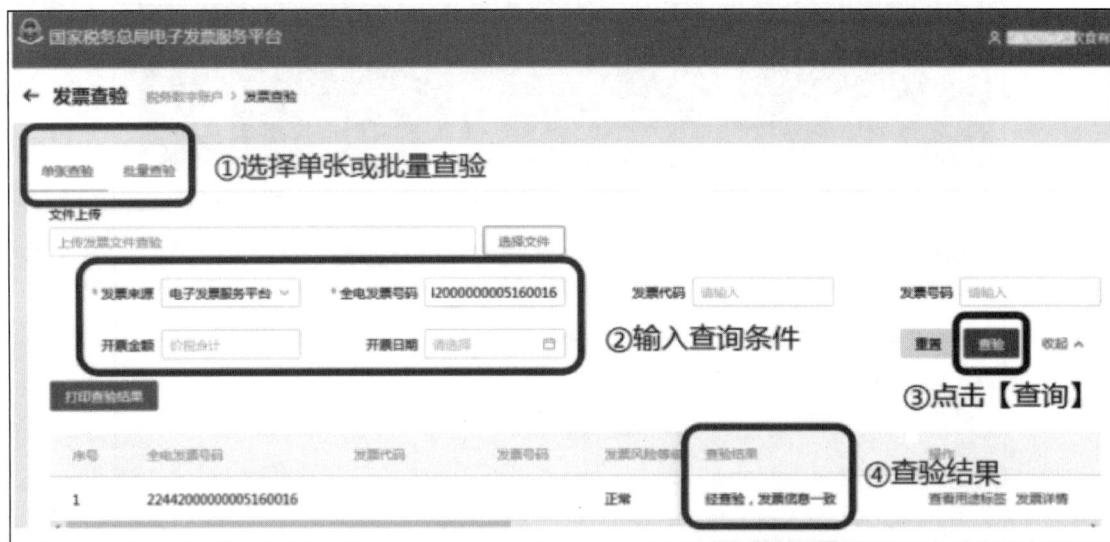

图 2-12　税务数字账户"发票查验"界面截图

2.1.4　解析纳税申报

1. 纳税申报的概念

　　纳税申报是指纳税人发生纳税义务后，在税法规定的期限内向主管税务机关提交书面报告的一种法定手续。纳税申报是纳税人履行纳税义务、承担法律责任的主要依据，是税务机关税收管理信息的主要来源和税务管理的一项重要制度。

对于纳税申报的含义,可以从以下三个方面来解读:"在税法规定的期限内",这说明纳税申报是有具体期限的;纳税申报需提交书面报告;纳税申报是一种法定手续,如果不按期申报,则会承担相应的法律责任。

纳税人、扣缴义务人向税务机关进行纳税申报时,主要通过填制和上交纳税申报表及相关的财务资料来完成,具体包括:纳税申报表;财务报表及其他说明资料;与纳税有关的合同、协议书及凭证;税控装置的电子报税资料;外出经营活动税收管理证明和异地完税凭证;税务机关规定应该报送的其他有关资料。

微课视频

解析纳税申报

2．纳税申报的方式

在我国,纳税申报的方式主要有直接申报、电子申报、简易申报等。

(1)直接申报是指纳税人或纳税人的税务代理人直接到税务机关进行申报的方式。根据申报的地点不同,直接申报又可分为直接到办税服务厅申报、到巡回征收点申报和到代征点申报三种。

(2)电子申报是指纳税人将纳税申报表及其有关资料所列的信息通过计算机网络传送给税务机关进行申报的方式。

(3)简易申报是指实行定期定额征收方式的纳税人,经税务机关批准,通过以缴纳税款凭证代替申报并可简并征期的方式。

简并征期是指纳税人按照税务机关核定的税额和指定的期限,每几个月一次或半年、一年一次进行纳税申报。

纳税申报的方式比较多,纳税人可以结合自己的实际情况自行选择。纳税人无论采用哪一种申报方式,都需要根据各税种的要求,向税务机关报送纳税申报表和有关申报资料。一般来说,若是支持网上电子申报,那么大部分人会选择登录网页后按照提示申报,这样不仅不用去税务局申报,也可以避免由于材料不足需要多次申报。

3．纳税申报的期限

纳税申报期限,是指法律、行政法规规定的,或是税务机关在依照法律、行政法规的基础上,结合纳税人生产经营实际情况确定的纳税人、扣缴义务人计算应纳税额,并向税务机关申报的期限。

纳税申报具体可分为按期申报和按次申报。按期申报指纳税人根据税务机关核定的纳税申报期限,如期向税务机关报送纳税申报表和有关纳税资料的行为。按次申报指以从事生产经营活动的次数为期限进行纳税申报。

✍ **特别提醒**

纳税人在纳税期内没有应纳税款的,也应当按照规定办理纳税申报;此外纳税人享受减税、免税待遇的,在减税、免税期间也应当按照规定办理纳税申报。

4．违反纳税申报规定的法律责任

纳税人未按照规定的期限办理纳税申报的,或者扣缴义务人未按照规定的期限向国家税务机关报送代扣代缴、代收代缴税款报告表的,由国家税务机关责令限期改正,可以处以二千元以下的罚款,逾期不改正的,可以处以二千元以上一万元以下的罚款。

5. 特殊的纳税申报方式——零申报

某新办工业企业，增值税一般纳税人，2021 年 12 月仍在建设中，当期未发生销售，也未认证增值税进项发票。请问在这种应纳税额为 0 的情形下，该企业还需要每月定期到税务局申报纳税吗？答案是肯定的，这里就涉及一种特殊的纳税申报方式——零申报。

纳税人、扣缴义务人当期未发生应税行为，按照国家税收法律、行政法规和规章的规定，应向税务机关办理零申报手续，并注明当期无应税事项。

纳税人进行零申报，应在申报期内向主管税务机关正常报送纳税申报表及有关资料，并在纳税申报表上注明"零"或"无收入"字样。

✍ **特别提醒**

零申报同样需要报送税务机关，否则要交滞纳金！

📚 **拓展阅读**

零申报的注意事项

在公司经营初期，公司没有经营收入，所以公司可以选择进行零申报。

但是，假的零申报是偷税漏税行为，严重的要负刑事责任。零申报一般只会出现在刚开业的企业和准备注销的企业，所以对于零申报的企业，税务部门每个月是会做统计的。企业零申报超过 6 个月就被视为长期零申报，会被列入税务异常。

下面是几个错误的零申报案例。

错误零申报案例 1：A 女士的公司属于小微企业，享受国家规定小微企业普惠性税收减免政策：对月销售额 10 万元以下（含本数）的增值税小规模纳税人，免征增值税。当月 A 女士的公司实际销售收入在 5 万元，她认为自己的公司符合免征增值税政策，所以进行了零申报。

增值税小规模纳税人容易陷入"月销售额未达 10 万元只需零申报"的误区。实际上，按照相关规定，符合条件的小规模纳税人在享受国家税收优惠的同时，应该向税务机关如实申报纳税。正确的方式是，计算出不含税收入，再用不含税收入算出应纳增值税，填入申报表相应栏次享受免税。

错误零申报案例 2：B 女士的公司刚刚开业，第一个月只是购买了设备，取得增值税专用发票，进项税额 7 000 元。因为第一个月没有收入，所以该公司进行了零申报。

虽然该公司第一个月没有取得销售收入，但是存在进项税额，如果该公司因未发生销售而办理零申报，未抵扣进项税额会造成逾期抵扣而不能抵扣。正确的方式是，在对应的销售额栏次填写 0，把当期已认证的进项税额 7 000 元填入申报表的进项税额栏次中，产生期末留抵税额在下期继续抵扣。

错误零申报案例 3：C 先生由于自己经营不善，企业一年都处于亏损状态，而由于亏损，企业每个月都进行了零申报。

根据规定，企业的亏损是可以向以后五个纳税年度结转弥补的，如果企业做了零申报，则第二年盈利就不能弥补以前年度亏损了，会造成企业损失。如果企业当年做了企业所得税零申报，却将亏损延长到以后年度扣除，是违反税法规定的，所以亏损企业要慎重对待零申报。

2.1.5　解析税款缴纳

1. 税款征收方式

微课视频

解析税款缴纳

我国税款征收方式，是由税务机关根据税法规定，结合纳税人的具体情况确定。具体包括查账征收、查定征收、查验征收、定期定额征收、代收代缴和代扣代缴、委托代征六种形式。

（1）查账征收指税务机关按照纳税人提供的账表所反映的经营情况，依照适用税率征收税款的方式。适用范围：账簿、凭证、会计等核算制度比较健全，能够据以如实核算生产经营情况，正确计算应纳税款的纳税人。绝大多数企业采用查账征收方式。

（2）查定征收指由税务机关根据纳税人的从业人员、生产设备、原材料消耗等因素，在正常生产经营条件下，对其生产的应税产品，查实核定产量、销售额并据以征收税款的一种方式。适用范围：生产规模较小、账册不健全、产品零星、税源分散的小型厂矿和作坊。

（3）查验征收指税务机关对纳税人的应税商品，通过查验数量，按市场一般销售单价计算其销售收入并据以征税的方式。适用范围：对城乡集贸市场中的临时经营者和机场、码头等场所的经销商的课税。

（4）定期定额征收指对一些所得额不能准确计算的小型工商户，经过自报评议，由税务机关核定一定时期的所得税附征率，实行多税种合并征收的方式。适用范围：小型的个体工商户。

（5）代收代缴和代扣代缴指税务机关按照税法规定，对负有代收代缴和代扣代缴税款义务的单位和个人，在其向纳税人收取或支付交易款项的同时，依法从交易款项中扣收纳税人应纳税款，并按规定期限和缴库办法申报解缴的税款征收方式。适用范围：有代收代缴和代扣代缴义务的单位和个人。

（6）委托代征指税务机关依法委托有关单位和个人代其向纳税人征收税款的方式。适用范围：零星分散、流动性大的税款。

2. 税款缴纳的方式

税款缴纳指纳税人、扣缴义务人依照国家法律、行政法规的规定实现的税款，依法通过不同方式缴纳入库的过程。

（1）现金缴税指纳税人、扣缴义务人用现金缴纳税款的方式。

（2）转账缴税指纳税人、扣缴义务人根据税务机关填制的缴款书通过其开户银行转账缴纳税款的方式。

（3）支票缴税指在法定的申报期内，纳税人持纳税申报表、有关资料及应付税款等额支票，报送税务机关缴纳税款的方式。

（4）银行卡缴税指纳税人、扣缴义务人用银行卡缴纳税款的方式。

（5）税银一体化缴税又称财税库银横向联网缴税，指纳税人、扣缴义务人在银行开立基本存款账户或是其他存款账户，按期提前存入当期应纳税款，并在规定的期限内由税务机关通知银行直接划解税款，或使用网上申报纳税系统自行通过银行划转税款的方式。按实施方式不同，可分为一般缴税专户缴税、网上实时缴税和批量扣税。

（6）委托代征缴税指委托代征单位按照税务机关规定的代征范围和要求，以税务机关名义向纳税人征收零散税款的方式。

问题答疑

甲企业 2023 年 2 月生产经营应纳增值税 10 000 元（以一个月为一个纳税期限），若该企业于 3 月 21 日实际缴纳税款，其滞纳金是多少？（假设 3 月 14 日和 3 月 15 日均不是法定节假日）

答： 按照增值税纳税期限和结算缴款期限，该企业应于 3 月 15 日前缴纳税款，该企业滞纳 6 天，则应加收滞纳金=10 000×0.5‰×6=30（元）。

3．延期缴纳税款

纳税人或扣缴义务人必须按法律、法规规定的期限缴纳税款，有特殊困难不能按期缴纳税款的，按照《税收征管法》的规定，可以申请延期缴纳税款。这里的特殊困难是指因不可抗力，导致纳税人发生较大损失，正常的生产、经营活动受到较大影响的；纳税人当期的货币资金在扣除应付职工工资、社会保险费以后不足以缴纳税款的。不能按期缴纳税款，应当在规定的缴纳期限以内向税务机关书面申请延期纳税，并提供有关资料和证明。经过当地省级税务局批准，可以延期缴纳税款，并免纳滞纳金，但是最长不得超过三个月。

4．税款的退还与追征

（1）税款的退还。纳税人超过应纳税额缴纳的税款，税务机关发现后应立即退还；纳税人在三年内发现的，不仅可以要求税务机关退还多缴税款，还可以要求退还多缴税款的同期银行存款利息。

税款退还的范围包括以下两种：技术差错和结算性质的退税。为加强对收入的管理，规定纳税人先按应纳税额如数缴纳入库，经核实后再从中退还应退的部分。

税款退还的方式包括以下两种：税务机关发现后立即退还；纳税人发现后申请退还。

税款退还的时限要求如下：纳税人发现的，可以自结算缴纳税款之日起三年内要求退还；对纳税人超过应纳税额缴纳的税款，无论是税务机关发现的，还是纳税人发现后提出退还申请的，税务机关经核实后都应当立即办理退还手续，不应当拖延。

（2）税款的追征。税款追征指在实际的税款征缴过程中，征纳双方的疏忽、计算错误等原因造成的纳税人、扣缴义务人未缴或者少缴税款，税务机关依法对未征、少征的税款要求补缴，对未缴、少缴的税款进行追征的制度。

税款追征的具体情形如下：因纳税人、扣缴义务人计算错误等失误，未缴或者少缴税款的，税务机关在三年内可以追征；数额在 10 万元以上，有特殊情况的，追征期可以延长到五年。在追征税款的同时，加收滞纳金。对偷税、抗税、骗税的，税务机关可以无限期追征。

注意

对于税款追征，纳税人、扣缴义务人未缴或者少缴税款的，其补缴和追征税款的期限，应自纳税人、扣缴义务人应缴未缴或少缴税款之日起计算。

📖 案例分析 2-6

多缴的税款能退还吗？

某电商企业为小规模纳税人，该企业 2024 年 12 月 23 日发现，2024 年 3 季度发生增值税应税收入 50 万元，在 2024 年 10 月 7 日进行增值税季度申报时将计税依据误填为 500 万元，导致多缴纳增值税税款 4.5 万元。该企业于 2024 年 12 月 26 日至税务机关更正了申报表数据，税务机关就产生的多缴税款告知纳税人进行多缴退税流程。

该企业填写了退税文书并提交有关资料，经税务机关审核，于 2025 年 1 月 5 日将多缴税款退还给了 A 纳税人。

【案例思考】什么情形下，纳税人多缴的税款可以要求税务机关退还？需要办理哪些手续？

【分析】纳税人超过应纳税额缴纳的税款，税务机关发现后应立即退还；纳税人在三年内发现的，不仅可以要求税务机关退还多缴税款，还可以要求退还多缴税款的同期银行存款利息。税款退还的情形有：①税务机关发现后立即退还；②纳税人发现后申请退还。税款退还的时限有：①纳税人发现的，可以自结算缴纳税款之日起三年内要求退还；②对纳税人超过应纳税额缴纳的税款，无论是税务机关发现的，还是纳税人发现后提出退还申请的，税务机关经核实后都应当立即办理退还手续，不应当拖延。

📖 案例分析 2-7

赖税不缴 联惩发力

对于×市×五金机电设备有限公司法定代表人赵某来说，被列入税收违法黑名单的经历，大概会是他从商以来最难以忘怀的记忆。

一、心存侥幸埋祸根

事情还得从头说起。赵某的公司以销售标准件、金属软管、胶管、五金交电、劳保用品、电器设备，机械设备生产及加工为主营业务。2023 年 12 月 19 日，本案移送国家税务总局×市税务局第一稽查局处理，对该公司进行检查后，发现其在 2019 年 1 月 1 日至 2019 年 12 月 31 日期间，虚开增值税专用进项发票 1 份 金额 5.13 万元，税额 0.87 万元。国家税务总局×市税务局第一稽查局按规定责令该单位限期缴纳增值税 8 717.95 元，城市维护建设税 610.26 元，教育费附加 261.54 元，罚款 50 000 元，第一稽查局于 2024 年 7 月 27 日向该纳税人送达了《税务处理决定书》，该纳税人在期限内未履行纳税义务，第一稽查局于 2024 年 8 月 19 日依法下达催告书（行政强制执行适用），逾期后该纳税人仍未履行纳税义务。第一稽查局后多次电话该纳税人，均无法接通，2024 年 9 月 14 日，第一稽查局依法到该纳税人经营场所送达《税务事项通知书》（责令限期缴纳税款）该场所已无人经营，后又采取邮寄送达方式向该纳税人送达文书，现申请对该纳税人强制执行。然而，接到处理处罚决定的赵某却对此不以为意。即便多次收到税务机关的催缴通知，拒不缴纳税款。

二、罔顾法律入歧途

为了营造资金困难的假象，赵某还颇费了一番心思。在公司被稽查后，他火速将公安机关已退还税款到该纳税人对公账户的资金转移。

该案件自 2024 年 7 月 21 日转入案件执行环节，第一稽查局执行人员于 2024 年 7 月 27 日将《税务处理决定书》送达该纳税人，纳税人未在限期内缴纳税款和滞纳金、罚款，2024 年 8 月 19 日第一稽查局执行人员依法下达《催告书（行政强制执行适用）》，逾期后该纳税人仍未履行纳税义务。经多次与该单位联系均无法接通后，2024 年 9 月 14 日，第一稽查局执行人员依法到该公司实际经营场所送达《税务事项通知书》（责令限期缴纳税款），发现该场所已无人经营，因前期公安机关已退还税款到该纳税人对公账户，第一稽查局执行人员认为该纳税人存在转移款项的可能，故申请查询该纳税人存款账户。2024 年 9 月 16 日，第一稽查局到×市农村商业银行查询该纳税人对公账户，账户明细显示，该纳税人于 2024 年 6 月 16 日在收到×市公安局退还的 8718 元的款项后，当天使用现金支票支取 8 700 元，该纳税人账户余额 4.7 元。第一稽查局遂于 2024 年 9 月 21 日采取邮寄送达的方式向该纳税人送达《税务事项通知书》（责令限期缴纳税款）。

赵某依旧毫无悔意、心存侥幸，没有按要求缴纳任何税款、滞纳金及罚款。

三、遭到惩戒终后悔

2025 年 3 月，赵某的这家公司因为违法情节严重被列入了税收违法黑名单。公司的纳税信用等级将被直接降为 D 级，同时推送有关部门实施联合惩戒，他本人名下注册登记或负责经营的其他纳税主体都将被采取一系列严厉的监管措施，且在经营、投资融资、取得政府供应土地、出入境、注册新公司、工程招投标、政府采购、资质审核等方面受到有关部门的限制或禁止。

【案例思考】本案中的赵某罔顾法律心存侥幸，没有按要求缴纳任何税款、滞纳金及罚款，给企业带来了哪些损失和惨痛教训？

【分析】一处失信，处处受限！本案中，当事人对应缴欠税久拖不缴，对税务机关告知置若罔闻，造成严重的不良影响。联合惩戒一经实施，当事人的经济活动、社会活动受到跨部门的联合惩戒。本案中除了当事企业自身受到了惩戒，直接责任人名下的其他企业同样受到了惩处，教训是十分深刻的。

动画视频

身份保卫战：粉碎
偷税阴谋

随着国家诚信建设制度化的不断推进，"褒扬诚信、惩戒失信"的社会氛围越来越浓厚。诚信纳税是纳税人守法经营的基本要求，纳税人要树立诚信经营、依法纳税意识，要算好纳税信用的经济账、社会账，不断增强依法纳税意识，提高税法遵从度。

2.2 解读主要税种

我国现行税收实体法体系包括 18 个有效税种，接下来我们重点解读个人所得税、增值税、企业所得税等常用税种。

2.2.1 解读个人所得税

个人所得税是国家对本国公民、居住在本国境内的个人的所得和境外个人来源于本国的所得征收的一种所得税。

1. 个人所得税纳税义务人和所得来源的确定

个人所得税纳税义务人指在中国境内有住所，或者虽无住所但在境内居住累计满183天，以及无住所又不居住或居住不满183天但从中国境内取得所得的个人。

个人所得税纳税义务人依据住所和居住时间两个标准，分为居民个人和非居民个人。

（1）居民个人和非居民个人的判定标准。

个人所得税纳税义务人可以泛指取得所得的自然人，包括居民个人和非居民个人。为了有效地行使税收管辖权，我国根据国际惯例，对居民个人和非居民个人的划分采用了国际上常用的住所标准与居住时间标准。

第一，在中国境内有住所，或者无住所而一个纳税年度内在中国境内居住累计满183天的个人，为居民个人。居民个人从中国境内和境外取得的所得，依照法律规定缴纳个人所得税。

第二，在中国境内无住所又不居住，或者无住所而一个纳税年度内在中国境内居住累计不满183天的个人，为非居民个人。非居民个人从中国境内取得的所得，依照法律规定缴纳个人所得税。

个人所得税的纳税年度自公历1月1日起至12月31日止。

备注：①住所标准。在中国境内有住所是指因户籍、家庭、经济利益关系而在中国境内习惯性居住。

②居住时间标准。居住时间指个人在一国境内实际居住的日数。在中国境内无住所的个人，在中国境内居住累计满183天的年度连续不满6年的，经向主管税务机关备案，其来源于中国境外且由境外单位或个人支付的所得，免予缴纳个人所得税；在中国境内居住累计满183天的任一年度中有一次离境超过30天的，其在中国境内居住累计满183天的年度的连续年限重新起算。

在中国境内无住所的个人一个纳税年度在中国境内累计居住满183天的，如果此前6年在中国境内每年累计居住天数都满183天而且没有任何一年单次离境超过30天，该纳税年度中来源于中国境内、境外的所得应当缴纳个人所得税；如果此前6年的任一年在中国境内累计居住天数不满183天或单次离境超过30天，该纳税年度中来源于中国境外且由境外单位或个人支付的所得，免予缴纳个人所得税。

我国税法规定的住所标准和居住时间标准是判定居民身份的两个并列性标准，个人只要符合或达到其中任何一个标准，就可以被认定为居民纳税人。

（2）居民纳税人和非居民纳税人的纳税义务。

第一，居民纳税人应就其来源于中国境内和境外取得的所得，向我国政府履行全面纳税义务，依法缴纳个人所得税。

第二，非居民纳税人只就其来源于中国境内取得的所得向我国政府履行有限纳税义务，依法缴纳个人所得税。

（3）个人独资企业和合伙企业的纳税义务。

个人独资企业和合伙企业不缴纳企业所得税，只对投资者个人或个人合伙人取得的生产经营所得征收个人所得税。

个人独资企业和合伙企业分别指依据我国相关法律登记成立的个人独资、合伙性质的企业及其他相关机构或组织。个人独资企业以投资者个人为纳税人，合伙企业以每一个合伙人为纳税义务人。

个人独资企业投资人以其个人财产对企业债务承担无限责任；普通合伙企业合伙人对合伙企业债务承担无限连带责任；有限合伙企业由普通合伙人和有限合伙人组成，普通合伙人对合伙企业债务承担无限连带责任，有限合伙人以其认缴的出资额为限对合伙企业债务承担责任。

（4）所得来源的确定。

除国务院财政、税务主管部门另有规定外，下列所得，不论支付地点是否在中国境内，均为来源于中国境内的所得：

① 因任职、受雇、履约等在中国境内提供劳务取得的所得；

② 将财产出租给承租人在中国境内使用而取得的所得；

③ 许可各种特许权在中国境内使用而取得的所得；

④ 转让中国境内的不动产等财产或者在中国境内转让其他财产取得的所得；

⑤ 从中国境内企业、事业单位、其他组织以及居民个人取得的利息、股息、红利所得。

（5）扣缴义务人。

我国个人所得税实行代扣代缴和个人申报纳税相结合的征收管理制度。个人所得税采取代扣代缴办法，有利于控制税源、保证税收收入、简化征纳手续、加强个人所得税管理。税法规定，凡支付应纳税所得的单位或个人都是个人所得税的扣缴义务人。扣缴义务人在向纳税人支付各项应纳税所得（个体工商户的生产、经营所得除外）时，必须履行代扣代缴税款的义务。

2．个人所得税征税对象的确定

个人所得税的征税对象是个人取得的应税所得。个人所得的形式，包括现金、实物、有价证券和其他形式的经济利益。

（1）工资、薪金所得。

工资、薪金所得指个人因任职或者受雇而取得的工资、薪金、奖金、年终加薪、劳动分红、津贴、补贴以及与任职或者受雇有关的其他所得。年终加薪、劳动分红不分种类和取得情况，一律按工资、薪金所得征税。

不属于工资、薪金性质的补贴、津贴，不征收个人所得税。

问题答疑

某公司收到员工提供的机主为员工个人姓名的手机费发票，公司支付（报销）后，员工是否需要缴纳个人所得税？

答：根据个人所得税相关规定，雇员个人电话以发票报销取得的电话费，应并入工资、薪金所得项目缴纳个人所得税。

（2）劳务报酬所得。

劳务报酬所得指个人从事劳务取得的所得，包括从事设计、装潢、安装、制图、化验、测试、医疗、法律、会计、咨询、讲学、翻译、审稿、书画、雕刻、影视、录音、录像、演出、表演、广告、展览、技术服务、介绍服务、经纪服务、代办服务以及其他劳务取得的所得。

　　个人担任董事职务所取得的董事费收入，属于劳务报酬性质，按"劳务报酬所得"项目征税。上述各项所得一般属于个人独立从事自由职业取得的所得或属于独立个人劳动所得。

> **✒ 问题答疑**
>
> 　　怎样区分员工的劳务报酬所得与工资、薪金所得？
> 　　**答**：是否存在雇佣与被雇佣关系，是判断一种收入是属于劳务报酬所得，还是属于工资、薪金所得的重要标准。

　　劳务报酬所得是个人独立从事某种技艺，独立提供某种劳务而取得的所得；工资、薪金所得则是个人从事非独立劳动，从所在单位领取的报酬。后者存在雇佣与被雇佣的关系，而前者则不存在这种关系。如果从事某项劳务活动取得的报酬是以工资、薪金形式体现的，如演员从剧团领取工资，教师从学校领取工资，就属于工资、薪金所得项目，而不属于劳务报酬所得范围。如果从事某项劳务活动取得的报酬不是来自聘用、雇佣或工作的单位，教师接受电视台邀请开展讲座取得的报酬，就属于劳务报酬所得的范围。

　　（3）稿酬所得。

　　稿酬所得指个人因其作品以图书、报刊等形式出版、发表而取得的所得。作品包括文学作品、书画作品、摄影作品，以及其他作品。作者去世后，财产继承人取得的遗作稿酬，也应征收个人所得税。

　　任职、受雇于报纸、杂志等单位的记者和编辑等专业人员，因在本单位的报纸、杂志上发表作品取得的所得，属于因任职、受雇而取得的所得，应与其当月工资收入合并，按"工资薪金所得"项目征收个人所得税；出版社的专业作者撰写、编写或翻译的作品，由该社以图书形式出版而取得的稿费收入，应按"稿酬所得"项目征收个人所得税。

　　（4）特许权使用费所得。

　　特许权使用费所得指个人提供专利权、商标权、著作权、非专利技术以及其他特许权的使用权取得的所得。提供著作权的使用权取得的所得，不包括稿酬所得。

　　对于作者将自己的文字作品手稿原件或复印件公开拍卖（竞价）取得的所得，属于提供著作权的使用所得，应按"特许权使用费所得"项目征收个人所得税。

　　个人取得特许权的经济赔偿收入，应按"特许权使用费所得"项目缴纳个人所得税，税款由支付赔偿的单位或个人代扣代缴。

　　从2005年5月1日起，编剧从电视剧的制作单位取得的剧本使用费，不再区分剧本的使用方是否为其任职单位，统按"特许权使用费所得"项目征收个人所得税。

　　（5）经营所得。

　　经营所得指个体工商户从事生产、经营活动取得的所得，个人独资企业投资人、合伙企业的个人合伙人来源于境内注册的个人独资企业、合伙企业生产、经营的所得；个人依法从事办学、医疗、咨询以及其他有偿服务活动取得的所得；个人对企业、事业单位承包经营、承租经营以及转包、转租取得的所得；个人从事其他生产、经营活动取得的所得。

个体工商户和从事生产经营的个人，取得与生产、经营活动无关的其他各项应税所得，应分别按照有关规定，计算征收个人所得税。

（6）财产租赁所得。

财产租赁所得指个人出租不动产、机器设备、车船以及其他财产取得的所得。

（7）财产转让所得。

财产转让所得指个人转让有价证券、股权、合伙企业中的财产份额、不动产、机器设备、车船以及其他财产取得的所得。

转让境内上市公司股票净所得暂免个人所得税，自 2010 年 1 月 1 日起，对个人转让上市公司限售股征收个人所得税。转让境外上市公司股票所得按照财产转让所得缴纳个人所得税。

（8）利息、股息、红利所得。

利息、股息、红利所得指个人拥有债权、股权而取得的利息、股息、红利所得。

（9）偶然所得。

偶然所得指个人得奖、中奖、中彩以及其他偶然性质的所得。

居民个人取得前款第（1）项至第（4）项所得（以下称"综合所得"）按纳税年度合并计算个人所得税；非居民个人取得前款第（1）项至第（4）项所得，按月或按次分项计算个人所得税。纳税人取得前款第（5）项至第（9）项所得，按照本法规定分别计算个人所得税。

3. 个人所得税税率的判定

个人所得税分别按不同个人所得项目，规定了超额累进税率和比例税率两种形式。

（1）综合所得。

居民个人取得综合所得，按年合并计算个人所得税。其中工资薪金所得有扣缴义务人的，由扣缴义务人按月预缴税款，适用居民个人工资、薪金所得预扣预缴税率表如表 2-1 所示。

表 2-1　居民个人工资、薪金所得预扣预缴税率表

级数	全年累计预扣预缴应纳税所得额	预扣率/%	速算扣除数
1	不超过 36 000 元的部分	3	0
2	超过 36 000 元至 144 000 元的部分	10	2 520
3	超过 144 000 元至 300 000 元的部分	20	16 920
4	超过 300 000 元至 420 000 元的部分	25	31 920
5	超过 420 000 元至 660 000 元的部分	30	52 920
6	超过 660 000 元至 960 000 元的部分	35	85 920
7	超过 960 000 元的部分	45	181 920

居民个人取得劳务报酬所得、稿酬所得和特许权使用费所得有扣缴义务人的，由扣缴义务人按月或者按次预扣预缴税款，劳务报酬所得适用居民个人劳务报酬所得预扣预缴税率表如表 2-2 所示，稿酬所得和特权使用费所得只有 20%一档预扣率。

表 2-2　居民个人劳务报酬所得预扣预缴税率表

级数	预扣预缴应纳税所得额	预扣率/%	速算扣除数
1	不超过 20 000 元的部分	20	0
2	超过 20 000 元至 50 000 元的部分	30	2 000
3	超过 50 000 元的部分	40	7 000

居民个人取得综合所得需要办理汇算清缴的，应当在取得所得的次年 3 月 1 日至 6 月 30 日内办理汇算清缴。年度汇算清缴时，适用税率表如表 2-3 所示。

表 2-3　居民个人综合所得个人所得税的税率表（按年）

级数	全年应纳税所得额	税率/%	速算扣除数
1	不超过 36 000 元的部分	3	0
2	超过 36 000 元至 144 000 元的部分	10	2 520
3	超过 144 000 元至 300 000 元的部分	20	16 920
4	超过 300 000 元至 420 000 元的部分	25	31 920
5	超过 420 000 元至 660 000 元的部分	30	52 920
6	超过 660 000 元至 960 000 元的部分	35	85 920
7	超过 960 000 元的部分	45	181 920

注：表 2-3 所称全年应纳税所得额是指依照《中华人民共和国个人所得税法》第六条的规定，居民个人取得综合所得以每一纳税年度收入额减除费用 60 000 元以及专项扣除、专项附加扣除和依法确定的其他扣除后的余额。

值得注意的是，非居民个人取得的工资薪金所得、劳务报酬所得、稿酬所得和特许权使用费所得，应分别计算纳税，适用按月换算后的非居民个人月度税率表如表 2-4 所示。

表 2-4　非居民个人月度税率表

级数	全月（当次）应纳税所得额	税率/%	速算扣除数
1	不超过 3 000 元的部分	3	0
2	超过 3 000 元至 12 000 元的部分	10	210
3	超过 12 000 元至 25 000 元的部分	20	1 410
4	超过 25 000 元至 35 000 元的部分	25	2 660
5	超过 35 000 元至 55 000 元的部分	30	4 410
6	超过 55 000 元至 80 000 元的部分	35	7 160
7	超过 80 000 元的部分	45	15 160

（2）经营所得。

经营所得（个体工商户的生产、经营所得，对企事业单位的承包经营、承租经营所得，个人独资企业和合伙企业的生产经营所得），适用5%～35%的五级超额累进税率，全年应纳税所得额指每一纳税年度的收入总额减除成本、费用以及损失的余额。具体所得税税率如表 2-5 所示。

表 2-5　经营所得个人所得税的税率表

级数	全年应纳税所得额	税率/%	速算扣除数
1	不超过 30 000 元的部分	5	0
2	超过 30 000 元至 90 000 元的部分	10	1 500
3	超过 90 000 元至 300 000 元的部分	20	10 500
4	超过 300 000 元至 500 000 元的部分	30	40 500
5	超过 500 000 元的部分	35	65 500

（3）财产租赁所得，财产转让所得，利息、股息、红利所得和偶然所得的适用税率。

财产租赁所得，财产转让所得，利息、股息、红利所得和偶然所得，适用比例税率，税率为 20%。自 2001 年 1 月 1 日起，对个人出租住房取得的所得暂减按 10%的税率征收个人所得税。

4．个人所得税优惠政策的运用

（1）免税项目。

① 省级人民政府、国务院部委和中国人民解放军以上单位，以及外国组织、国际组织颁发的科学、教育、技术、文化、卫生、体育、环境保护等方面的奖金；

② 国债和国家发行的金融债券的利息；

③ 按照国家统一规定发给的补贴、津贴；

④ 福利费、抚恤金、救济金；

⑤ 保险赔款；

⑥ 军人的转业费、复员费、退役金；

⑦ 按照国家统一规定发给干部、职工的安家费、退职费、基本养老金或者退休费、离休费、离休生活补助费；

⑧ 依照有关法律规定应予免税的各国驻华使馆、领事馆的外交代表、领事官员和其他人员的所得；

⑨ 中国政府参加的国际公约、签订的协议中规定免税的所得；

⑩ 国务院规定的其他免税所得。

（2）减税项目。

有下列情形之一的，经批准可以减征个人所得税：

① 残疾、孤老人员和烈属的所得；

② 因自然灾害遭受重大损失的。

（3）暂免征税项目。

有下列情形之一的，经批准可以暂免征收个人所得税：

① 外籍个人以非现金形式或实报实销形式取得的住房补贴、伙食补贴、搬迁费、洗衣费；

② 外籍个人按合理标准取得的境内、境外出差补贴；

③ 外籍个人从外商投资企业取得的股息、红利所得；

④ 个人举报、协查各种违法、犯罪行为而获得的奖金；

⑤ 个人转让自用达 5 年以上，并且是唯一的家庭生活用房取得的所得；

⑥ 对个人购买福利彩票、体育彩票，一次中奖收入在 1 万元以下的（含 1 万元）暂免征收个人所得税；

⑦ 达到离休、退休年龄，但确因工作需要，适当延长离休、退休年龄的高级专家（指享受国家发放的政府特殊津贴的专家、学者），其在延长离休、退休期间的工资、薪金所得，视同离休、退休工资，免征个人所得税；

⑧ 城镇企业、事业单位及其职工个人按照《失业保险条例》规定的比例，实际缴付的失业保险费，均不计入职工个人当期的工资、薪金收入，免予征收个人所得税；

⑨ 企业和个人按照国家或地方政府规定的比例，提取并向指定金融机构实际缴付的住房公积金、医疗保险金、基本养老保险金，免予征收个人所得税；

⑩ 个人领取原提存的住房公积金、医疗保险金、基本养老保险金，以及具备《失业保险条例》中规定条件的失业人员领取的失业保险金，免予征收个人所得税；

⑪ 个人取得的教育储蓄存款利息所得和按照国家或省级人民政府规定的比例缴付的住房公积金、医疗保险金、基本养老保险金、失业保险金存入银行个人账户所取得的利息所得，免予征收个人所得税；

⑫ 自 2008 年 10 月 9 日（含）起，对储蓄存款利息所得暂免征收个人所得税；

⑬ 自 2009 年 5 月 25 日（含）起，以下情形的房屋产权无偿赠与，对当事双方不征收个人所得税：房屋产权所有人将房屋产权无偿赠与配偶、父母、子女、祖父母、外祖父母、孙子女、外孙子女、兄弟姐妹；房屋产权所有人将房屋产权无偿赠与对其承担直接抚养或者赡养义务的抚养人或者赡养人；房屋产权所有人死亡，依法取得房屋产权的法定继承人、遗嘱继承人或者受遗赠人。

5. 个人所得税的计算及申报

（1）居民个人综合所得应纳税额的计算。

扣缴义务人向居民个人支付工资、薪金所得，劳务报酬所得，稿酬所得，特许权使用费所得时，按以下方法预扣预缴个人所得税，并向主管税务机关报送《个人所得税扣缴申报表》。年度预扣预缴税额与年度应纳税额不一致的，由居民个人于次年 3 月 1 日至 6 月 30 日向主管税务机关办理综合所得年度汇算清缴，税款多退少补。

① 居民个人综合所得应纳税所得额的确定。

居民个人的综合所得，以每一纳税年度的收入额减除基本费用 60 000 元及专项扣除、专项附加扣除和依法确定的其他扣除后的余额，为应纳税所得额。

a. 收入额的确定。

工资、薪金收入为个人因任职或受雇而取得的工资、薪金、奖金、年终加薪、劳动分红、津贴、补贴及与任职或受雇有关的其他所得。对于一些不属于工资、薪金性质的补贴、津贴不计入收入额。

劳务报酬所得、稿酬所得、特许权使用费所得以收入减除 20% 的费用后的余额为收入额，稿酬所得的收入额再减按 70% 计算。

b. 专项扣除。

专项扣除包括居民个人按照国家规定的范围和标准缴纳的基本养老保险、基本医疗保险、失业保险等社会保险费和住房公积金等，即"三险一金"。

c. 专项附加扣除。

专项附加扣除指按照《中华人民共和国个人所得税法》（以下简称《个人所得税法》）

和《国务院关于设立 3 岁以下婴幼儿照护个人所得税专项附加扣除的通知》规定的子女教育、继续教育、大病医疗、住房贷款利息或者住房租金、赡养老人、3 岁以下婴幼儿照护等支出。具体如下。

◆ 子女教育专项附加扣除。纳税人的子女接受学前教育和学历教育的相关支出，按照每个子女每年 24 000 元（每月 2 000 元）的标准定额扣除。

学前教育包括年满 3 岁至小学入学前的教育。学历教育包括义务教育（小学、初中教育）、高中阶段教育（普通高中、中等职业、技工教育）、高等教育（大学专科、大学本科、硕士研究生、博士研究生教育）。

父母可以选择由其中一方按扣除标准的 100%扣除，也可以选择由双方分别按扣除标准的 50%扣除，具体扣除方式在一个纳税年度内不能变更。

◆ 继续教育专项附加扣除。纳税人接受学历（学位）继续教育的支出，在学历（学位）教育期间按照每月 400 元定额扣除。同一学历（学位）继续教育的扣除期限不能超过 48 个月。纳税人接受技能人员职业资格继续教育、专业技术人员职业资格继续教育的支出，在取得相关证书的当年，按照 3 600 元定额扣除。

个人接受本科及以下学历（学位）继续教育，符合相关规定扣除条件的，可以选择由其父母扣除，也可以选择由本人扣除。

◆ 大病医疗专项附加扣除。在一个纳税年度内，纳税人发生的与基本医保相关的医药费用支出，扣除医保报销后个人负担（指医保目录范围内的自付部分）累计超过 15 000 元的部分，由纳税人在办理年度汇算清缴时，在 80 000 元限额内据实扣除。

纳税人发生的医药费用支出可以选择由本人或者其配偶扣除；未成年子女发生的医药费用支出可以选择由其父母一方扣除。

纳税人及其配偶、未成年子女发生的医药费用支出，按相关规定分别计算扣除额。

◆ 住房贷款利息专项附加扣除。纳税人本人或者配偶单独或者共同使用商业银行或者住房公积金个人住房贷款为本人或者其配偶购买中国境内住房，发生的首套住房贷款利息支出，在实际发生贷款利息的年度，按照每月 1 000 元的标准定额扣除，扣除期限最长不超过 240 个月。纳税人只能享受一次首套住房贷款的利息扣除。其中，首套住房贷款是指购买住房享受首套住房贷款利率的住房贷款。

经夫妻双方约定，可以选择由其中一方扣除，具体扣除方式在一个纳税年度内不能变更。

夫妻双方婚前分别购买住房发生的首套住房贷款，其贷款利息支出，婚后可以选择其中一套购买的住房，由购买方按扣除标准的 100%扣除，也可以由夫妻双方对各自购买的住房分别按扣除标准的 50%扣除，具体扣除方式在一个纳税年度内不能变更。

◆ 住房租金专项附加扣除。纳税人在主要工作城市没有自有住房而发生的住房租金支出，可以按照以下标准定额扣除。

• 直辖市、省会（首府）城市、计划单列市以及国务院确定的其他城市，扣除标准为每月 1 500 元。

- 除上述所列城市以外，市辖区户籍人口超过 100 万的城市，扣除标准为每月 1 100 元；市辖区户籍人口不超过 100 万的城市，扣除标准为每月 800 元。

　　纳税人的配偶在纳税人的主要工作城市有自有住房的，视同纳税人在主要工作城市有自有住房。夫妻双方主要工作城市相同的，只能由一方扣除住房租金支出。住房租金支出由签订租赁住房合同的承租人扣除。

　　纳税人及其配偶在一个纳税年度内不能同时分别享受住房贷款利息和住房租金专项附加扣除。

- ◆ 赡养老人专项附加扣除。纳税人赡养一位及以上被赡养人的赡养支出，统一按照以下标准定额扣除。
- 纳税人为独生子女的，按照每月 3 000 元的标准定额扣除。
- 纳税人为非独生子女的，由其与兄弟姐妹分摊每月 3 000 元的扣除额度，每人分摊的额度不能超过每月 1 500 元。可以由赡养人均摊或者约定分摊，也可以由被赡养人指定分摊。约定或者指定分摊的须签订书面分摊协议，指定分摊优先于约定分摊。具体分摊方式和额度在一个纳税年度内不能变更。其中，被赡养人是指年满 60 岁的父母，以及子女均已去世的年满 60 岁的祖父母、外祖父母。
- ◆ 3 岁以下婴幼儿照护专项附加扣除。纳税人照护 3 岁以下婴幼儿子女的相关支出，自婴幼儿出生的当月至年满 3 周岁的前一个月，按照每个婴幼儿每月 2 000 元的标准定额扣除。

　　父母可以选择由其中一方按扣除标准的 100% 扣除，也可以选择由双方分别按扣除标准的 50% 扣除，具体扣除方式在一个纳税年度内不能变更。

② 计算居民个人预扣预缴税额。

a. 扣缴义务人向居民个人支付工资、薪金所得时，应当按照累计预扣法计算预扣税款，并按月办理全员全额扣缴申报。

具体计算公式如下：

本期应预扣预缴税额＝（累计预扣预缴应纳税所得额×预扣率-速算扣除数）-
累计减免税额-累计已预扣预缴税额

累计预扣预缴应纳税所得额＝累计收入-累计免税收入-累计减除费用-累计专项扣除-
累计专项附加扣除-累计依法确定的其他扣除

　　其中，累计减除费用按照 5 000 元/月乘以纳税人当年截至本月在本单位的任职受雇月份数计算。

🗡 问题答疑

　　赡养岳父岳母或公婆的费用是否可以享受个人所得税专项附加扣除？

　　答：《个人所得税专项附加扣除暂行办法》第二十三条规定："本办法所称被赡养人是指年满 60 岁的父母，以及子女均已去世的年满 60 岁的祖父母、外祖父母"。因此，赡养岳父岳母或公婆的费用不可以享受个人所得税专项附加扣除。

---

b. 扣缴义务人向居民个人支付劳务报酬所得、稿酬所得、特许权使用费所得，按次或者按月预扣预缴个人所得税。

　　具体预扣预缴方法如下：

劳务报酬所得、稿酬所得、特许权使用费所得以收入减除费用后的余额为收入额。其中，稿酬所得的收入额减按70%计算。

劳务报酬所得、稿酬所得、特许权使用费所得每次收入不超过4 000元的，减除费用按800元计算；每次收入4 000元以上的，减除费用按20%计算。

劳务报酬所得、稿酬所得、特许权使用费所得，属于一次性收入的，以取得该项收入为一次；属于同一项目连续性收入的，以一个月内取得的收入为一次。

劳务报酬所得、稿酬所得、特许权使用费所得，以每次收入额为预扣预缴应纳税所得额。劳务报酬所得适用20%至40%的超额累进预扣率（见表2-2），稿酬所得、特许权使用费所得适用20%的比例预扣率。

劳务报酬所得应预扣预缴税额=预扣预缴应纳税所得额×预扣率-速算扣除数

稿酬所得、特许权使用费所得应预扣预缴税额=预扣预缴应纳税所得额×20%

📋 课堂小任务

1. 任务要求

（1）计算张某劳务报酬所得应由乙公司预扣预缴的个人所得税。

（2）计算张某稿酬所得应由丙出版社预扣预缴的个人所得税。

（3）计算张某特许权使用费所得应由丁公司预扣预缴的个人所得税。

2. 任务背景

居民个人张某本年3月从兼职单位乙公司取得一次性劳务报酬收入共计40 000元，本年6月从丙出版社取得一次性稿酬收入共计12 000元，本年10月转让给J公司专利权取得一次性特许权使用费收入共计3 000元。上述收入均为税前收入，且均来源于中国境内。假设不考虑增值税等因素。

3. 任务实施

（1）张某劳务报酬所得应由乙公司预扣预缴的个人所得税=40 000×（1-20%）×30%-2 000=7 600（元）。

（2）张某稿酬所得应由丙出版社预扣预缴的个人所得税=12 000×（1-20%）×70%×20%=1 344（元）。

（3）张某特许权使用费所得应由丁公司预扣预缴的个人所得税=（3 000-800）×20%=440（元）。

③ 居民个人综合所得汇算清缴个人所得税的计算。

居民个人取得综合所得，有下列情形之一的，需要在取得所得的次年3月1日至6月30日内办理汇算清缴。取得综合所得需要办理汇算清缴的情形包括：

a. 从两处以上取得综合所得，且综合所得年收入额减除专项扣除的余额超过6万元；

b. 取得劳务报酬所得、稿酬所得、特许权使用费所得中一项或者多项所得，且综合所得年收入额减除专项扣除的余额超过6万元；

c. 纳税年度内预缴税额低于应纳税额；

d. 纳税人申请退税。

纳税人申请退税，应当提供其在中国境内开设的银行账户，并在汇算清缴地就地办理税款退库。

其计算公式为：

全年应纳税所得额=全年收入额-费用扣除标准（60 000元）-专项扣除-专项附加扣除

-依法确定的其他扣除

=【工资、薪金收入额+劳务报酬收入×（1-20%）+稿酬收入×

（1-20%）×70%+特许权使用费收入×（1-20%）】-60 000-

专项扣除、专项附加扣除和依法确定的其他扣除

需要注意的是，劳务报酬所得、稿酬所得、特许权使用费所得以收入减除20%的费用后的余额为收入额。稿酬所得的收入额减按70%计算。

全年应纳税额=应纳税所得额×适用税率-速算扣除数

汇算清缴补缴（应退）税额=全年应纳税额-累计已纳税额

居民个人取得综合所得，按年计算个人所得税；有扣缴义务人的，由扣缴义务人按月或者按次预扣预缴税款；需要办理汇算清缴的，应当在取得所得的次年3月1日至6月30日内办理汇算清缴。预扣预缴办法由国务院税务主管部门制定。

课堂小任务

1．任务要求

计算李某2024年应缴纳的个人所得税税额。

2．任务背景

假设2024年甲公司职员李某全年取得工资、薪金收入180 000元。当地规定的社会保险和住房公积金个人缴存比例为：基本养老保险8%，基本医疗保险2%，失业保险0.5%，住房公积金12%。李某缴纳社会保险费核定的缴费工资基数为10 000元。李某正在偿还首套住房贷款及利息；李某为独生女，其独生女正读大三；李某父亲均已年过60岁。李某夫妻约定由李某扣除贷款利息和子女教育费。

3．任务实施

全年减除费用为60 000元。

专项扣除：10 000×（8%+2%+0.5%+12%）×12 =27 000（元）。

专项附加扣除：

子女教育支出，每年扣24 000元；

首套房利息支出，每年扣12 000元；

赡养老人支出，每年扣36 000元；

专项附加扣除合计=24 000+12 000+36 000=72 000（元）。

扣除项合计：60 000+27 000+72 000=159 000（元）。

应纳税所得额合计：180 000-159 000=21 000（元）。

应纳个人所得税额：21 000×3%=630（元）。

（2）非居民个人工资、薪金所得，劳务报酬所得，稿酬所得，特许权使用费所得应纳税额的计算。

扣缴义务人向非居民个人支付工资、薪金所得，劳务报酬所得，稿酬所得和特许权使用费所得时，应当按以下方法按月或者按次代扣代缴个人所得税：

非居民个人的工资、薪金所得，以每月收入额减除费用 5 000 元后的余额为应纳税所得额；劳务报酬所得、稿酬所得、特许权使用费所得，以每次收入额为应纳税所得额，适用按月换算后的非居民个人月度税率（见表 2-4）计算应纳税额。其中，劳务报酬所得、稿酬所得、特许权使用费所得以收入减除 20%的费用后的余额为收入额。稿酬所得的收入额减按 70%计算。

具体来说，非居民个人的工资、薪金所得适用七级超额累进税率，其应纳税额的计算公式为：

$$应纳税额=月应纳税所得额×适用税率-速算扣除数$$

$$=（每月工资、薪金收入额-5 000）×适用税率-速算扣除数$$

非居民个人的劳务报酬所得适用七级超额累进税率，其应纳税额的计算公式为：

$$应纳税额=应纳税所得额×适用税率-速算扣除数$$

$$=每次收入额×适用税率-速算扣除数$$

$$=劳务报酬收入×（1-20%）×适用税率-速算扣除数$$

非居民个人的稿酬所得适用七级超额累进税率，其应纳税额的计算公式为：

$$应纳税额=应纳税所得额×适用税率-速算扣除数$$

$$=每次收入额×适用税率-速算扣除数$$

$$=稿酬收入×（1-20%）×70%×适用税率-速算扣除数$$

非居民个人的特许权使用费所得适用七级超额累进税率，其应纳税额的计算公式为：

$$应纳税额=应纳税所得额×适用税率-速算扣除数$$

$$=每次收入额×适用税率-速算扣除数$$

$$=特许权使用费收入×（1-20%）×适用税率-速算扣除数$$

非居民个人取得工资、薪金所得，劳务报酬所得，稿酬所得，特许权使用费所得，有扣缴义务人的，由扣缴义务人按月或者按次代扣代缴税款，不办理汇算清缴。

（3）经营所得应纳税额的计算。

经营所得，以每一纳税年度的收入总额减除成本、费用以及损失后的余额，为应纳税所得额。

成本、费用是指生产、经营活动中发生的各项直接支出和分配计入成本的间接费用及销售费用、管理费用、财务费用；损失是指生产、经营活动中发生的固定资产和存货的盘亏、毁损、报废损失，转让财产损失，坏账损失，自然灾害等不可抗力因素造成的损失及其他损失。

经营所得个人所得税的计算公式为：

$$应纳税额=应纳税所得额×适用税率-速算扣除数$$

$$=（全年收入总额-成本、费用、损失）×适用税率-速算扣除数$$

取得经营所得的个人，没有综合所得的，计算其每一纳税年度的应纳税所得额时，应当减除费用 6 万元、专项扣除、专项附加扣除以及依法确定的其他扣除。专项附加扣除在办理汇算清缴时减除。

纳税人取得经营所得，按年计算个人所得税，由纳税人在月度或者季度终了后 15 日内向税务机关报送纳税申报表，并预缴税款；在取得所得的次年 3 月 31 日前办理汇算清缴。

（4）财产租赁所得应纳税额的计算。

① 应纳税所得额的计算。

财产租赁所得，以一个月内取得的收入为一次，每次收入不超过 4 000 元的，减除费用 800 元；每次收入在 4 000 元以上的，减除 20% 的费用，其余额为应纳税所得额。其计算公式如下：

每次（月）收入不超过 4 000 元的：

应纳税所得额=每次（月）收入额-准予扣除项目-修缮费用（800 元为限）-800 元

每次（月）收入超过 4 000 元的：

应纳税所得额=[每次（月）收入额-准予扣除项目-修缮费用（800 元为限）]×（1-20%）

个人出租财产取得的财产租赁收入，在计算缴纳个人所得税时，应依次扣除以下费用：

- 准予扣除项目：财产租赁过程中缴纳的税费；
- 由纳税人负担的该出租财产实际开支的修缮费用。修缮费的扣除以每次 800 元为限。一次扣除不完的，准予在下一次继续扣除，直到扣完为止；
- 税法规定的费用扣除标准（定额减除费用 800 元或定率减除 20% 的费用）。

个人出租房屋的个人所得税应税收入不含增值税，计算房屋出租所得可扣除的税费不包括本次出租缴纳的增值税。个人转租房屋的，其向房屋出租方支付的租金及增值税额，在计算转租所得时予以扣除。免征增值税的，确定计税依据时，租金收入不扣减增值税额。

② 应纳税额的计算。

财产租赁所得适用 20% 的比例税率，但对个人出租住房取得的所得暂减按 10% 的税率征收个人所得税。其应纳税额的计算公式如下：

每次（月）收入不超过 4 000 元的：

应纳税额=应纳税所得额×适用税率（20% 或 10%）

或=[每次（月）收入额-准予扣除项目-修缮费用（800 元为限）-800 元]×适用税率（20% 或 10%）

每次（月）收入超过 4 000 元的：

应纳税额=应纳税所得额×适用税率（20% 或 10%）

或=[每次（月）收入额-准予扣除项目-修缮费用（800 元为限）]×（1-20%）×适用税率（20% 或 10%）

（5）财产转让所得应纳税额的计算。

① 应纳税所得额的计算。

一般情况下财产转让所得应纳税所得额的计算。

财产转让所得，以转让财产的收入额减除财产原值和合理费用后的余额，为应纳税所得额。其计算公式为：

应纳税所得额=收入总额-财产原值-合理费用

财产原值，按照下列方法确定：

- 有价证券，为买入价以及买入时按照规定交纳的有关费用；
- 建筑物，为建造费或者购进价格以及其他有关费用；
- 土地使用权，为取得土地使用权所支付的金额、开发土地的费用以及其他有关费用；

◆ 机器设备、车船，为购进价格、运输费、安装费以及其他有关费用。

其他财产，参照上述规定的方法确定财产原值。

财产转让所得，按照一次转让财产的收入额减除财产原值和合理费用后的余额计算纳税。

个人转让房屋的个人所得税应税收入不含增值税，其取得房屋时所支付价款中包含的增值税计入财产原值，计算转让所得时可扣除的税费不包括本次转让缴纳的增值税。免征增值税的，确定计税依据时，转让房地产取得的收入不扣减增值税额。

财产转让所得同样采取按次计征的方式，以一件财产的所有权一次转让取得的收入为一次。

② 个人销售无偿受赠不动产应纳税所得额的计算。

受赠人取得赠与人无偿赠与的不动产后，再次转让该项不动产的，在缴纳个人所得税时，以财产转让收入减除受赠、转让住房过程中缴纳的税金及有关合理费用后的余额为应纳税所得额，按 20%的适用税率计算缴纳个人所得税。

个人在受赠和转让住房过程中缴纳的税金，按相关规定处理。

财产转让所得应纳税额的计算公式为：

应纳税额=应纳税所得额×适用税率=（收入总额-财产原值-合理税费）×20%

课堂小任务

1. 工作任务要求

计算刘某转让其私有住房应缴纳的个人所得税税额。

2. 任务背景

刘某于本年 1 月转让私有住房一套，取得转让收入 240 000 元。该套住房购进时的原价为 200 000 元，转让时支付有关税费为 16 000 元。

3. 任务实施过程

应纳个人所得税=（240 000-200 000-16 000）×20%=4 800（元）。

（6）利息、股息、红利所得和偶然所得应纳税额的计算。

利息、股息、红利所得和偶然所得个人所得税按次征收。利息、股息、红利所得，以支付利息、股息、红利时取得的收入为一次。偶然所得，以每次取得该项收入为一次。利息、股息、红利所得和偶然所得的应纳税所得额即为每次收入额。

利息、股息、红利、偶然所得和其他所得应纳税额的计算公式为：

应纳税额=应纳税所得额×适用税率=每次收入额×20%

（7）个人所得税几种特殊情况应纳税额的计算。

① 全年一次性奖金及其他奖金应纳税额的计算。

居民个人取得全年一次性奖金，符合《国家税务总局关于调整个人取得全年一次性奖金等计算征收个人所得税方法问题的通知》规定的，在 2023 年 12 月 31 日前，不并入当年综合所得，以全年一次性奖金收入除以 12 个月得到的数额，按照按月换算后的综合所得税率如表 2-6 所示，确定适用税率和速算扣除数，单独计算纳税。计算公式为：

应纳税额=全年一次性奖金收入×适用税率-速算扣除数

居民个人取得全年一次性奖金，也可以选择并入当年综合所得计算纳税。

表 2-6　按月换算后的综合所得税率表

级数	全月应纳税所得额	税率/%	速算扣除数
1	不超过 3 000 元的部分	3	0
2	超过 3 000 元至 12 000 元的部分	10	210
3	超过 12 000 元至 25 000 元的部分	20	1 410
4	超过 25 000 元至 35 000 元的部分	25	2 660
5	超过 35 000 元至 55 000 元的部分	30	4 410
6	超过 55 000 元至 80 000 元的部分	35	7 160
7	超过 80 000 元的部分	45	15 160

课堂小任务

1．任务要求

计算王某 2022 年 10 月全年一次性奖金应缴纳的个人所得税。

2．任务背景

中国居民个人王某 2022 年 10 月取得全年一次性奖金 60 000 元（税前奖金）。王某选择该全年一次性奖金不并入当年综合所得计算缴纳个人所得税（参考按月换算后的综合所得税率）。

3．任务实施

60 000÷12=5 000（元）。

查表 2-6 可知适用税率 10%，速算扣除数为 210。

王某本年 10 月全年一次性奖金应纳个人所得税=60 000×10%-210=5 790（元）。

② 对公益救济性捐赠支出的扣除。

个人将其所得对教育、扶贫、济困等公益慈善事业进行捐赠，捐赠额未超过纳税人申报的应纳税所得额 30%的部分，可以从其应纳税所得额中扣除。

纳税人通过中国人口福利基金会、中国光华科技基金会的公益救济性捐赠，可在应纳税所得额的 30%内扣除。

按现行规定，为支持社会公益事业发展，个人通过中国金融教育发展基金会、中国国际民间组织合作促进会、中国社会工作协会孤残儿童救助基金管理委员会、中国发展研究基金会、陈嘉庚科学奖基金会、中国友好和平发展基金会、中华文学基金会、中华农业科教基金会、中国少年儿童文化艺术基金会和中国公安民警英烈基金会用于公益救济性捐赠，个人在申报应纳税所得额 30%以内的部分，准予在计算缴纳个人所得税前扣除。

一般捐赠额的扣除以不超过纳税人申报应纳税所得额的 30%为限。其计算公式为：

捐赠扣除限额=申报的应纳税所得额×30%

如果实际捐赠额小于捐赠扣除限额，则按实际捐赠额扣除；如果实际捐赠额大于捐赠扣除限额，只能按捐赠扣除限额扣除。

个人通过非营利的社会团体和国家机关向农村义务教育的捐赠，在计算缴纳个人所得税时，准予在税前的应纳税所得额中全额扣除。

个人的所得（不含"偶然所得"和经国务院财政部门确定征税的"其他所得"）用于对非关联的科研机构和高等学校研究开发新产品、新技术、新工艺所发生的研究开发经费的资助，可以全额在下月（工资、薪金所得）、下次（按次计征的所得）或当年（按年计征的所得）计征个人所得税时，从应纳税所得额中扣除，不足抵扣的，不得结转抵扣。

📝 课堂小任务

1. 任务要求

计算张某当月应缴纳的个人所得税。

2. 任务背景

中国居民张某本年1月取得福利彩票中奖所得120 000元，当场拿出50 000元通过国家机关对贫困地区进行捐赠。

3. 任务实施

（1）计算应纳税所得额：

扣除捐赠前的应纳税所得额=120 000元。

（2）计算捐赠扣除限额，确定扣除额：

捐赠扣除限额=120 000×30%=36 000（元）。

50 000>36 000，只能扣除36 000元。

（3）计算应纳税额。

扣除允许扣除的捐赠后的应纳税所得额=120 000-36 000=84 000（元），适用20%的税率。

应纳个人所得税=84 000×20%=16 800（元）。

③ 两人或两人以上的个人共同取得一项收入的个人所得税的计算。

两人或两人以上的个人共同取得同一项收入的，每个人应以各自取得的收入分别按照税法规定减除费用后计算纳税，即按"先分、后扣、再税"的办法计算各自应该承担的个人所得税。

📖 案例分析 2-8

网络红包等收入需要缴纳个人所得税吗

为落实《个人所得税法》，做好有关政策衔接工作，财政部、国家税务总局联合印发公告，对《个人所得税法》修改前部分原按"其他所得"的征税项目进行了调整，并对网络红包等收入是否需要缴纳个人所得税进行了明确。

据财政部、国家税务总局相关负责人介绍，原按"其他所得"项目征税的部分收入具有一定的偶然性质，现将其调整为按照"偶然所得"项目征税，税率为20%，与原"其他所得"税率相同，纳税人税负保持不变。

具体调整如下。

（1）个人为单位或他人提供担保获得收入，按照"偶然所得"项目计算缴纳个人所得税。

（2）房屋产权所有人将房屋产权无偿赠与他人的，受赠人因无偿受赠房屋取得的受赠收入，按照"偶然所得"项目计算缴纳个人所得税。

以下情形的房屋产权无偿赠与，对当事双方不征收个人所得税：一是房屋产权所有人将房屋产权无偿赠与配偶、父母、子女、祖父母、外祖父母、孙子女、外孙子女、兄弟姐妹；二是房屋产权所有人将房屋产权无偿赠与对其承担直接抚养或者赡养义务的抚养人或者赡养人；三是房屋产权所有人死亡，依法取得房屋产权的法定继承人、遗嘱继承人或者受遗赠人。

（3）企业在业务宣传、广告等活动中，随机向本单位以外的个人赠送礼品（包括网络红包），以及企业在年会、座谈会、庆典以及其他活动中向本单位以外的个人赠送礼品，个人取得的礼品收入，按照"偶然所得"项目计算缴纳个人所得税。但企业赠送的具有价格折扣或折让性质的消费券、代金券、抵用券、优惠券等礼品除外。

近年来，不少企业通过发放网络红包开展促销业务，网络红包成为一种常见的营销方式。网络红包既包括现金网络红包，也包括各类消费券、代金券、抵用券、优惠券等非现金网络红包。

财政部、国家税务总局相关负责人表示，从性质上看，企业发放的网络红包，也属于公告所指礼品的一种形式，因此网络红包的征免税政策按照公告规定的礼品税收政策执行，即企业发放的具有中奖性质的网络红包，获奖个人应缴纳个人所得税，但具有销售折扣或折让性质的网络红包，不征收个人所得税。

需要说明的是，公告所指网络红包，仅包括企业向个人发放的网络红包，不包括亲戚朋友之间互相赠送的网络红包。亲戚朋友之间互相赠送的礼品（包括网络红包），不在个人所得税征税范围之内。

【案例思考】财政部、国家税务总局对网络红包等收入是否缴税的规定，可以看出哪些信息？

【分析】对企业发放的网络红包征税，是规范企业经营行为、堵住偷税漏税缺口的必然之举。但在此前，由于缺少明确的认定，这类企业红包是否应该纳税还存在争议。事实上，企业红包既不利于税收公平和收入公平，还可能为企业偷税漏税开口子。

动画视频

网络红包里的税法密码

早在 2015 年 7 月，国家税务总局就发布了《关于加强网络红包个人所得税征收管理的通知》，其中对网络红包收税的问题进行了明确界定，规定企业红包需要收税，个人间互发的红包不需要收税。

发放、接受红包在技术上虽有迹可循，但发红包的目的却难以把控，这些都需要从法律、制度上加以规定。加强网络红包监管，让逃税漏税和利益输送无处遁形。

案例分析 2-9

退税秘籍不靠谱 税务部门公布 5 起未按规定办理个人所得税汇算案例

2023 年 3 月 1 日，第四次个人所得税综合所得汇算清缴启动，这项工作运行两个多月以来，整体平稳有序。但在汇算清缴中，也存在一些涉税违法情况。国家税务总局公开通报了 5 起未按规定办理个税汇算案例。其中就包括有虚假宣传误导退税、冒用纳税人身份信息、虚假填报继续教育专项附加扣除、虚假填报捐赠扣除和大病医疗专项附加扣除以及虚报免税收入。

案例 1：虚假宣传误导退税

深圳市税务部门在 2022 年度个税汇算退税审核时发现，纳税人姜某某存在虚假填报大病医疗专项附加扣除的情况。经查，该纳税人通过网络购物平台购买了"所谓"的个人所得税年度汇算退税申请服务，并应用平台店家提供的虚假"国家医保服务平台"App 查询结果作为证据材料申请退税。在税务部门开展辅导后，纳税人认识到错误并补缴了税款。税务部门通过平台对外公示信息延伸调查发现位于海南的兜售虚假服务店家。涉事网店已被强制关停，税务部门将进一步依法查处。

案例 2：冒用纳税人身份信息

湖北纳税人王某在办理 2022 年度个税汇算时发现，有一家从未任职的单位在 2022 年累计给自己办理了金额较大的工资薪金扣缴申报，怀疑该单位冒用自己身份，并在个人所得税 App 发起了异议申诉。襄阳市税务部门收到申诉信息后，立即联系被申诉单位，要求该单位提供纳税人王某的劳动合同及向其发放工资薪金的银行账户流水等相关资料，该单位无法提供。税务部门认定该单位存在冒用纳税人身份信息办理个税扣缴申报的行为，对企业财务及办税人员进行了批评教育，并要求其及时更正申报。事后，该企业已更正申报，纳税人也依法办理了年度汇算。

案例 3：虚假填报继续教育专项附加扣除

甘肃省白银市税务部门在 2022 年度个税汇算退税审核时发现，某中学王某某、杜某等多名教师在办理汇算时错误填报了继续教育专项附加扣除。根据《个人所得税专项附加扣除暂行办法》规定，纳税人接受职业资格继续教育的，在取得该证书的当年可以享受个税继续教育专项附加扣除。经进一步调查，该中学共有多名老师误信网上虚假退税秘籍填报了继续教育专项附加扣除，税务部门迅速与学校取得联系，确认纳税人取得的"继续教育培训学分证书"，属于在取得教师资格证书后续年度发生的进修、学习、年审等培训证书，并非当年度取得教师资格证书的情况，不符合继续教育专项附加扣除条件。白银市税务部门对错误填报的纳税人逐一纠正补征税款。

案例 4：虚假填报捐赠扣除和大病医疗专项附加扣除

江苏省苏州市税务部门在 2022 年度个税汇算退税数据分析时发现，纳税人吴某存在虚假填报捐赠扣除和大病医疗专项附加扣除的情况。经查，吴某先后就职于苏州某人力资源有限公司、苏州某房地产经纪有限公司，在办理 2022 年度个税汇算时，填报了大额的公益性捐赠扣除和大病医疗专项附加扣除，并提供了伪造的"国家医保服务平台"相关扣除截图和捐赠支出凭证截图。税务部门进一步对该纳税人以前年度的个税汇算情况进行了核查，发现该纳税人在办理 2019 年—2021 年度个税汇算时，均存在以上类似情况。吴某在个税年度汇算时存在伪造证据骗取国家税款的情况，性质较为恶劣，税务部门已对其立案稽查，并在后续三年纳入税收监管重点人员名单。

案例 5：虚报免税收入

广西壮族自治区税务部门在 2022 年度个税汇算退税审核时发现，纳税人甘某某存在虚假填报免税收入的情况。经查，该纳税人实际仅在一处单位任职，属于无须个税汇算补退税人员，但甘某某在办理个税汇算时，两次作废汇算申报并虚增了科技成果转化免税收入，试图申请个税汇算退税。税务人员立即与纳税人电话联系辅导，但纳税人迟迟未更正申报，税务部门依法作出不予退税决定，并纳入税收监管重点人员名单。

【案例警示】

依法办理个税汇算是每个纳税人的法定义务，轻信所谓退税秘籍或虚假传言，不仅会因虚假填报影响自己的纳税信用，而且可能将个人隐私信息泄露给网络诈骗不法分子。纳税人在办理汇算时，通过个人所得税 App 要认真查看自己的收入、扣除、扣缴税款等信息，依法诚信办理汇算。对于存在虚假填报收入或扣除项目、篡改证明材料等恶劣情节的，税务部门将依法严肃处理，追缴税款和滞纳金；对拒不整改的，将依法依规立案稽查。在此，提醒广大扣缴单位，冒用他人身份，为未支付所得的纳税人办理虚假扣缴申报是违法行为，扣缴单位要严格遵守《个人所得税法》规定，依法履行全员全额明细申报义务。

近年来，网络直播带货等新经济、新业态迅猛发展，在保护新业态蓬勃生机的同时，税务部门一直重视并持续规范网络直播行业税收秩序，不断通过税收大数据对网络直播行业进行税收风险核查。2021 年 9 月，国家税务总局办公厅发出通知，要求进一步加强网络直播从业人员的税收管理，明确提出对存在涉税风险的网络主播进行一对一风险提示和督促整改；要求各级税务机关对各种偷逃税行为，坚持依法严查严处，坚决维护国家税法权威，促进社会公平正义；要求认真落实好各项税费优惠政策，持续优化税费服务，促进新经济新业态在发展中规范，在规范中发展。

案例分析 2-10

薇娅偷逃税被追缴并处罚款 13.41 亿元

2021 年 12 月 20 日下午，国家税务总局浙江省税务局公布对黄薇（薇娅）偷逃税案件处理结果。经查，黄薇在 2019 年至 2020 年期间，通过隐匿个人收入、虚构业务转换收入性质虚假申报等方式偷逃税款 6.43 亿元，其他少缴税款 0.6 亿元。其中，对隐匿收入偷税但主动补缴的 5 亿元和主动报告的少缴税款 0.31 亿元，处 0.6 倍罚款计 3.19 亿元；对隐匿收入偷税但未主动补缴的 0.27 亿元，处 4 倍罚款计 1.09 亿元；对虚构业务转换收入性质偷税少缴的 1.16 亿元，处 1 倍罚款计 1.16 亿元。具体如表 2-7 所示。

表 2-7　国家税务总局浙江省税务局公布对黄薇（薇娅）偷逃税案件处理结果

性质	项目	金额	罚款
隐匿收入	主动补缴	5 亿元	处 0.6 倍罚款计 3.19 亿元
	主动报告少缴税款	0.31 亿元	
	偷税但未主动补缴	0.27 亿元	处 4 倍罚款计 1.09 亿元
虚构业务转换收入	偷税少缴	1.16 亿元	处 1 倍罚款计 1 亿元

注：本表中不包括滞纳金等其他款项。

1. 不同罚款倍数的确定

《税收征管法》第六十三条规定：对纳税人偷税的，由税务机关追缴其不缴或者少缴的税款、滞纳金，并处不缴或者少缴的税款百分之五十以上五倍以下的罚款。

（1）对主动纠错的偷逃税等违法行为依法从轻处理。黄薇对其隐匿个人收入偷税行为进行自查并到税务机关提交补税申请，能够配合调查主动补缴税款 5 亿元，占查实偷逃税款的 78%，并主动报告税务机关尚未掌握的涉税违法行为，具有主动减轻违法行为危害后果等情节。依据《中华人民共和国行政处罚法》第三十二条规定，按照《浙江省税务行政处罚裁量基准》，给予从轻处罚，对黄薇隐匿收入偷税但主动补缴和报告的少缴税款处 0.6 倍罚款。

（2）对未能纠错的违法行为视危害程度依法严肃处理。根据《税收征管法》规定，按照《浙江省税务行政处罚裁量基准》，黄薇隐匿收入偷税且未主动补缴部分，性质恶劣，严重危害国家税收安全，扰乱税收征管秩序，对其予以从重处罚，处 4 倍罚款；黄薇虚构业务转换收入性质虚假申报偷税部分，较隐匿收入不申报行为，违法情节和危害程度相对较轻，处 1 倍罚款。

2. 是否追究刑事责任

根据《刑法》第二百零一条规定，纳税人有逃避缴纳税款行为的，经税务机关依法下达追缴通知后，补缴应纳税款，缴纳滞纳金，已受行政处罚的，不予追究刑事责任；但是，五年内因逃避缴纳税款受过刑事处罚或者被税务机关给予二次以上行政处罚的除外。

因为黄薇是首次被税务机关按偷税进行行政处罚，如果她能在规定期限内缴清税款、滞纳金和罚款，那么依法不予追究刑事责任；如果她在规定期限内没有缴清税款、滞纳金和罚款，税务机关将依法移送公安机关处理。

3. 个人应该怎样规范纳税

黄薇以个人身份获取的佣金收入，从性质上来讲，是属于个人所得税法中规定的劳务报酬收入，劳务报酬收入是综合所得的一部分，按照 3% 到 45% 的超额累进税率计税。但是黄薇通过设立上海蔚贺企业管理咨询中心、上海独苏企业管理咨询合伙企业等多家个人独资企业、合伙企业虚构业务，将其个人从事直播带货取得的劳务报酬所得转换为企业经营所得进行虚假申报偷逃税款。

例如：黄薇年应纳税所得额为 1 亿元，按照劳务报酬所得，应纳税款=100 000 000×45%-181 920=44 818 080（元）。

如果这 1 亿元是她通过个人独资企业经营取得，则应当按照经营所得来计算应纳税所得额（全年收入总额-成本-费用-损失），按照经营所得应纳税款=100 000 000×35%-65 500=34 934 500（元）。

由此可以看出，黄薇通过此种方式少缴税款 9 883 580 元。

（以上计算均为粗略计算）

【案例思考】请结合税务知识分析黄薇是如何偷税漏税的。查处黄薇偷逃税案给社会各界带来了哪些警示？

【分析】黄薇在 2019 年至 2020 年期间，通过设立上海蔚贺企业管理咨询中心、上海独苏企业管理咨询合伙企业等多家个人独资企业、合伙企业虚构业务，将其个人从事直播带货取得的劳务报酬所得转换为企业经营所得，导致隐匿个人收入，最终造成偷税漏税。

查处黄薇偷逃税案，给社会各界带来的警示如下。

（1）网络直播行业不是"法外之地"，不只是头部主播，每个取得收入、符合纳税标准的网络主播都应自觉依法纳税。

（2）随着税收监管力度的不断加大和税收大数据威力的日益显现，任何心存侥幸、铤而走险的偷逃税行为，都将被依法严惩。

（3）监管部门对平台经济向来坚持规范和发展并重，对于网络主播的涉税问题整治和查处将有利于营造公平竞争的税收环境。

2.2.2　解读增值税

增值税是企业经营当中涉及最多的税种，与企业的生产经营密切相关，对企业而言，是非常重要的一个税种。

1．认知增值税

增值税是以商品（含应税劳务）在流转过程中产生的增值额作为计税依据而征收的一种流转税。

首先，增值税是一种流转税。什么叫流转？比如 A 商品，甲传给乙，乙传给丙，丙传给丁，A 商品的这种传递过程，就是 A 商品的流转过程。增值税就是在流转过程中形成的。其次，增值税是对流转过程中产生的增值额征税。什么是增值额呢？增值额是一个增量的概念，A 商品从甲传递到乙的过程中发生价格增加的部分，就是 A 商品的增值额。

（1）增值税的征税环节。

为了便于理解，我们一起来看一个案例：假设 A 商品的生产成本是 100 元，生产厂家以 120 元的价格将 A 商品销售给批发商，那么在这个生产环节，A 商品的增值额为 120-100=20（元）。由于增值税是对流转过程中产生的增值额征税，因此，生产厂家应该就 A 商品 20 元的增值额缴纳增值税。接下来，批发商以 120 元的价格购入 A 商品后，再以 150 元的价格卖给零售商，那么在这个批发环节，A 商品的增值额为 150-120=30（元），批发商应该就 A 商品 30 元的增值额缴纳增值税。紧接着，零售商以 150 元的价格购入 A 商品后，再以 200 元的价格卖给消费者，在这个零售环节，A 商品的增值额为 200-150=50（元），零售商应该就 A 商品 50 元的增值额缴纳增值税。

（2）增值税的计税原理。

我们以一张桌子的生产、销售为例。如果生产一张桌子，首先需要购买原材料，比如木材、油漆、胶、钉子等。假设购进这些原材料花费了 60 元，这 60 元是包含了增值税的。原材料采购回来以后，企业开始组织生产，经过生产环节，最终将原材料变成了桌子。显然，企业的销售价格一定高于 60 元，假如以 100 元的价格销售。在这个环节，企业销售这张桌子产生的增值额是 100-60=40（元）。因此，企业应纳的增值税=40×13%=5.2（万元）。在实际的生产经营过程，企业要生产很多品种的产品，不可能每销售一件商品就计算对应的增值额，那应该如何计算企业销售商品产生的增值额呢？

增值税的计算原理采用购进扣税法：把增值额的产生分为两个环节，一个是销售环节，一个是购进环节。

销项税额是指纳税人发生应税交易，按照销售额乘以《增值税法》规定的税率计算的增值税税额。

商品在销售之前，还有一个购进环节。企业购买商品或者服务，支付价款，价款里是包含了增值税的，那就意味着，在购进环节，企业已经承担了增值税，购进环节已经支付的增值税，叫进项税额。

增值税是对增值额征税，所以，用销售环节应该缴纳的销项税额，减去购进环节已经支付的进项税额，其余额就是纳税人最终实际应该缴纳的增值税税额。这就是购进扣税法的原理。

（3）增值税的特征。

① 税不重征。增值税对增值额征税，就体现了这一原则。

② 道道征税。商品、服务和劳务在流转的过程中，每一个流转环节只要产生了增值额，纳税人就产生增值税的纳税义务。

③ 同一产品同税率。同一产品，不管是甲销售还是乙销售，税率都相同。

④ 实行价外计征。计算增值税销项税额时的销售收入是不包含增值税的销售额。

2. 增值税的纳税义务人

凡在中华人民共和国境内销售货物、服务、无形资产或者不动产，提供加工、修理修配劳务以及进口货物的单位和个人均为增值税的纳税人。

单位是指企业和行政单位、事业单位、军事单位、社会团体及其他单位。

个人是指个体工商户及其他个人。

（1）增值税纳税人的分类。

按照年应税销售额是否超过 500 万元和会计核算是否健全，将增值税的纳税人分为小规模纳税人和一般纳税人。小规模纳税人是指年应税销售额在 500 万元及以下，并且会计核算不健全，不能按规定报送有关税务资料的增值税纳税人。一般纳税人是指年应税销售额超过 500 万元，并且会计核算健全，能够提供准确税务资料的企业和企业性单位。

其中，年应税销售额是指纳税人在连续不超过 12 个月或 4 个季度的经营期内累计应征增值税销售额；会计核算健全是指能够按照国家统一的会计制度规定设置账簿，根据合法、有效凭证进行核算。

（2）两类纳税人的区别。

① 应纳税额的计算方法不同。一般纳税人采用由当期销项税额抵减当期进项税额的方法，计算应纳税额，即应纳税额等于当期销项税额减当期进项税额；而小规模纳税人实行简易计税方法计算应纳税额，即应纳税额按照销售额和规定的征收率计算，应纳税额等于不含税销售额乘以征收率。

② 税款抵扣的方式不同。一般纳税人可以凭增值税专用发票等扣税凭证，进行进项税额的抵扣；小规模纳税人由于其征收率（一般为 3%、5%）已统一考虑了扣税的因素，因此不再拥有凭增值税专用发票扣税的权利。

（3）下列纳税人不办理一般纳税人登记。

① 个体工商户以外的其他个人。

② 选择按小规模纳税人纳税的非企业单位。

③ 选择按小规模纳税人纳税的不经常发生应税行为的企业。

除国家税务总局另有规定外，认定为一般纳税人后不得再转为小规模纳税人。

---- **问题答疑**

甲公司为一家工业企业，年应税销售额为 400 万元，属于小规模纳税人。在其实际经营中，由于甲公司的主要客户要求其必须开具增值税专用发票，否则不接受其产品，这迫使甲公司要积极成为一般纳税人。请问甲公司如何才能成为一般纳税人？

答： 甲公司要成为一般纳税人有两种途径可供选择：一是使自身的应税销售额超过财政部、国家税务总局规定的小规模纳税人标准，即甲公司应当努力使自身年应税销售额超过 500 万元；二是若甲公司年应税销售额不能超过 500 万元，则努力使自身满足能够按国家统一的会计制度规定设置账簿，根据合法、有效的凭证核算，能够提供准确税务资料。但是，无论通过哪种途径，甲公司均需要向其机构所在地主管税务机关办理一般纳税人资格登记，主管税务机关应当为其办理一般纳税人资格登记。

3. 增值税的税率与征收率

我国现行的税率主要有比例税率、定额税率、累进税率。增值税适用比例税率。

（1）增值税的税率。

目前我国增值税的税率分为 13%、9%、6%和零税率四档。

① 增值税税率为 13%的应税项目如下。

◆ 销售和进口除执行 9%低税率的货物以外的货物。

◆ 加工修理修配服务。

◆ 有形动产租赁服务。

② 增值税税率为 9%的货物类应税项目如下。

◆ 农产品、食用植物油、食用盐。

◆ 自来水、暖气、冷气、热水、煤气、石油液化气、天然气、二甲醚、沼气、居民用煤炭制品。

◆ 图书、报纸、杂志、音像制品、电子出版物。

◆ 饲料、化肥、农药、农机、农膜。

③ 增值税税率为 9%的服务或劳务应税项目包括：销售交通运输、邮政、基础电信、建筑、不动产租赁服务，销售不动产，转让土地使用权。

④ 增值税税率为 6%的服务或劳务应税项目包括：增值电信服务、现代服务（有形动产租赁除外）、金融服务、生活服务、销售无形资产（转让土地使用权除外）。

⑤ 零税率主要适用于纳税人出口货物、提供国际运输服务、向境外单位提供的完全在境外消费的研发服务和设计服务等，国务院另有规定的除外。

（2）增值税的征收率。

增值税征收率主要是针对小规模纳税人和一般纳税人适用或者选择采用简易计税方法计税的项目。采用征收率计税的，不得抵扣进项税额。

① 适用增值税 3%征收率属于一般规定，小规模纳税人以及一般纳税人选择简易办法计税的，征收率为 3%。但另有规定的除外。

② 适用增值税 5%征收率属于特别规定，小规模纳税人出售自己建造或者取得的不动产；一般纳税人选择简易计征的房地产销售以及不动产经营租赁（包括土地租赁）的纳税方法；房地产开发企业是小规模纳税人的销售自己开发的房地产项目；其他个人销

售其取得的（不含自建的）不动产（不含自己购买的住房）；小规模纳税人出租（经营租赁）其取得的房地产（不包括个人租赁住房）；其他个人出租（经营租赁）其取得的不动产（住房除外）；提供劳务派遣服务的一般纳税人和小规模纳税人在纳税上的选择差额纳税等。

4．增值税的征税范围

（1）增值税征税范围的一般规定。

在中华人民共和国境内销售货物、服务、无形资产、不动产，以及进口货物的单位和个人，为增值税的纳税人，应依法缴纳增值税，属于增值税征税范围。

① 销售货物。销售货物是指有偿转让货物的所有权。这里的"有偿"是指从购买方取得货币货物或者其他经济利益；这里的"货物"是指有形动产，包括电力、热力、气体。

在境内销售货物是指销售货物的起运地或者所在地在境内。

② 销售服务。销售服务是指提供交通运输服务、邮政服务、电信服务、建筑服务、金融服务、现代服务、生活服务。

③ 销售无形资产。销售无形资产是指转让无形资产所有权或者使用权的业务活动。无形资产是指不具有实物形态，但能带来经济利益的资产，包括技术、商标、著作权、商誉、自然资源使用权和其他权益性无形资产。

④ 销售不动产。销售不动产是指转让不动产所有权的业务活动。不动产是不能移动或者移动后会引起性质、形状改变的财产，包括建筑物和构筑物等。建筑物包括住宅、商业营业用房、办公楼等可供居住、工作或者进行其他活动的建造物。构筑物包括道路、桥梁、隧道、水坝等建造物。

⑤ 进口货物。凡报关进口的应税货物，无论进口后是自用还是销售，均应在进口环节征收增值税（享受免税政策的货物除外）。

问题答疑

是不是所有销售货物的行为都要缴纳增值税？是不是所有提供劳务的行为都需要缴纳增值税？

答：以下情形不属于增值税征税范围。

（1）行政单位收取的同时满足以下条件的政府性基金或者行政事业性收费。

① 由国务院或者财政部批准设立的政府性基金，由国务院或者省级人民政府及其财政、价格主管部门批准设立的行政事业性收费。

② 收取时开具省级以上（含省级）财政部门监（印）制的财政票据。

③ 所有款项全额上缴财政。

（2）单位或者个体工商户聘用的员工为本单位或者雇主提供取得工资的服务。

（3）单位或者个体工商户为聘用的员工提供的服务。

例如，车间修理工为自己的工厂修理坏掉的机器设备，虽然属于提供加工、修理修配劳务，但是这种内部的劳务不属于增值税的征税范围。

（4）财政部门或国家税务总局规定的其他情形。

以下属于不征收增值税的项目。

① 根据国家指令无偿提供的铁路运输服务、航空运输服务，用于公益事业的服务。

② 存款利息。

③ 被保险人获得的保险赔付。

④ 在资产重组过程中，将全部或者部分实物资产以及与其相关联的债权、负债和劳动力一并转让给其他单位和个人，其中涉及的不动产、土地使用权转让行为。

⑤ 房地产主管部门或其指定机构、公积金管理中心、开发企业以及物业管理单位代收的住宅专项维修资金。

（2）增值税视同销售行为。

有下列情形之一的，视同应税交易，应当依法缴纳增值税。

① 单位和个体工商户将自产或者委托加工的货物用于集体福利或者个人消费；

② 单位和个体工商户无偿转让货物；

③ 单位和个人无偿转让无形资产、不动产或者金融商品。

5. 增值税的计算与申报

（1）一般纳税人应纳税额的计算。

一般纳税人增值税的计算采用购进扣税法，即凭扣税凭证从当期销项税额中减去当期进项税额，其余额为应纳税额。这种方法也称为一般计税方法，计算公式如下。

$$应纳税额＝当期销项税额－当期进项税额$$

① 销项税额的计算。销项税额是指纳税人销售货物，提供加工修理修配劳务，销售服务、无形资产或者不动产，按照销售额和适用税率计算，并向购买方收取的增值税税款。

$$销项税额＝销售额×税率$$

> **特别提示**
>
> 在计算销项税额时，需要特别注意销售额中不应含有增值税税款，如果销售额中包含了增值税税款，则应将含税销售额换算成不含税销售额。换算公式如下。
>
> $$不含税销售额＝含税销售额÷（1+税率）$$

② 进项税额的计算。进项税额是指纳税人购进货物，接受加工、修理修配劳务，及服务、无形资产或者不动产，支付或者负担的增值税税额。

进项税额是与销项税额相对应的概念，一项销售业务中，销售方收取的销项税额就是购货方支付的进项税额。

准予从销项税额中抵扣的进项税额包括以下四种情形。

◆ 从销售方取得的增值税专用发票上注明的增值税。

◆ 从海关取得的专用缴款书上注明的增值税。

◆ 购进农产品进项税额按9%的扣除率计算的增值税。

◆ 从境外单位或者个人购进服务、无形资产或者不动产，自税务机关或者扣缴义务人取得的解缴税款的完税凭证上注明的增值税。

③ 计算应纳税额。

根据一般纳税人应纳税额计算公式，如果销项税额大于进项税额，应纳税额大于零，纳税人当期缴纳税款；如果销项税额小于进项税额，应纳税额小于零，不足抵扣的部分，下期继续抵扣。

课堂小任务

1. 任务要求

计算该公司本月应缴纳的增值税税额。

2. 任务背景

某公司为增值税一般纳税人，本月购进笔记本电脑 10 台，取得的增值税专用发票注明金额 55 000 元，增值税为 7 150 元。该公司月底向某商场出售笔记本电脑 8 台，开具的增值税专用发票注明价款为 48 000 元；向消费者零售笔记本电脑 2 台，开具的增值税普通发票注明价款为 14 690 元。

3. 任务实施

本月销项税额=48 000×13%+14 690÷（1+13%）×13%=6 240+1 690=7 930（元）。

购进笔记本电脑取得增值税专用发票，进项税额为 7 150 元。

本月应纳税额=本月销项税额-本月进项税额=7 930-7 150=780（元）。

因此，该公司本月应缴纳的增值税税额为 780 元。

（2）小规模纳税人应纳税额的计算。

小规模纳税人销售货物、劳务或提供应税服务，实行按照销售额和征收率计算应纳税额的简易办法，并不得抵扣进项税额。这种计税方法也称为简易计税方法，计算公式如下。

$$应纳税额=销售额×征收率$$

上述公式中的销售额为不含税销售额，纳税人采用价税合并销售货物的，应将含税销售额换算成不含税销售额。换算公式如下。

$$不含税销售额=含税销售额÷（1+征收率）$$

课堂小任务

1. 任务要求

计算该商业企业本月应纳增值税税额。

2. 任务背景

某商业企业为增值税小规模纳税人，本月销售给某小超市一批茶杯，销售收入 1 330 元；销售给消费者一批餐盒，取得销售收入 10 000 元。该企业适用的增值税征收率为 3%。

3. 任务实施

先将含税销售额换算为不含税销售额，即不含税销售额=1 330÷（1+3%）+10 000÷（1+3%）≈11 000（元）。

本月应纳增值税税额=11 000×3%=330（元）。

（3）增值税的纳税申报。

增值税的纳税申报分为按期纳税和按次纳税，一般以 1 个月为纳税期，自期满之日起 15 日内申报纳税，并结清上月应纳税款。纳税人不能及时申报纳税，将受到税收处罚，并加收税收滞纳金。

纳税申报的核心是填写并报送纳税申报表及相关资料，其中，主表为增值税纳税申报表，附表包括本期销售情况明细、本期进项税额明细等相关资料。

案例分析 2-11

外购礼品送客户，税务处理莫含糊

在实务中，企业为了维护客户关系、积累客户资源、开拓业务发展，促销手段必不可少。常见的做法之一，就是外购礼品赠送给客户。在此过程中，企业需要注意，这类看似简单的业务往往涉及多个税种，在税务处理时务必细致合规，避免涉税风险。

大连 Z 公司是一家餐饮企业，为增值税一般纳税人，属于小型企业。2021 年 3 月的周年庆活动中，Z 公司外购一批厨具赠送给会员客户。这批厨具含税价为 11.3 万元，购买时已取得增值税专用发票。Z 公司将 10 万元计入销售费用，在企业所得税税前扣除，并相应抵扣了增值税进项税额 1.3 万元。在会计处理时，企业财务人员借记"销售费用" 10 万元，"应交税费——应交增值税（进项税额）" 1.3 万元，贷记"银行存款" 11.3 万元。

税务机关经检查认定，Z 公司上述无偿赠送行为需要进行视同销售处理，补缴增值税及相应的城市维护建设税、教育费附加、地方教育附加，补缴企业所得税，并缴纳相应的滞纳金；此外，还应补扣补缴个人所得税并缴纳罚款。

【案例思考】该家企业税收违规行为对你有何启示？为什么赠送的商品也要计算缴纳增值税？如果你是企业财务人员，你会如何处理这个问题呢？有没有其他解决措施，可以不缴纳这部分税额？

【分析】企业注册成立，开展生产经营，就必须依法纳税。该企业受到税务处罚，根本原因在于缺乏对税收法规的了解，没有做到依法纳税。作为名创业者，有必要熟悉相关税收政策，从而可以应对常见涉税问题。

根据《中华人民共和国增值税暂行条例实施细则》第四条第八款规定，将自产、委托加工或者购进的货物无偿赠送其他单位或者个人，视同销售货物。所以根据规定，赠送的商品要做视同销售处理，需要缴纳增值税。企业赠送礼品，本意是借此增加销量，提升利润，但是此举增加了税收负担，所以这种赠送礼品的销售方式是否恰当，值得商榷。对于消费者而言，只关注是否能够支付相同的价款，拿到相同的产品。如果企业将商品赠送模式，转变为捆绑销售模式，将主货物、赠送的礼品打包作为一个新商品，并将两件商品开具在同张发票进行销售。对于消费者而言，此举没有任何影响。但是，对于销售方而言，根据《国家税务总局关于印发〈增值税若干具体问题的规定〉的通知》，纳税人采取折扣方式销售货物，如果销售额和折扣额在同一张发票上分别注明的，可按折扣后的销售额征收增值税，赠送的礼品就不用再视同销售缴纳增值税。

税收是企业必须考虑的重要因素，对于创业者而言，税收负担的减少，即意味着经营收入的增加。

2.2.3 解读企业所得税

企业所得税是我国的第二大税种，是国家参与企业利润分配的重要手段，对企业的生产经营来说非常重要。

1．认知企业所得税

企业所得税是对我国境内的企业和其他取得收入的组织（以下统称"企业"）的生产经营所得和其他所得征收的一种所得税。

征收企业所得税是国家参与利润分配的重要手段。增值税是对商品在流转过程中的流转额征税，针对的是企业的生产经营环节；而企业所得税，是在利润分配环节，对企业的所得额征税。

2．企业所得税的纳税义务人

在中华人民共和国境内的企业和其他取得收入的企业为企业所得税的纳税人。企业所得税纳税人包括各类企业、事业单位、社会团体、民办非企业单位和从事经营活动的其他组织。

企业所得税的纳税人的划分标准为：登记注册地和实际管理机构。

（1）居民企业。

居民企业是指依法在中国境内成立，或者依照外国（地区）法律成立但实际管理机构在中国境内的企业。实际管理机构是指对企业的生产经营、人员、账务、财产等实施实质性全面管理和控制的机构。

（2）非居民企业。

非居民企业是指依照外国（地区）法律成立且实际管理机构不在中国境内，但在中国境内设立机构、场所的，或者在中国境内未设立机构、场所，但有来源于中国境内所得的企业。非居民企业委托营业代理人在中国境内从事生产经营活动的，包括委托单位或个人经常代其签订合同，或者结存、交付货物等，该营业代理人视为非居民企业在中国境内设立的机构、场所。

登记注册地和实际管理机构，只要有一个在中国境内，就属于居民企业。登记注册地和实际管理机构均不在中国境内，但有来源于中国境内所得的企业，才是非居民企业。

3．企业所得税的征税对象

（1）居民企业的征税对象。

居民企业应当就其来源于中国境内、境外的所得缴纳企业所得税，包括销售货物所得、提供劳务所得、转让财产所得、股息红利等权益性投资所得、利息所得、租金所得、特许权使用费所得、接受捐赠所得和其他所得。

（2）非居民企业的征税对象。

非居民企业在中国境内设立机构、场所的，应当就其所设机构、场所取得的来源于中国境内的所得，以及发生在中国境外但与其所设机构、场所有实际联系的所得，缴纳企业所得税。

非居民企业在中国境内未设立机构、场所的，或者虽设立机构、场所但取得的所得与其所设机构、场所没有实际联系的，应当就其来源于中国境内的所得缴纳企业所得税。

实际联系是指非居民企业在中国境内设立的机构、场所拥有据以取得所得的股权、债权，以及拥有、管理、控制据以取得所得的财产等。

4．企业所得税的税率

企业所得税实行比例税率。比例税率简便易行，透明度高，不会因征税而改变企业间收入分配比例，有利于促进效率的提高。现行规定如下：基本税率为 25%，适用于居民企业和在中国境内设有机构、场所且取得的所得与机构、场所有联系的非居民企业；15% 的税收优惠税率，主要针对符合条件的高新技术企业。

此外，非居民企业在中国境内未设立机构、场所的，或者虽设立机构、场所但取得的所得与其所设机构、场所没有实际联系的，应当就其来源于中国境内的所得缴纳企业所得税，适用税率为 20%（实际征税时减按 10% 的税率征收）。

5．企业所得税的计算与申报

（1）企业应纳税所得额的计算。

企业所得税的计税依据是应纳税所得额，即企业每一纳税年度的收入总额，减除不征税收入、免税收入、各项扣除及允许弥补的以前年度亏损后的余额。

$$应纳税所得额＝收入总额－不征税收入－免税收入－各项扣除－以前年度亏损$$

企业应纳税所得额的计算，以权责发生制为原则，属于当期的收入和费用，不论款项是否收付，均作为当期的收入和费用；不属于当期的收入和费用，即使款项已经在当期收付，也不作为当期的收入和费用。在计算应纳税所得额时，企业财务、会计处理办法与税收法律法规的规定不一致的，应当依照税收法律法规的规定计算。

应纳税所得额的计算公式如下。

第一种，直接法。

$$应纳税所得额＝收入总额－不征税收入－免税收入－各项扣除－以前年度亏损$$

第二种，间接法。

$$应纳税所得额＝会计利润＋纳税调整增加额－纳税调整减少额$$

企业所得税的计算公式如下：

$$企业应纳所得税额＝当期应纳税所得额×适用税率$$

在这里，我们有必要对企业所得税、应纳税所得额、应纳所得税三个概念进行区分。

企业所得税是以企业取得的生产经营所得和其他所得为征税对象所征收的一种税。

应纳税所得额是指纳税人每一纳税年度的收入总额减除不征税收入、免税收入、各项扣除以及允许弥补的以前年度亏损后的余额，是计算应纳所得税的依据。

应纳所得税是应纳税所得额乘以适用税率减除税收优惠规定的减免和抵免税额后的余额。应纳所得税，实质上是企业应该向税务机关缴纳的所得税金额。

① 收入总额的确定。

企业收入总额是指以货币形式和非货币形式从各种来源取得的收入。具体包括：销售货物收入、提供劳务收入、转让财产收入、股息红利等权益性投资收益、利息收入、租金收入、特许权使用费收入、接受捐赠收入以及其他收入。

② 准予扣除的项目。

准予扣除项目是纳税人每一纳税年度发生的与取得应纳税收入有关的所有必要和正常的成本、费用、税金、损失和其他支出。

◆ 成本是指企业在生产经营活动中发生的销售成本、业务支出以及其他耗费。

◆ 费用是指企业在生产产品及提供劳务等过程中发生的销售费用、管理费用和财务费用。

◆ 税金是指企业实际发生的除所得税和允许抵扣的增值税以外的各项税金及附加。

◆ 损失是指企业经营活动中实际发生的固定资产和存货的盘亏、毁损、报废净损失，转让财产损失，呆账损失，坏账损失，以及遭受自然灾害等不可抗力造成的非常损失及其他损失。

◆ 其他支出是指除成本、费用、税金、损失外，企业在生产经营活动中发生的与生产经营活动有关的、合理的支出。

③ 亏损的弥补。

这里的亏损是指企业财务报表中的亏损额经主管税务机关按税法规定核实调整后的金额，不是企业利润表里的亏损金额。

企业所得税法规定，纳税人发生年度亏损的，可以用下一纳税年度的所得弥补；下一纳税年度的所得不足弥补的，可以逐年延续弥补，但是延续弥补期最长不得超过 5 年。5 年内不论是盈利或亏损，都作为实际弥补期限计算。

（2）应纳所得税税额的计算。

企业所得税应纳税额的计算公式为：

$$应纳税额=应纳税所得额×适用税率-减免税额-抵免税额$$

上式中，减免税额和抵免税额是指依照企业所得税相关法律制度与国务院的税收优惠规定减征、免征及抵免的应纳税额。

课堂小任务

1．任务要求

计算某企业应纳的企业所得税税额。

2．任务背景

某企业 2023 年取得收入 1 200 万元，发生成本费用损失等可以扣除的项目为 800 万元，企业所得税税率 25%。

3．任务实施

首先计算该企业 2023 年应纳税所得额。

应纳税所得额是指纳税人收入总额减去成本、费用、税金、损失和以前年度亏损后的余额。

该企业 2023 年应纳税所得额=1 200-800=400（万元）。

应纳税所得额是应纳所得税的计算依据，用应纳税所得额乘以适用税率，就能计算出该企业的应纳所得税=400×25%=100（万元）。

（3）企业所得税纳税申报。

企业所得税的纳税义务发生时间是纳税年度的最后一日，纳税期限可按年计算，分月或者分季预缴。月度或者季度终了后 15 日内预缴，年度终了后 5 个月内汇算清缴，多退少补。纳税人以独立核算的企业为单位就地缴纳企业所得税。

案例分析 2-12

税收筹划竟然可以少缴 80%的企业所得税

A 公司是 2021 年在北京成立的普通商贸公司，资产 120 万元，当年实现不含税主营业务收入 300 万元，成本费用（不含税）220 万元，当年应纳增值税 13.6 万元。公司共有员工 9 人，其中小王是 2021 年 4 月入职的自主就业退役士兵，公司与其签订了

2 年期劳动合同，并依法为其缴纳了社保。公司当年实现营业利润 81 万元，居民企业之间投资的投资收益 18 万元，地方债券利息收入 5 万元，符合费用化的研发支出 8 万元，公益性捐款 3 万元。

公司符合以下税收优惠政策。

（1）根据国家税务总局公告 2021 年第 12 号，2021 年 1 月 1 日至 2022 年 12 月 31 日，对小型微利企业年应纳税所得额不超过 100 万元的部分，减按 12.5%计入应纳税所得额，按 20%的税率缴纳企业所得税。小型微利企业（以下简称"小微企业"）的判定标准如下：资产不超过 5 000 万元，员工人数不超过 300 人，年应纳税所得额不超过 300 万元。

（2）研发费用没有计入无形资产的部分，也就是费用化研发支出，可以按照发生额的 75%税前加计扣除。

（3）公益性捐赠支出，利润总额 12%以内的部分可以税前扣除，超过的部分可以在以后三年内继续扣除。

（4）获得的地方政府债券利息，可以减免企业所得税。

（5）企业招用自主就业退役士兵，与其签订 1 年以上期限劳动合同并依法缴纳社会保险费的，自签订劳动合同并缴纳社会保险当月起，在 3 年内按实际招用人数予以定额依次扣减增值税、城市维护建设税、教育费附加、地方教育附加和企业所得税优惠。定额标准为每人每年 6 000 元，最高可上浮 50%，各省、自治区、直辖市人民政府可根据本地区实际情况在此幅度内确定具体定额标准。

（6）居民企业之间投资的股息、红利等权益性投资收益免征企业所得税。

若 A 公司不享受上述优惠政策，当年应缴纳增值税是 13.6 万元，在不考虑其他因素目的情况下，当年应缴纳的企业所得税是 20.25 万元（81×25%=20.25）。

若 A 公司享受优惠政策：

A 公司享受招用自主就业退役士兵增值税抵减 0.6 万元。

实际缴纳增值税=13.6-0.6=13（万元）。

实际缴纳所得税=（81-8）×12.5%×20%=1.825（万元）。

筹划后一共节约税金=13.6+20.25-13-1.825=19.025（万元）。

【案例思考】企业所得税税收筹划给企业带来什么好处？

【分析】企业所得税是我国的主要税种之一，基本税率是 25%。这对于一家小微企业来说是不小的负担，对于有着良好收益的企业来说无疑也是一笔不小的开支。合理合法进行税收筹划，可以为企业节流，促进企业发展。

拓展阅读

减税降费政策叠加效应显现　激发小微企业发展活力

小微企业是指从事国家非限制和禁止行业，且同时符合年度应纳税所得额不超过 300 万元，从业人数不超过 300 人，资产总额不超过 5 000 万元等三个条件的企业。

我国高度重视小微企业、个体工商户发展，持续加大减税降费力度，助力小微企业和个体工商户降低经营成本、缓解融资难题。2021 年 7 月 29 日，国家税务总局发布《小微企业、个体工商户税费优惠政策指引》，从减免税费负担、推动普惠金融发展、重点群体创业税收优惠三个方面，梳理汇集了27项针对小微企业和个体工商户的税费优惠政策内容，大力支持小微市场主体轻装上阵。目前来看，减税降费政策的叠加效应逐渐显现，在为更多小微企业减轻税负的同时，也让市场活力得到进一步释放。

从部分地方税务局公布的减税降费数据可以看出，小微企业切实享受到了税收红利。在河北省，2021年上半年有31.59万户小微企业享受到这一优惠政策，户数比上年同期增加8.06万户，增幅约为34%，所有的盈利企业100%享受了该优惠政策；减税金额共计66.84亿元，同比增加31.45亿元，增幅为88.86%；共有4.89万户（次）个体工商户减免个人所得税7 457.61万元。在四川省，2021年上半年实现小微企业税费减免452.4亿元，累计办理出口退税64.4亿元。在湖南省，2021年上半年，20余万户个体工商户享受复工复业税收优惠政策，新增减税近25亿元；7万余户小微企业享受企业所得税再减半优惠，减免企业所得税2.53亿元；3万余户个体工商户享受经营所得减半征收，减免个人所得税0.93亿元。

小微企业和个体工商户得到政策帮扶，得益于国家税收优惠政策扶持，小微企业经营资金周转余地更大，周转速度更快，周转效率更高。

2.2.4　解读印花税

印花税是对在中华人民共和国境内书立应税凭证、进行证券交易的单位和个人，以及对在中华人民共和国境外书立在境内使用的应税凭证的单位和个人征收的一种行为税。

问题答疑

公司通过互联网签订电子形式的合约是否要缴纳印花税？

答：根据《财政部　国家税务总局关于印花税若干政策的通知》（财税〔2006〕162号）规定，对纳税人以电子形式签订的各类应税凭证按规定征收印花税。因此，公司签订电子形式的合约要缴纳印花税。

1. 印花税的纳税人

在中华人民共和国境内书立应税凭证、进行证券交易的单位和个人，为印花税的纳税人。在中华人民共和国境外书立在境内使用的应税凭证的单位和个人，应当依法缴纳印花税。证券交易印花税对证券交易的出让方征收，不对受让方征收。

2. 印花税税目及税率

（1）下列凭证为应纳税凭证。

① 借款、融资租赁、买卖、承揽、建设工程、运输、技术、租赁、保管、仓储、财产保险合同或者具有合同性质的凭证。

② 产权转移书据。

③ 营业账簿。

④ 经财政部确定征税的其他凭证。

（2）印花税税率为比率税率。

① 适用 0.05‰税率的为借款合同、融资租赁合同。

② 适用 0.3‰税率的为买卖合同、承揽合同、建设工程合同、运输合同、技术合同。

③ 适用 0.5‰税率的为产权转移书据中的土地使用权出让书据；土地使用权、房屋等建筑物和构筑物所有权转让书据（不包括土地承包经营权和土地经营权转移）；股权转让书据（不包括应缴纳证券交易印花税的）。

④ 适用 0.3‰税率的为产权转移书据中的商标专用权、著作权、专利权、专有技术使用权转让书据。

⑤ 适用 0.25‰税率的为营业账簿税目中记载实收资本（股本）资金、资本公积的账簿。

⑥ 适用 1‰税率的为租赁合同、保管合同、仓储合同、财产保险合同、证券交易。印花税税目税率表详见表 2-8。

表 2-8　印花税税目税率表

税目		税率	备注
合同（指书面合同）	借款合同	借款金额的万分之零点五	指银行业金融机构、经国务院银行业监督管理机构批准设立的其他金融机构与借款人（不包括同业拆借）的借款合同
	融资租赁合同	租金的万分之零点五	
	买卖合同	价款的万分之三	指动产买卖合同（不包括个人书立的动产买卖合同）
	承揽合同	报酬的万分之三	
	建设工程合同	价款的万分之三	
	运输合同	运输费用的万分之三	指货运合同和多式联运合同（不包括管道运输合同）
	技术合同	价款、报酬或者使用费的万分之三	不包括专利权、专有技术使用权转让书据
	租赁合同	租金的千分之一	
	保管合同	保管费的千分之一	
	仓储合同	仓储费的千分之一	
	财产保险合同	保险费的千分之一	不包括再保险合同
产权转移书据	土地使用权出让书据	价款的万分之五	转让包括买卖（出售）、继承、赠与、互换、分割
	土地使用权、房屋等建筑物和构筑物所有权转让书据（不包括土地承包经营权和土地经营权转移）	价款的万分之五	
	股权转让书据（不包括应缴纳证券交易印花税的）	价款的万分之五	
	商标专用权、著作权、专利权、专有技术使用权转让书据	价款的万分之三	

续表

税目	税率	备注
营业账簿	实收资本（股本）、资本公积合计金额的万分之二点五	
证券交易	成交金额的千分之一	

📝 问题答疑

只要有签订合同的行为就要缴纳印花税吗？

答：不是只要签订了合同，就要缴纳印花税。是否缴纳印花税的关键，是看合同的性质，如果合同性质，属于税目税率表中列举的合同类型，那就应当缴纳印花税，反之，则不需要缴纳印花税。

3．印花税应纳税额的计算

印花税的应纳税额按照计税依据乘以适用税率计算。计税依据是指应税凭证计税金额。计算公式如下。

$$应纳税额＝应税凭证计税金额×适用税率$$

4．印花税的纳税申报

印花税的纳税义务发生时间为纳税人书立应税凭证或者完成证券交易的当日。证券交易印花税扣缴义务发生时间为证券交易完成的当日。

印花税按季、按年或者按次计征。实行按季、按年计征的，纳税人应当自季度、年度终了之日起十五日内申报缴纳税款；实行按次计征的，纳税人应当自纳税义务发生之日起十五日内申报缴纳税款。

📚 拓展阅读

印花税的由来

印花税是一个很古老的税种，人们比较熟悉，但它的起源却鲜为人知。从税史学理论上讲，任何税种的出现，都离不开当时的政治与经济的需要，印花税的产生也是如此。公元1624年，荷兰政府发生经济危机，财政困难。当时执掌政权的统治者摩里斯为了解决财政问题，提出用增加税收的办法来解决支出的困难，但又怕人民反对，便要求大臣们出谋献策。众大臣想不出两全其美的妙法。于是，荷兰的统治阶级就以重赏来寻求新税设计方案。印花税，就是从众多应征者设计的方案中精选出来的。印花税的设计者可谓独具匠心。他观察到人们在日常生活中使用契约、借贷凭证之类的单据很多，所以一旦征税，税源将很大；而且，人们还有一个心理，认为单据由政府盖印，就成为合法凭证，在诉讼时有法律保障，因而乐于接受缴纳印花税。正是这样，印花税被资产阶级经济学家誉为税负轻微、税源畅旺、手续简便、成本低廉的"良税"。此后，欧美各国竞相效仿，陆续开征印花税。印花税在不长的时间内，就成为世界上普遍采用的一个税种，在国际上盛行。

2.2.5　解读城市维护建设税和教育费附加

1. 城市维护建设税

城市维护建设税（以下简称"城建税"）是国家对缴纳增值税和消费税的单位和个人就其实际缴纳的增值税和消费税税额为计税依据而征收的一种税。

城建税的特点如下。

- ◆ 城建税具有附加税性质，附加于纳税人实际缴纳的增值税和消费税税额，本身并没有类似于其他税种的特定、独立的征税对象。
- ◆ 城建税具有特定目的。城建税税款专门用于城市的公用事业和公共设施的维护建设。

（1）纳税义务人。

城建税的纳税人为负有缴纳增值税、消费税义务的单位和个人。对进口货物或者境外单位和个人向境内销售劳务、服务、无形资产缴纳的增值税、消费税税额，不征收城建税。

（2）计税依据。

城市维护建设税以纳税人依法实际缴纳的增值税、消费税税额为计税依据。

（3）税率。

城建税按纳税人所在地不同，设置三档差别比例税率。

- ◆ 纳税人所在地在市区的，税率为7%。
- ◆ 纳税人所在地在县城、镇的，税率为5%。
- ◆ 纳税人所在地不在市区、县城或者镇的，税率为1%。

（4）城建税应纳税额的计算。

应纳税额=实际缴纳的增值税、消费税税额×适用税率

城市维护建设税的纳税义务发生时间与增值税、消费税的纳税义务发生时间一致，分别与增值税、消费税同时缴纳。

📝 **问题答疑**

甲公司为增值税一般纳税人，缴纳增值税，不缴纳消费税，本年2月应缴纳的增值税为8 000元，本年1月还有10 000元的进项税额未抵扣，也就是说，本年2月应缴纳的增值税为零。本年3月的申报期内，该公司还需要申报缴纳城建税吗？

答：纳税人只要发生增值税、消费税的纳税义务，就应同时计算缴纳城建税。因为甲公司2月应缴纳的增值税为零，所以，不需要缴纳城建税。

---

2. 教育费附加

教育费附加是由税务机关负责征收，同级教育部门统筹安排，同级财政部门监督管理，专门用于发展地方教育事业的预算外资金。

教育费附加本质属于费，不是一种税。征收教育费附加的目的是多渠道筹集教育经费，改善中小学办学条件。教育费附加具有专款专用的性质。

负有缴纳增值税、消费税义务的单位和个人需要缴纳教育费附加。

教育费附加的征收比例为3%，地方教育附加的征收比例为2%。

教育费附加的计算公式如下：

$$应纳教育费附加＝（实际缴纳的增值税＋消费税）\times 3\%$$

只要发生增值税、消费税的纳税义务，就应同时计算缴纳教育费附加。因此，教育费附加的缴费义务发生时间、地点、期限均与增值税、消费税一致。

职业道德与财税素养

冒用个人信息偷逃税

河北三河市某商贸有限公司是小规模纳税人，为达到少缴企业所得税的目的，该公司冒用 15 名在校大学生和其他 5 名社会人员身份信息，虚列人员成本 20 余万元，偷税 5 万元，另外发现其他税收违法行为少缴税款 7.35 万元。

深圳市某资产管理公司于 2023 年 4 月至 2024 年 12 月期间，通过黑中介购买了一批西安某大学在校大学生的个人信息，并将其列入公司员工名单，实际上既未与其签订劳动合同，也未实际发放工资，造成偷税 12.73 万元。

【案例警示】

梳理发现，这些案件有一些共同特点，即精心"设计"偷税手段、精准"发放"伪造工资、精确"瞄准"下手对象。

从偷税手段来看，涉案企业的主营业务是提供信息咨询服务，这类业务可用于抵扣的成本相对较少，企业经营者就打起了虚增成本的歪主意，铤而走险地冒用个人身份信息，把企业从盈利扭转为亏损，最终达到偷税目的。

从伪造工资来看，伪造的员工工资均在个人所得税起征点以下，既能虚增工资成本、偷逃企业所得税，也未达到起征点，只用申报而无须代扣代缴个人所得税，不会增加实际成本。

从下手对象来看，涉案企业冒用的员工身份大多为在校大学生，这是因为大学生群体尚未真正就业，对自身的个人所得税信息关注度较低。

那么，如何查看个人身份信息有没有被冒用呢？

打开个人所得税 App（见图 2-13），在首页的常用业务中选择"收入纳税明细查询"，进入 2023 年度已申报的收入纳税明细页面（见图 2-14），点击"查询"按钮，即可查询或进行异议申诉。

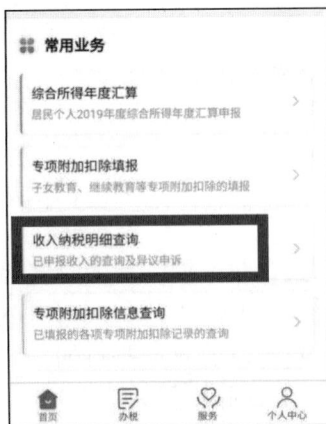

图 2-13　个人所得税 App 界面　　　图 2-14　收入纳税明细

在个人所得税 App 中，纳税人既可以就每项具体收入单独申诉，也可以点击"批量申诉"按钮进行批量申诉（见图 2-15）。纳税人还可以选择单位名称，对冒用其身份发放假收入的单位进行申诉（见图 2-16）。

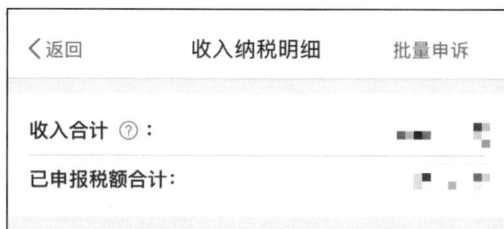

图 2-15　批量申诉

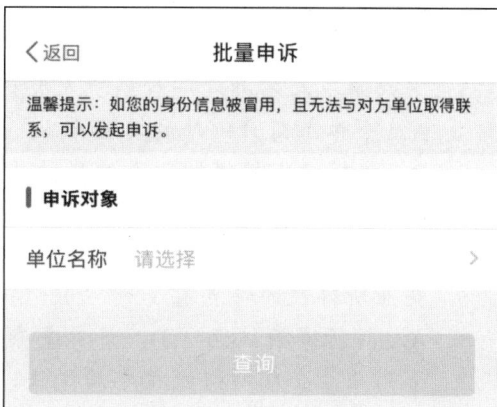

图 2-16　选择单位名称进行申诉

思考与练习

一、单选题

1. 办理涉税信息补充采集的时间是（　　）。

    A. 领取营业执照之前

    B. 领取营业执照后

    C. 领取营业执照以后，首次办理涉税事宜时

    D. 由纳税人自己决定

2. 查账征收适用于（　　）。

    A. 账簿、凭证、会计等核算制度比较健全，能够据以如实核算生产经营情况，正确计算应纳税款的纳税人

    B. 生产规模较小、账册不健全、产品零星、税源分散的小型厂矿和作坊

    C. 小型的个体工商户

    D. 城乡集贸市场中的临时经营者和机场、码头等场所的经销商

3. 我国第一大税种是（　　）。

    A. 企业所得税　　　B. 个人所得税　　　C. 增值税　　　D. 消费税

二、多选题

1. 发票的作用包括（　　）。

    A. 发票是企业产生成本、费用或收入的原始凭证

    B. 发票是企业做账的依据

    C. 发票是缴税的费用凭证

    D. 发票可以减轻企业税负

2. 纳税申报的方式有（　　）。

    A. 直接申报　　　B. 电子申报　　　C. 邮寄申报　　　D. 其他方式申报

3. 税款征收方式有（　　　）。

    A. 查账征收　　　　　B. 查验征收　　　　　C. 查定征收　　　　D. 定期定额征收

4. 增值税的特征有（　　　）。

    A. 税不重征　　　　　　　　　　　　　　B. 道道征收

    C. 同一产品同税率　　　　　　　　　　　D. 实行价外计征

5. 下列纳税人不办理一般纳税人登记的有（　　　）。

    A. 个体工商户以外的其他个人

    B. 选择按小规模纳税人纳税的非企业单位

    C. 选择按小规模纳税人纳税的不经常发生应税行为的企业

    D. 个体工商户

6. 企业所得税的特点有（　　　）。

    A. 对所得额征税　　　B. 计算复杂　　　　　C. 量能负担　　　　D. 按年计征

7. 下列关于企业所得税税率的说法，正确的有（　　　）。

    A. 基本税率为25%　　　　　　　　　　　B. 小型微利企业适用20%

    C. 符合条件的高新技术企业适用15%　　　D. 基本税率为30%

8. 印花税是对在中华人民共和国境内（　　　）应税凭证、进行证券交易的单位和个人征收的一种行为税。

    A. 书立　　　　　　　B. 领取　　　　　　　C. 使用　　　　　　D. 领受

9. 印花税的特点有（　　　）。

    A. 征税范围广泛　　　B. 计算简便　　　　　C. 自行贴花纳税　　D. 税负轻

三、判断题

1. 我国全面推行"五证合一、一证一码"的商事登记模式后，新办企业纳税人在领取营业执照后，仍然必须到税务机关领取税务登记证。　　　　　　　　　　（　　　）

2. 企业没有进行税务登记就直接停业关门，将会对企业的法定代表人、股东及其高层造成严重的失信的结果，企业会被列入法院的黑名单当中。　　　　　（　　　）

3. 发票，是指在购销商品、提供或者接受服务以及从事其他经营活动中，开具、收取的收付款凭证。　　　　　　　　　　　　　　　　　　　　　　　（　　　）

4. 纳税人在纳税期内没有应纳税款的，可以不办理纳税申报。　　　　（　　　）

5. 纳税人享受减税、免税待遇的，在减税、免税期间也应当按照规定办理纳税申报。　　　　　　　　　　　　　　　　　　　　　　　　　　　　　　　（　　　）

6. 税务机关在追征税款的同时　要加收滞纳金。　　　　　　　　　　（　　　）

7. 小规模纳税人销售货物、劳务或提供应税服务、转让无形资产，增值税征收率为3%。　　　　　　　　　　　　　　　　　　　　　　　　　　　　　　　（　　　）

8. 个人独资企业、合伙企业这两类企业也要征收企业所得税。　　　　（　　　）

9. 印花税可以采用粘贴印花税票或者由税务机关依法开具其他完税凭证的方式缴纳。　　　　　　　　　　　　　　　　　　　　　　　　　　　　　　　（　　　）

10. 只要发生增值税、消费税的纳税义务，就应同时计算缴纳城市维护建设税。　　　　　　　　　　　　　　　　　　　　　　　　　　　　　　　　　（　　　）

四、简答题

1. 增值税一般纳税人和小规模纳税人划分的标准是什么？

2．增值税普通发票和增值税专用发票的区别是什么？

3．小微企业的认定标准是什么？能享受哪些税收优惠政策？

4．近年来，国家出台了一系列减税降费的税收优惠政策，请你选择列举三条税收优惠政策，谈谈享受税收优惠政策的适用范围、具体内容、注意事项等。

动手做一做

请用手机下载个人所得税 App，注册登录，熟悉个人所得税查询界面，查看父母的收入、缴税情况，查看是否有不法之徒冒用父母的身份信息。

第 3 章　认清风险与成本

你知道身边有哪些风险吗？应该如何规避风险？怎样控制成本？让我们来一一揭晓吧！

3.1　认知风险控制

风险控制是指风险管理者采取各种措施和方法，消灭或减少风险事件发生的各种可能性，或风险控制者减少风险事件发生时造成的损失。风险总是存在的，不能被消灭，但可以尽量减小或降低。企业工作人员应尽量将个人风险降至最低，避免违规。

动画视频

认知内控矩阵：
穿透企业风险迷雾

3.1.1　避免资金违规

各岗位的工作人员都需要了解资金管理的相关制度，避免违反公司财务制度甚至违法。

1. 资金日常管理

货币资金是指企业在生产经营活动中停留于货币形态的资金，包括库存现金、银行存款和其他货币资金。一切收支必须严格遵守国家和本公司的有关规定。

库存现金的管理通常包括以下方面：原则上公司的库存现金余额不得超过银行核定的库存限额规定；现金支出须符合现金使用范围的规定；出纳人员须将公司库存现金存放至公司保险柜，并妥善保管其密码和钥匙；出纳人员每日需对库存现金进行盘点，并编制现金日记账，做到日清日结，账实相符；财务经理应至少每月对库存现金进行一次盘点抽查。

银行存款、其他货币资金的管理通常包括以下方面：遵照银行相关规定进行管理，每日需编制银行存款日记账，按月取回各银行对账单，并编制银行存款余额调节表；银行存款余额调节表与银行对账单作为会计档案进行装订并存档保管。

2. 资金支出管理

财务部门是货币资金收支信息集中、反馈的职能部门。其他职能部门凡涉及货币资金的收支信息，必须及时反馈到财务部门。其他职能部门对外签署的涉及款项收付的合同或协议，应向财务部门提交一份原件，以便根据有关合同或协议办理手续。无合同或协议的（或无有效合同或协议），财务部门有权拒绝办理。

资金支出必须依据经审核无误的金额进行支付，严禁无票支出，严禁白条抵账。

各项资金支出原则上需根据预算进行拨付。各部门资金支出应提前向财务部门申请（1 万元以内的资金支付，需至少提前一天申请；3 万元以内的资金支付，需至少提前两天申请；3 万元以上的资金支付，需至少提前三天申请），以便财务部门备款。

（1）个人借款支出。员工因公干需要向公司借支款项时，由申请人填写借款单，部门负责人签字，财务经理审核后由副总经理和总经理进行审批。出纳人员根据上述审核无误的单据，向借支人支付款项。

个人借款支付方式：原则上，个人借款 1 000 元（含）以下，通过现金方式支付；个人借款 1 000 元以上，通过转账方式支付（转入员工银行卡内）。

（2）零星费用报销支出。报销流程根据公司费用报销制度执行，出纳人员根据审核无误的单据，进行款项支付。

零星费用报销方式：原则上，费用报销金额在 1 000 元（含）以下，通过现金方式支付；费用报销金额在 1 000 元以上，通过转账方式支付。

（3）商品采购货款和大额行政采购支出。采购人员填写采购申请单，经部门负责人、财务负责人、副总经理、总经理审核后，方可进行款项支付。

财务部应依据公司与供应商合同约定进行付款，原则上此类款项必须通过银行转账支付。

（4）内部转款及其他支出。公司向关联单位转款，必须依据总经理审核的转款单，进行款项转出。

3. 资金收入管理

公司销售收入原则上通过转账方式收取，各部门应提前向财务部门了解"转入户"具体情况。对于少数客户以付现方式支付货款的情况，业务部门人员应于一个工作日内告知财务部门。对于收取的款项，任何人员不得侵占、挪用。财务部门出纳人员每日向财务经理和总经理报送资金日报表。

课堂讨论

小王的做法是否违规

小王销售一批货物，收到现金 20 000 元，当天没有及时交到财务部门。为了防止货款遗失，他到银行 ATM 机上将货款存入自己的银行账户。

请问：小王的上述行为是否违规？如果违规，他需要承担哪些风险？小王正确的做法应是怎么样的？

3.1.2　避免采购违规

为了加强公司对采购业务的内部控制，规范请购与审批、采购与验收、付款等行为，防范采购过程中的差错和舞弊，公司应根据国家有关法律法规和公司内部控制基本规范，结合实际情况，制定采购内部控制制度。

采购，主要是指公司外购商品并支付价款的行为。

1. 采购风险

采购风险通常是指采购过程可能出现的一些意外情况，包括人为风险、经济风险和自然风险。具体说来，采购预测不准导致物料难以满足生产要求或超出预算、供应商产能下降导致供应不及时、货物不符合订单要求、呆滞物料增加、采购人员工作失误或和供应商之间存在不诚实行为导致违法等，都可能导致采购风险。

（1）公司在采购过程中，至少应关注涉及采购业务的下列风险。

① 采购计划安排不合理，市场变化趋势预测不准确，造成库存短缺或积压，可能导致生产停滞或资源浪费。

② 供应商选择不当，采购方式不合理，招投标或定价机制不科学，授权审批不规范，可能导致采购物资质次价高，出现舞弊或遭受欺诈。

③ 采购验收不规范，付款审核不严，可能导致采购物资、资金损失或信用受损。

（2）公司在建立与实施采购内部控制过程中，至少应强化对下列关键方面或关键环节的控制。

① 购买环节的关键控制点及控制措施。

◆ 建立采购申请制度。

◆ 按照预算执行进度办理请购手续。

◆ 建立供应商评估和准入制度。

◆ 合理选择采购方式。

◆ 建立科学的定价机制。

② 付款环节的关键控制点及控制措施。

◆ 加强采购付款的管理，完善付款流程，明确付款审核人的责任和权利，严格审核采购预算、合同、相关单据、审批程序等相关内容，审核无误后按照合同规定及时办理付款。

◆ 严格审查采购发票的真实性、合法性和有效性。发现虚假发票的，应查明原因，及时报告处理。

◆ 重视采购付款的过程控制和跟踪管理，发现异常情况，应当拒绝付款，避免出现资金损失和信用受损。

◆ 加强预付账款和定金的管理，涉及大额或长期的预付款项，应当定期进行追踪核查，发现有疑问的预付款项，应当及时采取措施。

◆ 加强对采购活动的会计系统控制，详细记录供应商情况、请购申请、采购合同、采购通知、验收证明、入库凭证、商业票据、款项支付等情况，确保会计记录、采购记录与仓储记录核对一致。

◆ 指定专人通过函证等方式，定期与供应商核对应付账款、应付票据、预付账款等往来款项。

◆ 建立退货管理制度，对退货条件、退货手续、货物出入库、退货货款回收等做出明确规定，并在与供应商的合同中明确退货事宜，及时收回退货货款。涉及符合索赔条件的退货，应在索赔期内及时办理索赔。

2. 职责分工与授权批准

公司应当建立采购业务的岗位责任制，明确相关部门和岗位的职责、权限，确保办理采购业务的不相容岗位相互分离、制约和监督。公司采购业务的不相容岗位主要如下。

（1）请购与审批。物资采购应由使用部门根据其需要提出申请，并经分管采购工作的负责人进行审批。

（2）供应商的选择与审批。采购部门和相关部门共同参与询价程序并确定供应商，但是决定供应商的人员不能同时负责审批。

（3）采购合同的拟定、审核与审批。公司应由采购部门下订单或起草购货合同并经授权部门或人员审核、审批。

（4）采购、验收与相关记录。公司应当建立采购业务的授权制度和审核批准制度，并按照规定的权限和程序办理采购业务。

公司根据具体情况对办理采购业务的人员定期进行岗位轮换，防范采购人员利用职权和工作便利收受商业贿赂、损害公司利益。公司应按照请购、审批、采购、验收、付款等规定的程序办理采购业务，并在采购与付款各环节设置记录、填制相应凭证的岗位，建立完整的采购登记制度，加强请购手续、采购订单或采购合同、验收证明、入库凭证、采购发票等文件和凭证的相互核对工作。

3. 请购与审批控制

公司应当建立采购申请制度，依据购置商品或服务的类型，确定归口管理部门，并明确相关部门或人员的职责权限及相应的请购程序。

公司采购需求应当与公司生产经营计划相适应，具有必要性和经济性。需求部门提出的采购需求，应当明确采购类别、质量等级、规格、数量、相关要求和标准、到货时间等。采购部门才有资格组织采购，其他部门不得擅自采购任何物资。同时，公司应建立严格的请购审批制度，加强采购业务的预算管理。

4. 采购与验收控制

（1）公司应建立采购与验收环节的管理制度，确保采购过程的透明化以及所购商品在数量和质量方面符合采购要求。

公司采购方式：大宗物资或服务等的采购应当采用招投标方式并签订合同；一般物品的采购可以采用询价的方式并签订合同；小额零星物品的采购可以采用直接购买等方式。

> **说明**
>
> 30万元以上的为大宗物资，10万元以上30万元以下（含30万元）的为一般物品，10万元以下（含10万元）的为小额零星物品。

（2）公司委托中介机构进行招投标的，应当加强对中介机构的监督。

（3）公司应当充分了解和掌握有关供应商信誉、供货能力等方面的信息，由采购、使用等部门共同参与比质比价，并按规定的授权批准程序确定供应商。对小额零星采购，按照"比质比价、货比三家"的询价原则，确保公开透明，降低采购成本。

（4）公司应当根据验收制度和经批准的请购单、合同等采购文件，办理相关的验收手续。对验收过程中发现的异常情况，负责验收的部门或人员应当立即向有关部门报告；有关部门应当查明原因，及时处理。

5. 付款控制

（1）采购部门应当对采购合同约定的付款条件以及采购发票、结算凭证和验收证明等相关凭证的真实性、完整性、合法性及合规性进行严格审核，并提交付款申请，财务部依据合同、发票等对付款申请进行复核后，按资金活动内部控制制度的相关审批程序办理。

（2）公司应建立预付账款和定金的授权批准制度，加强预付账款和定金的管理。

（3）公司对招标合同的首次预付款不得超过合同总价的30%；除特殊采购外，一般物品和小额零星物品的采购不得使用预付款采购。

（4）公司应加强应付账款和应付票据的管理，由专人按照约定的付款日期、折扣条件等管理应付款项。

> **案例分析 3-1**
>
> 某公司采购经理一个人包办了公司价值较高的原材料采购，他的理由是这些原材料太重要了，交给其他人办不放心。
>
> 一次，这位采购经理出差，生产车间某项原材料短缺，仓库断货了。生产厂长联系采购部紧急采购，采购部其他员工表示采购不了，因为这种原材料平时都由采购经理负责，其他采购人员没有供应商信息。采购经理这会儿正好在飞机上，联系不上。
>
> 生产厂长找总经理反映情况。总经理与供应商总经理联系，沟通紧急采购事宜。供应商随即发来该原材料的报价信息。随后，采购人员到财务部请款，财务经理发现该原材料的采购价格只有平时的一半。财务经理以为该原材料降价了，建议总经理向供应商总经理确认降价原因。供应商总经理表示该原材料从未降过价。
>
> 动画视频
>
> 采购迷局：权力与规则的博弈
>
> 【案例思考】该案例中采购流程存在哪些不规范的地方？采购流程应该怎么规范？
>
> 【分析】该案例存在采购流程不规范、监管不到位的情况，导致采购经理一人包办公司价值较高的原材料采购，不仅影响公司正常采购进度，而且极易引发违法犯罪事件。

公司应规范采购流程，在正常的业务流程外建立同步监督机制，保持和供应商联系，既要让相关业务流程上的人工作便捷、不受阻挠，又要使其受到监管，无法滥用手中权力，从而减少违法犯罪事件的发生。

案例分析3-2

甲公司采购经理吕某与下属李某商议，由李某找供应商乙公司总经理林某索要好处费，提出按照采购金额的 5%收取，林某经考虑后表示同意。林某安排公司会计每月在收到甲公司货款后随即以货款金额的 5%作为好处费，通过原公司员工宿某的个人账户转款给李某。吕某利用其在采购部的职务便利，帮助乙公司获得大量采购订单。

【案例思考】甲公司的采购流程出现腐败问题是什么原因造成的？应如何规避？

【分析】甲公司出现腐败问题是公司内部管理存在重大缺陷、监督机制无效运转导致的。公司应设立合规部门，建立覆盖事前、事中和事后的关于采购、供应链决策等流程的监督机制；内部设立和完善举报、投诉机制，接受和处理相关腐败问题的举报与投诉；同时强化采购团队建设，针对可能存在腐败的高风险岗位进行定期轮换，对采购人员进行廉洁诚信培训等。

动画视频

采购黑洞：权力寻租的崩塌与重生

3.1.3　避免生产违规

为了规范生产行为，防范生产过程中的差错和舞弊，公司应根据国家有关法律法规和公司内部控制基本规范，结合实际情况，制定生产内部控制制度。

1. 生产的主要业务活动

生产是将包括原料、辅料、包装物等各种物料转化为产成品的过程。生产主要包括以下业务活动：生产计划安排，即生产部门根据生产预算及客户的订单确定月度生产任务，并继续分解为每日生产指令，以控制生产进度；物料管理，如生产性物料的领取、发放、使用控制及相关的记录、统计工作；各个生产环节的记录、统计和质检工作；产成品管理，如产成品的入库、保管、检验、出库环节的记录、统计工作；成本管理，如生产成本核算、成本分析、成本控制等。

2. 生产的内部控制目标

（1）通过采用合理的组织结构，提高生产业务的管理效率。

（2）保证生产预算和生产计划的贯彻与执行。

（3）保证生产有关的业务活动均按照适当的授权进行，促使公司的生产活动协调、有序、高效运行。

（4）加强内部控制，降低生产成本和费用。

（5）保证生产活动中对资产和记录的接触、处理均经过适当授权，维护公司资产的安全性。

（6）保证生产活动中的所有交易或事项均得到准确记录。

3. 生产的内部控制授权体系

生产的内部控制授权体系，是指公司内部涉及生产业务的各级管理人员在其职权范围内，根据既定的权限及有关职责执行生产的各项业务。各级管理人员应严格按照生产授权表实施，具体如表 3-1 所示。

表 3-1　生产授权表

项目	发起部门/岗位	会签部门/岗位	审核部门/岗位	批准部门/岗位
完成月度生产任务表	生产计划执行人			生产厂长
完成月度生产推进计划	车间主任		生产计划执行人	生产厂长
下达调整生产指令	生产计划执行人			生产厂长
完成日生产计划表	生产计划执行人		车间主任	生产厂长
完成领料单、物料损耗表、计件工资表	班组长或车间统计员			车间主任
完成退料申请单	班组长或车间统计员	质量技术部		车间主任
完成生产记录表	车间工人		班组长	车间主任
完成成品移交表	班组长或车间统计员	成本会计		车间主任

案例分析 3-3

某电商企业在购置办公用品过程中，采购办公用品 4.85 万元，一次性进行出入库处理，且日常领用台账混乱不清。在购买业务招待用酒时，批量购入 9.05 万元红酒，一次性进行出入库处理。截至检查盘点时，仍剩余 5 瓶红酒，存放在综合部管理人员办公室。

【案例思考】请分析以上情况是否违规。如果违规，是什么原因造成的？公司应该怎么规避这些风险？

【分析】以上情况违规，造成原因如下。①经办人员思想认识不足，导致以领代耗形成实物"小金库"，物资余量未退库形成实物"小金库"；②经办人员对财经法规制度不熟悉、不了解，法治意识淡薄，对"小金库"危害性认识不足，认为领用完毕未使用完不需做退料、退物资处理，存在侥幸心理。

动画视频

"小金库"迷局：当领用变成私藏

规避风险的方法：①规范物资管理，设立专门的物资管理部门，按需领用，未使用完的物资及时办理退库，避免以领代耗形成实物"小金库"；②加强财经纪律的宣贯，无论因公还是因私设立"小金库"，均是公司明令禁止、绝不容忍的行为。

3.1.4　避免销售违规

公司应根据国家有关法律法规和公司内部控制基本规范，规范员工的销售行为，防范销售过程中的差错和舞弊，并制定销售内部控制制度。

1. 关注销售业务相关风险

（1）公司在销售过程中，至少应关注下列风险。

① 销售行为违反国家法律法规，可能遭受外部处罚、经济损失和信誉损失。

② 销售未经适当审批或超越授权审批，可能因重大差错、舞弊、欺诈而导致损失。

③ 销售政策和信用政策管理不规范、不科学，可能导致销售不畅、库存积压、资产运营效率低下、经营难以为继。

④ 合同签订未经正确授权，可能导致资产损失、舞弊和法律诉讼。

⑤ 应收账款和应收票据管理不善，账龄分析不准确，未能收回或未能及时收回欠款而导致收入流失和法律诉讼。

（2）公司在建立与实施销售内部控制制度过程中，至少应强化对下列关键方面或关键环节的控制。

① 职责分工、权限范围和审批程序应明确规范，机构设置和人员配备应科学合理。

② 销售政策和信用管理应科学合理，销售与发货控制流程应规范严密。

③ 应收账款应有效管理，及时催收；往来款项应定期核对，如有差错，及时改正。

④ 销售的确认、计量和报告应符合《企业会计准则》和《企业会计准则应用指南》的规定。

2. 职责分工与授权批准

（1）公司应当建立销售与收款业务的岗位责任制，明确相关部门和岗位的职责权限，确保办理销售与收款业务的不相容岗位相互分离、制约和监督。

（2）销售与收款不相容岗位包括：销售合同的审批、签订与办理发货；销售货款的确认、收回与相关会计记录；销售退回货品的验收、处置与相关会计记录；销售业务经办与发票开具、管理；坏账准备的计提与审批、坏账的核销与审批。

（3）公司应当合理采用科学的信用管理技术，不断收集、健全客户信用资料，建立客户信用档案，防止向未经信用授权的客户发出货品，并防止与低信用客户进行交易而损害公司利益。

（4）公司应当建立销售业务授权制度和审核批准制度，并按照规定的权限和程序办理销售业务。

（5）公司应当根据具体情况对办理销售业务的人员进行岗位轮换或者管区、管户调整。

3. 销售与发货控制

（1）公司对销售业务应当建立严格的预算管理制度，制定销售目标，建立销售管理责任制。

（2）公司应当建立销售定价控制制度，制定价目表、折扣政策、收款政策，定期审阅并严格执行。

（3）公司在选择客户时，应当充分了解和考虑客户的信用、财务状况等有关情况。

（4）公司应当加强对赊销业务的管理。赊销业务应当遵循规定的销售政策、信用政策及程序。

（5）公司应当按照规定的程序办理销售和发货业务。

第一，销售谈判。公司在订立销售合同前，应当指定销售部人员就销售价格、信用政策、发货及收款方式等具体事项与客户进行谈判。对谈判中涉及的重要事项，应当有完整的书面记录。

第二，合同审批。由销售部与客户协商，初步确定销售数量、销售价格、信用政策、发货及收款方式等信息，由分管领导、总经理和董事长审核或审批。审批人员应当对销售合同草案中提出的销售价格、信用政策、发货及收款方式等严格审查。

第三，合同订立。销售合同草案经审批同意后，销售人员与客户签订正式销售合同。

签订合同应当符合《中华人民共和国民法典》的规定。合同一式四份，双方各持两份。公司档案室留存一份、销售部留存一份。

第四，组织销售和发货。①销售部按照经批准的销售合同编制销售计划，向调拨员下达销售通知单。销售通知单上应填写购货单位名称、产品名称、合同数量。②调拨员根据提货单（经客户经理盖章），开具发货通知单，在发货通知单上注明具体产品名称，并登记调拨明细表。③发货员凭盖章的发货通知单发货，发货通知单应妥善保管，次日交销售会计核对。④销售会计每天与调拨员核对销售数量，月末核对无误后双方签字认可，并进行账务处理。⑤所有销售货款只能交至财务部门或汇入公司账户，其他单位和个人不得接收货款。

第五，销售退回。公司应建立销售退回制度，销售退回必须经分管销售领导审批后方可执行。

（6）公司在销售与发货各环节做好相关的记录，填制相应的凭证，建立完整的销售登记制度，并加强销售订单、销售合同、销售计划、销售通知单、发货凭证、运货凭证、销售发票等文件和凭证的相互核对工作。

（7）销售会计应当设置销售台账，及时反映各种产成品销售的开票、发货、收款情况。

4. 收款控制

（1）公司应当及时办理销售收款业务。以银行转账方式办理的销售收款，必须通过公司指定的专用账户结转。

（2）公司应当将销售收入及时入账，不得账外设账，不得擅自坐支现金。销售人员严禁收取销售现金。

（3）公司应当建立应收账款账龄分析制度和逾期应收账款催收制度。销售部负责应收账款的催收，催收记录（包括往来函电）要妥善保存，财务部督促销售部加紧催收。对催收无效的逾期应收账款可通过法律程序予以收回。

（4）应收账款应分类管理，针对不同性质的应收款项，采取不同方法和程序。应严格区分并明确收款责任，建立科学、合理的清收奖励制度以及责任追究和处罚制度，以有利于及时清理催收欠款，保证公司营运资产的周转效率。

（5）公司对于可能成为坏账的应收账款，应当按照国家统一的会计准则制度规定计提坏账准备，并按照权限范围和审批程序进行审批。对确定发生的各项坏账，应当查明原因，明确责任，并在履行规定的审批程序后做出会计处理。

（6）公司核销的坏账应当进行备查登记，做到账销案存。已核销的坏账又收回时应当及时入账，防止形成账外款。

（7）公司应当结合销售政策和信用政策，明确应收票据的受理范围和管理措施，加强对应收票据合法性、真实性的审查，防止购货方以虚假票据进行欺诈。

（8）应收票据由出纳保管，贴现必须经财务总监批准，对于即将到期的应收票据，应当及时向付款人提示付款；已贴现但仍承担收款风险的票据应当在备查簿中登记，以便日后追踪管理。

（9）公司应当至少每半年与往来客户通过函证等方式，核对应收账款、应收票据、预收账款等往来款项。如有不符，应当查明原因，及时处理。

案例分析 3-4

销售与收款业务退货退款环节违规警示

大方机电设备有限公司建立的销售内部控制制度主要内容如下。

（1）机构设置。大方机电设备有限公司办理销售、发货、收款三项业务的部门分别设立。同时，考虑到销售部门比较熟悉客户情况，也便于销售部门进行业务谈判，授权销售部门兼任信用管理机构。

（2）价格管理。对大额销售业务，销售部门可自主定价、签署销售合同。

（3）销售收款。为逃避银行对公司资金流动的监控，企业在销售业务中尽可能利用各种机会由业务员向客户收取现金，然后交财会部门存放在专门的账户上。

在销售业务执行中，某月销售业务员甲联系到一个大客户，办理 300 万元的销售任务，并将款项交财会部门入账。次月，该业务员谎称对方要求退货，并自行从其他企业低价购入同类商品要求仓储部门验收入库。仓储部门发现商品商标都丢失，但未进行进一步查验，直接办理了各项手续（但没有出具质检报告）。财会部门将退货款项转入业务员提供的银行账号。

【案例思考】大方机电设备有限公司销售与收款业务存在哪些问题？

动画视频

退货迷局：当信任
被当作漏洞

【分析】大方机电设备有限公司销售与收款业务存在如下问题：

（1）信用管理机构由销售部门兼任，易造成销售部门滥用信用政策，损害企业利益。

（2）大额销售业务的定价及签署合同均由销售部门自主完成，销售部门权限过大，不利于销售业务的内部控制。

（3）由业务员向客户收取现金，容易引起舞弊。

（4）违反现金管理和转账结算的相关规定，逃避银行监控，设立账外账。

（5）销售退回制度存在漏洞，被销售人员利用从事个人私利的舞弊活动，损害企业利益。

大方机电设备有限公司应对销售与收款业务的内部控制制度进行如下改进：

（1）设立专门的信用管理部门，负责制定企业信用政策并监督各部门执行。

（2）建立销售定价控制制度，统一制定价目表，定期审阅并严格执行。

（3）严格按照程序办理大额销售业务，指定专人与客户进行谈判，对销售合同明确具体的审批程序和涉及的部门人员，根据企业的实际情况明确界定不同合同金额审批的具体权限分配，金额重大的销售合同，应当征询法律顾问或专家的意见。

（4）现销业务的收款由独立人员办理，避免销售人员接触销售现款。

（5）销售收入及时入账，不得账外设账。

（6）建立完善的销售退回制度，销售退回必须经销售主管审批后方可执行，退回的货物应当由质检部门进行质量检验，仓储部门清点数量后方可入库，财会部门应当对检验证明、退货接收报告以及退货方的退货凭证等进行审核后办理退款事宜。

3.2　认知成本控制

成本控制是成本管理的一部分。成本控制的对象是成本发生的过程，包括：设计过程、采购过程、生产和服务提供过程、销售过程、物流过程、售后服务过程、管理过程、后勤保障过程等。成本控制的结果应能使被控制的成本达到规定的要求。

企业经营追求利润最大化，收益越多越好。但不可忽视的是，任何生产经营行为，都需要一定的成本作为支撑。比如生产商品，购买来的原材料、机器设备等资产，核算时都会摊销到最终产品的成本中。

企业成本管理对企业成本控制具有非常重要的作用。

3.2.1　认识企业成本控制的重要性

企业要想在日益激烈的市场竞争中谋求经济利益，以取得持续性的竞争优势，那么就必须精打细算，加强成本管理，努力寻求各种降低成本的有效途径和方法。

企业的经营管理离不开两件事：提升营业额和降低成本。企业要发展，离不开销售，但还需重视一个重要的因素，就是成本控制。一般情况下，成本降低的幅度，要比利润增加的幅度小，即成本降低10%，利润可能增加20%甚至更多。所以，进行成本管理是势在必行的关键工作。

良好的成本管理可以降低产品成本，提升企业生产能力和提高资源利用率，提升企业的市场竞争力，促进企业改善经营管理，有利于企业的持续发展和改进，最终提升企业盈利能力。

3.2.2　掌握五大成本控制要点

成本控制是企业根据一定时期预先建立的成本管理目标，运用一定的方法对企业在生产经营过程中发生的各种耗费进行计算、调节和监督的过程。成本控制是一个发现薄弱环节，挖掘内部潜力，寻找一切可能降低成本途径的过程。企业应从以下几个方面控制成本。

1. 财务领域

财务人员应从管理的高度去挖掘企业降低成本和获取效益的潜力，抓好有关成本的事前、事中、事后的工作：事前要抓好成本预测、决策和成本计划工作；事中要抓好成本控制和核算工作；事后要抓好成本考核和分析工作。

企业应遵守财务管理制度，反对铺张浪费，尽量降低制造费用，节约生产费用，严格控制期间费用，压缩非生产费用。

2. 采购领域

一般来说，采购部门要根据企业生产计划来编制采购计划。企业生产计划是根据销售计划制定的，只要销售计划不出大的偏差，采购计划就大体上是合理的。从采购领域控制成本，应重点关注以下要点。

（1）利用科学的决策分析方法，合理决定经济订货量或经济批量、决定采购项目、选择供应单位、决定采购时间。

（2）进一步推进集中采购制，建立原材料等对外服务的统一采购平台，实现价格、供应商等资源共享。

（3）推进直供制，逐步取消中间供应商；建立采购责任制，强化采购人员、审价人员的责任意识。

（4）整顿辅料、零星物资采购价格。

（5）探索建立采购奖罚制度，奖罚要与个人挂钩；加强技术攻关力量，降低采购成本。

3．生产领域

从生产领域控制成本，应重点关注以下要点。

（1）提高设备的利用程度，合理组织生产，避免设备忙闲不均；加强设备的维修保养，提高设备的完好率。合理安排班次，增加设备实际工作时间，实行专业化协作，这样可以减少单位产品的固定资产折旧费用。

（2）优化工作流程，从原材料采购开始，到最终产品或服务为止，合理制定原材料、燃料、辅助材料等物资费用的定额；健全计量、检验和物资收发领退制度；健全产品、产量、品种、质量、原材料消耗、工时考勤和设备使用等原始记录，为财务统计部门提供有效、系统、准确的信息。

（3）降低库存。降低库存需要从降低库存数量和降低库存单价方面着手。因此，应正确计算存货取得成本、储存成本、缺货成本，把库存数量和库存单价控制在最佳的范围之内。

（4）控制人员成本。精减人员、合理定岗定编、控制劳动力的投入，是控制人员成本的基础工作。

（5）充分调动员工的积极性，确保成本控制有效进行。全面提高企业员工素质，将责任落实到部门或个人，完善收入分配制度，加强组织激励，加强个人激励，实行奖惩兑现，调动全体员工的积极性。

（6）控制质量成本。要打破"提高质量增加成本、降低成本损害质量"的旧观念，改进质量，事实上会带动成本的降低。改进质量，才能减少废品损失、减少工作、减少返工时间、减少资源耗用，因而才能降低运营总成本。

4．销售领域

（1）销售部门在扩大销售成果，提高市场占有率的同时，要强化销售费用的使用效率，控制销售成本。第一，销售部门要研究、推进销售、服务的营销体系，以规模经营降低成本；第二，销售部门要认真研究国家、地方的税收政策，帮助企业进行税务筹划；第三，销售部门要利用经济决策方法，降低运输成本；第四，销售部门要利用成本最优决策，提高广告费的使用效率。

（2）降低物流成本。企业可以通过实现效率化的配送，减少运输次数，提高装载率及合理安排配车计划，选择最佳的运送手段，从而降低物流成本。

5．策略管理领域

（1）创新，寻求新出路。在成本降低到一定程度后，企业只有从创新着手来降低成本：从技术创新上降低原料用量，或寻找新的、价格便宜的材料替代原有老的、价格较高的材料；从工艺创新上提高材料利用率、降低材料的损耗量、提高商品率或一级品率；

从工作流程和管理方式创新上提高劳动生产率、设备利用率以降低单位产品的人工成本与固定成本；从营销方式创新上增加销量、降低单位产品营销成本。

（2）科学预测，以销定产。一个企业的决策者应该要进行比较准确的销售预测，确定企业所生产的产品究竟有多少能在近期销售出去。错误的销售预测是多数生产经营管理的一个共同的弱点，这是一种代价很高的浪费。

> **拓展阅读**
>
> ### 美的的零库存梦想
>
> 过去，我国制造企业的物流仓储成本占据了总销售成本的 30%～40%，物流速度及成本成为令企业苦恼的老大难问题。美的针对供应链的库存问题，利用信息化技术手段，一方面从原材料的库存管理做起，追求零库存标准；另一方面针对经销商，以建立合理库存为目标，从供应链的两端加速资金、物资的周转，实现了供应链的整合成本优势。
>
> （1）美的在降低市场费用、压低采购价格等方面，始终围绕着成本与效率进行。美的通过应用信息技术，在全国范围内实现了产销信息的共享。有了信息平台做保障，美的原有的 100 多个仓库精简为 8 个区域仓，在汽车运输 8 小时以内可以运到的地方，全部使用配送方式。这样一来，美的流通环节的成本降低了 15%～20%，运输距离长（运货时间 3～5 天）的外地供应商，一般都会在美的仓库中租赁一个片区（仓库所有权归美的），并把其零配件放到片区储备。美的在需要用到这些零配件的时候，就会通知供应商，然后进行资金划拨、取货等工作。这时，零配件的产权才由供应商转移到美的，而在此之前，所有的库存成本都由供应商承担。此外，美的在 ERP（企业资源计划）系统上与供应商建立了交货平台，供应商在自己的办公地点即可看到美的的订单内容，如产品品种、型号、数量和交货时间等，然后由供应商确认信息即可。
>
> （2）美的以空调业务为核心对供应链资源进行结构性调整，使供应链布局得到优化。经销商缺货，美的立刻就会自动送过去，而不需要经销商提醒。经销商的库存"实际是美的自己的库存"。这样，美的可以有效地削减和精准地控制销售渠道上的存货，而不是任其堵塞在渠道中，让其占用经销商大量的资金。

职业道德与财税素养

【案例背景】

携程网"售假"事件内部控制失效

2016 年年初，携程网陷入了"假机票"事件纠纷，这一切源于 1 月 7 日及 1 月 9 日接连发生的两起机票风波。两起事件当事人均言辞激烈地通过社交媒体等渠道透露自己在携程网上订购机票后，却在到达机场登机之前发现"机票无效"。在出发当天，当事人在机场无论是通过电子票号还是证件都无法查询到机票，同时机场方面告知当事人机票并非通过正规渠道购买，而是以违规买卖积分兑换机票得来的。当事人经调查发现，携程网将一张用英航积分兑换的机票卖给了他，而他在机场因为涉嫌转卖积分机票导致该机票被认定为无效机票；在

动画视频

企业内控管理：
失控的代价与破局
之道

他投诉之后，携程网又用另外一个人的积分换了另外一张无效机票给他，最终导致当事人不得不在国外机场接受 3 小时的调查，并被迫购买全价机票返程。

【案例警示】

一、基于 COSO 内部控制五要素分析携程网内部控制失效的原因

携程网是行业领先的酒店机票预订服务中心。然而就是这么一家公司，被频繁曝出违规买卖积分、买卖客户信息、加价销售机票、捆绑销售等丑闻，这揭示了携程网当时在内部控制方面存在重大缺陷。下面将从 COSO 内部控制五要素（控制环境、风险评估、控制活动、信息与沟通和内部监督）对携程网内部控制出现缺陷的原因进行分析。

1. 控制环境

（1）机构设置与责权分配不合理。"假机票"事件在网络上发酵之后，携程网通过社交网络发文，表明此次事件并非携程网的过错，而是由于供应商的违规操作失误所致。相关法律人士认为，携程网作为票务平台，有责任和义务对供应商的资质进行审核，同时在供应商出现问题时也要对客户承担相应法律责任。由于网站内部存在管理漏洞，一些供应商采取了"先用假票号应付，等实际出票后再补录"等不合规方法，来躲避携程网的监管。一些供应商采用平台比价的手段，通过低价引流，引诱客户误购机票，然后通过高额退改签费获得利润。携程网在推出开放的平台时，并未设置相应的机构或者采取应对措施对供应商的资质进行筛选，也未对违规操作进行规范，使得一些供应商铤而走险，采取这种方式获取利润。

（2）内部审计机制不健全。携程网的内部审计人员在开展审计活动时，没有充分应用计算机网络技术分析数据库内的数据，也没有根据数据的电子化和无纸化特点设计出一套适用于网络经济交易环境的内部审计软件或程序，所以无法在第一时间发现一些供应商采取"先用假票号应付，等实际出票后再补录"的违规情况。

2. 风险评估

携程网的机票销售采用两种方式：一是直接与航空公司合作，也就是携程网自己出票；二是各个代理商提供航空公司的机票。一个平台能够提供不同层次的产品，才能吸引不同层次的消费人群消费。然而随着携程网盲目扩张的投资活动，在利润扩大的同时，成本也急剧增加，更多的机票却带来了更少的利润。携程网为了降低成本，将一些选择人数不多、非主流路线的机票由票务代理机构出售，这造成携程网过分依赖票务代理机构，给自身经营管理带来了巨大的困难。携程管理层在面对潜在的风险时，没能及时评估风险，也未对风险做出反应而是任凭其发展，最终造成了"假机票"事件爆发。

3. 控制活动

旅游网络平台要想更好地发展，就应该严格地执行内部控制活动，要想杜绝积分恶意兑换机票以及出假票号的情况，就必须做好内部授权审批控制；票务代理机构可以为客户购票，但是必须得到携程网的相关认证和内部授权，携程网也需要将对那些不需要录入 GDS 全球机票分销系统的机票进行实时监控和全面人工抽查核验。

为应对业务活动的无纸化、电子化特性，携程网应尽快建立并启动内部控制系统，对相关经济活动主体所发生的各项经济业务进行记录、计量、报告；在必要时进行运营活动分析，对企业内部各个机构各项业务的运行情况进行独立分析，为企业的持续经营

优化调整做好打算。

4. 信息与沟通

在"假机票"事件之后，携程网在相当长的一段时间内并未对事件当事人做出道歉或赔偿，随着事件的逐步发酵，携程网在基于多方压力的情况下终于通过网络媒介发声："该事件是由于供应商的违规操作所致，且只有万分之二的概率。"然而消费者却认为携程网的这种说法实为推卸责任。公司信息传输渠道不通畅以及信息反馈系统的缺失，造成官方不能及时给公众一个合理的解释和处理方案，同时公众的意见和态度也无法直接反馈到管理层。假设在事件发生之初，携程网能够及时解决好当事人的问题，并道歉做好善后工作，事件造成的不良影响也就不会这么大。

5. 内部监督

由于电子商务具有无纸化、流动性强等特点，所以企业对代理商的质量和数量都难以控制，这是旅游网络平台审计中面临的一大难题。携程网不重视内部监督，无法对所有不录入全球机票分销系统的票号进行抽查，引发严重后果。

二、对电子商务行业提出的改进意见

1. 设置相应的机构，对供应商的资质进行审核，提高供应商的准入门槛

对于一些屡教不改的供应商，应该取消其供应资格，第一次发现时，强制整顿下线；第二次发现时，立即停止合作。为了更加规范地对旅游网络平台进行监管，规范机票供应商的行为，相关高层管理人员必须严格制定并执行行业内准则。

2. 建立完善的网络化的内部审计模式，加强内部监督

电子商务的特点之一就是票、证、人分离，这与传统的商业模式不同。因此为了加强内部监督，行业必须采用网络化的内部审计模式，使电子商务的高层管理人员在日常的经营活动中及时判断内部控制设计与运行情况；同时要及时验证有关内部控制活动控制与运行情况的反馈。对原本采用抽查的票号要采取人工形式进行全面检查；在内部设置专项监督机构，对供应商提供的机票进行监督检查，评定其风险范围，加大对违规供应商的处罚力度。

3. 强化企业员工的职业素质，加强道德文化建设

不少企业员工缺乏对电子商务的正确认识，业务素养还停留在传统商务模式，对企业、行业的规章制度理解不准确，做出一些违背职业道德的事，诚信严重缺失。企业应该对员工开展素质培训，帮助其树立正确的道德观、职业观、金钱观，强化员工自律机制。

思考与练习

一、单选题

1. 关于采购环节，以下说法中不正确的是（　　）。

　A. 加强采购付款的管理，完善付款流程，按照合同规定即可办理付款

　B. 严格审查采购发票的真实性、合法性和有效性。发现虚假发票的，应查明原因，及时报告处理

　C. 加强预付账款和定金的管理，涉及大额或长期的预付款项，应当定期进行追踪核查，发现有疑问的预付款项，应当及时采取措施

D. 建立退货管理制度，对退货条件、退货手续、货物出入库、退货货款回收等做出明确规定，并在与供应商的合同中明确退货事宜，及时收回退货货款。涉及符合索赔条件的退货，应在索赔期内及时办理索赔

2. 关于收款控制，以下说法不正确的是（　　　）

A. 公司应当及时办理销售收款业务。以银行转账方式办理的销售收款，可以通过公司任意账户结转

B. 公司应当将销售收入及时入账，不得账外设账，不得擅自坐支现金。销售人员严禁收取销售现金

C. 公司建立应收账款账龄分析制度和逾期应收账款催收制度。销售部负责应收账款的催收，催收记录（包括往来函电）要妥善保存，财务部督促销售部加紧催收。对催收无效的逾期应收账款可通过法律程序予以解决

D. 应收账款应分类管理，针对不同性质的应收款项，采取不同方法和程序。应严格区分并明确收款责任，建立科学、合理的清收奖励制度以及责任追究和处罚制度，以有利于及时清理催收欠款，保证公司营运资产的周转效率

二、多选题

1. 以下说法中正确的有（　　　）。

A. 货币资金是指企业在生产经营活动中停留于货币形态的资金，包括现金、银行存款和其他货币资金。一切收支必须严格遵守国家和本公司的有关规定

B. 资金支出必须依据经审核无误的金额进行支付，严禁"无票"支出，严禁"白条"抵账

C. 对于少数客户以付现方式支付货款的情况，业务部人员应于一个工作日内交至财务部。对于收取的款项，任何人员不得侵占、挪用

D. 财务部出纳人员每日向财务经理和总经理报送资金日报表

2. 公司采购业务的不相容岗位包括（　　　）。

A. 请购与审批　　　　　　　　B. 供应商的选择与审批

C. 采购合同协议的拟定、审核与审批　　D. 采购、验收与相关记录

3. 公司在销售过程中，至少应关注下列哪些风险？（　　　）

A. 销售行为违反国家法律法规，可能遭受外部处罚、经济损失和信誉损失

B. 销售未经适当审批或超越授权审批，可能因重大差错、舞弊、欺诈而导致损失

C. 销售政策和信用政策管理不规范、不科学，可能导致销售不畅、库存积压、资产运营效率低下、经营难以为继

D. 合同协议签订未经正确授权，可能导致资产损失、舞弊和法律诉讼

E. 应收账款和应收票据管理不善，账龄分析不准确，可能由于未能收回或未能及时收回欠款而导致收入流失和法律诉讼

4. 公司在建立与实施销售内部控制过程中，至少应强化对下列哪些关键方面或关键环节的控制？（　　　）

A. 职责分工、权限范围和审批程序应明确规范，机构设置和人员配备应科学合理

B. 销售政策和信用管理应科学合理，销售与发货控制流程应规范严密

C. 应收账款应有效管理，及时催收；往来款项应定期核对，如有差错，及时改正

D. 销售的确认、计量和报告应符合《企业会计准则》和《企业会计准则——应用指南》的规定

5. 销售与收款不相容岗位包括（　　　）。

A. 销售合同协议的审批、签订与办理发货

B. 销售货款的确认、回收与相关会计记录

C. 销售退回货品的验收、处置与相关会计记录

D. 销售业务经办与发票开具、管理

E. 坏账准备的计提与审批、坏账的核销与审批

6. 降低产品成本，企业应从以下几个方面途径着手进行？（　　　）

A. 财务领域控制　　　　　　　　B. 策略管理领域控制

C. 采购领域控制　　　　　　　　D. 生产领域控制

E. 销售领域控制

三、判断题

1. 风险控制是指风险管理者采取各种措施和方法，消灭或减少风险事件发生的各种可能性，或风险控制者减少风险事件发生时造成的损失。　　　　　　　　（　　　）

2. 风险总是存在，不能被消灭，但可以尽量减小或降低。企业工作人员应尽量将个人风险降至最低，避免触雷违规。　　　　　　　　　　　　　　　　　（　　　）

3. 财务部是货币资金收支信息集中、反馈的职能部门。其他职能部门凡涉及货币资金的收支信息，必须及时反馈到财务部。　　　　　　　　　　　　　　（　　　）

4. 采购风险通常是指采购过程可能出现的一些意外情况，包括人为风险、经济风险和自然风险。　　　　　　　　　　　　　　　　　　　　　　　　　　（　　　）

5. 公司根据具体情况对办理采购业务的人员定期进行岗位轮换，防范采购人员利用职权和工作便利收受商业贿赂、损害公司利益。　　　　　　　　　　　（　　　）

6. 公司采购方式：大宗物资或服务等的采购应当采用招投标方式并签订合同协议；一般物品的采购可以采用询价的方式并签订合同协议；小额零星物品的采购可以采用直接购买等方式。（说明：30万元以上的为大宗物资，10万元以上30万元以下（含30万元）的为一般物品，10万元以下（含10万元）的为小额零星物品）（　　　）

7. 公司对招标合同的首次预付款不得超过合同总价的30%；除特殊采购外，一般物品和小额零星物品的采购不得使用预付款采购。　　　　　　　　　　　（　　　）

8. 公司应当建立销售与收款业务的岗位责任制，明确相关部门和岗位的职责权限，确保办理销售与收款业务的不相容岗位相互分离、制约和监督。　　　　（　　　）

9. 公司应当按照规定的程序办理销售和发货业务。第一，销售谈判。第二，合同协议审批。第三，合同协议订立。第四，组织销售和发货。第五，销售退回。（　　　）

10. 企业的经营管理离不开两件事：提升营业额和降低成本。　　　　　　（　　　）

11. 良好的成本控制管理可以降低产品成本，提高企业生产能力和资源利用率，提高市场竞争能力，促进企业改善经营管理，有利于企业的持续发展和改进，最终提高企业盈利能力。　　　　　　　　　　　　　　　　　　　　　　　　　　（　　　）

四、简答题

1. 什么是风险控制？
2. 企业为什么要控制成本？

动手做一做

　　请到网上搜索一家公司，收集公司的基本情况介绍和该公司的内部控制制度（包括采购环节、销售环节、生产环节），分析该公司内部控制制度是否完善。

第 4 章 走进财务分析

学习目标

知识目标

➢ 掌握财务报告的含义；

➢ 掌握财务报告的分析方法；

➢ 理解读懂财务报告的好处；

➢ 了解评价企业的方法。

能力目标

➢ 能读懂企业的财务报告，捕捉企业的重要信息；

➢ 能使用财务分析方法，评价企业。

素养目标

➢ 培养诚实守信、遵纪守法意识，自觉遵守职业道德规范，增强责任担当；

➢ 培养严谨细致的工匠精神，具备岗位所需基本素养。

如何看懂财务报告里面的数字代表的意思？如何分析财务报告？让我们来一一揭晓。

4.1 透过数字读懂财务报告

拥有财务思维有助于提高工作效率，分析和解读财务报告是财务思维的重要内容之一。阅读企业财务报告，可以了解企业的发展状况，分析企业目前存在的问题，采取有效措施解决企业所面临的困难，预测经营决策将给企业带来何种财务影响。

动画视频

财务侦探社：解码数字背后的秘密

企业作为以营利为目的的从事生产经营活动的经济组织，其根本目的是赚取利润，其经营状况的好坏直接体现在对外披露的财务报告里。财务报告提供的资料与其他核算资料相比，具有更集中、更概括、更系统和更有条理性的特点。只有深刻地理解了财务报告，才能深刻地理解财务报告所反映的经济实质，才能对企业财务报告披露的经营业绩做出评价，为决策者提供有用的信息。

对企业财务报告感兴趣的个人和单位是财务报告的潜在使用者，包括社会公众、投资人、债权人、政府、企业管理人员、企业员工等，如图4-1所示。投资人比较关心企业的盈利情况，债权人更加关心企业偿还债务的能力，企业员工关心企业未来的发展，他们通过分析企业的资产负债表、利润表、现金流量表来获取有用的信息。因为财务报告是对外报送的，所以具有规范化和标准化的特点，必须按规定的格式和时间编制并报送。

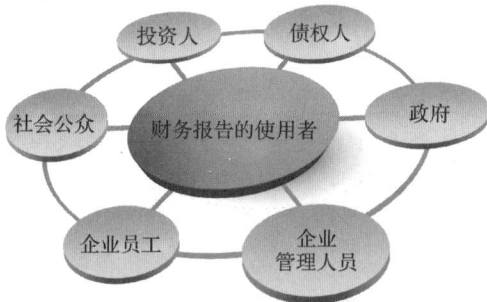

图4-1　财务报告的使用者

财务报告是企业对外提供的反映企业某一特定日期财务状况和某一会计期间经营成果、现金流量等会计信息的文件，是企业对外提供财务会计信息的主要形式，为报告使用者做出决策提供与财务状况、经营成果和现金流量等有关的会计信息。财务报告由财务报表和补充信息两大部分组成，其中财务报表包括资产负债表、利润表、现金流量表、所有者权益变动表和附注，称为"四表一注"，如图4-2所示。本章内容主要介绍财务报告中的资产负债表、利润表和现金流量表三个报表。

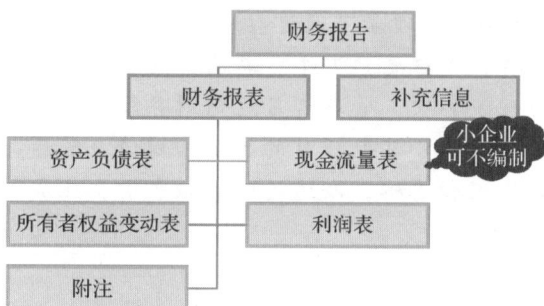

图4-2　财务报告的构成

拓展阅读

企业管理者如何看待财务报告

某公司年度计划销售收入目标为1 000万元，利润目标为200万元。一年下来，实际完成销售收入900万元，利润200万元。你认为该公司的总经理应该受到奖励还是批评呢？假如该公司实际完成了销售收入1 200万元，但利润只有180万元，该公司的总经理应该受到奖励还是批评呢？

如果将企业比作一辆在路上行驶的汽车，那么企业的管理者就是这辆车的驾驶员，企业内各种报表的作用就相当于车里的仪表盘，其随时反映着车况。作为一名优秀的"司机"，既要率领自己的团队，沿着确定的路线，穿过重重险阻，安全抵达目的地，又要随时做好应对各种意外情况的准备，确保车况的正常与稳定。

作为一名管理者，一定要养成经常看财务报告的习惯，尤其是要结合公司的发展策略和当时的经济环境，读懂财务报告数字背后的含义。

第一，要以诚信编制财务报告。国内外很多企业破产都是因为财务报告作假，如美国的安然公司、中国的德隆集团。企业管理者要树立诚信编制财务报告的理念。

第二，要以智慧解读财务报告。企业管理者不能光看报告表面的数字，还应该结合企业的发展战略和当时的经济环境来分析财务报告。

第三，要有勇气面对财务报告。行为经济学研究结果表明，一般投资人在投资决策时有种"汰强存弱"的倾向。这就像一些人买股票，投资获利时倾向于规避风险，急于套现获利；投资亏损时倾向于接受风险，尽管股票跌幅很大，仍不愿将其出售。企业管理者一定要摆脱此种心理作用，明智做出决策。

财务报告的三大功能是信息、成本、管理。

第一，信息功能。财务报告以数字的形式详细准确地记录和披露企业的财务状况和经营结果，如交易事项的分类、记录、汇总，收支盈亏的计算，资产的质量，企业的资本结构等。财务报告是企业管理团队的成绩单，可以详细反映企业的经营状况。

第二，成本功能。财务报告正确地计算和说明企业生产产品、提供服务的成本，有一套完善的核算方法，如成本的归集与计算，成本报表的编制、分析和解释，标准成本的制定，成本预算的编制与控制等。成本功能尤其重要，很多企业为了降低成本，盲目进行成本控制，但成本控制并不是任何成本都可以减，有些战略性的成本就不能减，比如研发费用就不能减。

第三，管理功能。首先，管理者可通过对财务报告的分析，加强内部控制和监督，防止部门或个人工作错弊，保证资产安全。其次，管理者可运用财务比率分析，探讨经营得失，不断改进管理。再次，管理者可运用财务预算规划利润，寻找最有利的产销途径，如将一些闲置资金用于其他项目的投资和增值。最后，管理者可以运用财务模型探讨业务模式，拟定经营策略，即透过财务报告看企业成长模式，及时变革或发展企业模式。

4.1.1 读懂资产负债表

资产负债表是反映企业在某一特定日期财务状况的会计报表。"特定日期"是指会计期末的最后一天。会计报表分为月度报表、季度报表、半年度报表和年度报表。月度资产负债表是指反映每个月最后一天相关数据的资产负债表，所以月度报表的"特定日期"指 1 月 31 日、8 月 31 日等月末最后一天的日期；季度报表的"特定日期"指每一个季度最后一天，如 3 月 31 日、6 月 30 日、9 月 30 日和 12 月 31 日；半年度报表的"特定日期"指 6 月 30 日和 12 月 31 日；年度报表的"特定日期"指 12 月 31 日。这些"特定日期"又称为"资产负债表日"，即资产负债表上所反映信息的截止日期。"财务状况"是指在特定日期企业资产、负债和所有者权益的组成情况。资产负债表反映企业在某一特定日期的财务状况，反映的是时点数，如资产负债表上显示日期为"2024 年 12 月 31 日"，那么报表反映的是在 2024

微课视频

读懂资产负债表

年 12 月 31 日这天企业的资产、负债、所有者权益及其构成情况，所以资产负债表又称为静态的报表。

会计有六大要素：资产、负债、所有者权益、收入、费用和利润。资产负债表包含其中前三个会计要素：资产、负债、所有者权益。

资产是指企业过去的交易或事项形成的，由企业拥有或者控制的，预期会给企业带来经济利益的资源，如库存现金、银行存款、存货、原材料、固定资产等。

负债是指企业过去的交易或者事项形成的，预期会导致经济利益流出企业的现时义务，如短期借款、长期借款、应付账款、应付票据等。

所有者权益是资产减去负债之后的剩余权益。打个比方，我现在有 1 000 元，这是我的资产，我欠张三 300 元，这是我的负债，那么实际上我可以支配的钱是 700 元，那这 700 元就是我享有的权益，在财务里面就称为所有者权益。

通过这个例子可以总结出"资产-负债=所有者权益"，所以编制资产负债表的理论依据就是会计恒等式"资产=负债+所有者权益"。

负债是债权人的权益，所有者权益是所有者的权益，两者统称为权益。一个企业的资金有两个来源，一是债务资金，二是权益资金，所以恒等式又可以写为"资金=权益"。

资产负债表（见表 4-1）包括表头和表体两部分，表头包括报表的名称、日期、计量单位，还包括编制单位的名称。资产负债表的格式有账户式和报告式，其区别是资产、负债、所有者权益的排列方式不同。账户式资产负债表左右排列各项目，报告式资产负债表上下排列各项目。

表 4-1　资产负债表样表　　　　　会企 01 表

编制单位：××公司　　　　　　2024 年 12 月 31 日　　　　　　单位：元

资产	期末余额	上年年末余额	负债和所有者权益	期末余额	上年年末余额
流动资产：			流动负债：		
货币资金			短期借款		
交易性金融资产			交易性金融负债		
衍生金融资产			衍生金融负债		
应收票据			应付票据		
应收账款			应付账款		
应收款项融资			预收款项		
预付款项			合同负债		
其他应收款			应付职工薪酬		
存货			应交税费		
合同资产			其他应付款		
持有待售资产			持有待售负债		
一年内到期的非流动资产			一年内到期的非流动负债		
其他流动资产			其他流动负债		
流动资产合计			流动负债合计		
非流动资产：			非流动负债：		

续表

资产	期末余额	上年年末余额	负债和所有者权益	期末余额	上年年末余额
债权投资			长期借款		
其他债权投资			应付债券		
长期应收款			其中：优先股		
长期股权投资			永续债		
其他权益工具投资			租赁负债		
其他非流动金融资产			长期应付款		
投资性房地产			预计负债		
固定资产			递延收益		
在建工程			递延所得税负债		
生产性生物资产			其他非流动负债		
油气资产			非流动负债合计		
使用权资产			负债合计		
无形资产			所有者权益（或股东权益）：		
开发支出			实收资本（或股本）		
商誉			其他权益工具		
长期待摊费用			其中：优先股		
递延所得税资产			永续债		
其他非流动资产			资本公积		
非流动资产合计			减：库存股		
			其他综合收益		
			专项储备		
			盈余公积		
			未分配利润		
			所有者权益（或股东权益）合计		
资产总计			负债和所有者权益（或股东权益）总计		

在账户式资产负债表里，左侧是资产，各项目按资产的流动性排列。资产的流动性指资产的变现能力，变现能力越强的资产，流动性越强。资产负债表的资产项目按流动性从强到弱排列，流动性最强的货币资金排在第一位，包括库存现金、银行存款和其他货币资金，其次是短期投资、应收账款等。

资产负债表的右侧，包括负债和所有者权益两大要素，其中负债包括流动负债和非流动负债，各负债项目也是按负债的流动性排列的。流动负债指一年内到期的负债，非流动负债指一年以上到期的负债。流动性最强的短期借款排在第一位，其次是交易性金融负债、衍生金融负债等。所有者权益反映的是资产减去负债之后的剩余权益，是所有者真正享有的权益，包括实收资本、资本公积、盈余公积和未分配利润等，所有者权益按照稳定性排列，稳定地排在前面。

资产负债表是重要的财务报表，其作用包括：反映企业资产的构成及其状况；反映企业某一日期的负债总额及其结构；反映企业所有者权益的情况；可据以解释、评价和预测企业的短期偿债能力；可据以解释、评价和预测企业的长期偿债能力和资本结构等。

拓展阅读

读懂资产负债表

表4-2所示是北京××投资有限公司2024年12月31日的资产负债表，反映了该公司在2024年12月31日这一天的资产、负债、所有者权益的组成情况。从该表可以看到，截至2024年12月31日，该公司所拥有的资产价值6973万元，所承担的负债为1457万元，拥有的所有者权益（净资产）为5516万元。资产负债表里包括上年年末余额和期末余额两组数据，上年年末余额指的是2024年1月1日的数据，期末余额指的是2024年12月31日的数据。资产总计的期末余额与负债和所有者权益（或股东权益）总计的期末余额都是6973万元，同样，两者的上年年末余额都是6400万元，这说明"资产=负债+所有者权益"。如果资产总计不等于负债和所有者权益总计，说明数据有问题，需要查明原因，并进行修改。

表4-2 北京××投资有限公司资产负债表（简表）

编制单位：北京××投资有限公司　　　　　2024年12月31日　　　　　单位：万元

资产	期末余额	上年年末余额	负债和所有者权益	期末余额	上年年末余额
流动资产：			流动负债：		
货币资金	1 062	279	预收款项	511	529
预付款项	2		应付职工薪酬		4
其他应收款		355	应交税费	1	1
流动资产合计	1 064	634	其他应付款	895	607
非流动资产：			流动负债合计	1 407	1 141
长期股权投资	5 904	5 760	非流动负债：		
固定资产	5	6	长期应付款	50	
非流动资产合计	5 909	5 766	非流动负债合计	50	
			负债合计	1 457	1 141
			所有者权益：		
			实收资本（或股本）	4 579	1 129
			资本公积	892	4 348
			未分配利润	45	-218
			所有者权益合计	5 516	5 259
资产总计	6 973	6 400	负债和所有者权益总计	6 973	6 400

4.1.2　读懂利润表

利润表又称损益表，以"收入-费用=利润"这个会计方程式为理论依据，反映企业某一特定时期的收入、费用和利润情况。通过利润表，我们能够了解企业在一定期间的经营成果。在生产经营中，企业不断地发生各种费用支出，同时取得各种收入，收入减去费用，剩余的部分就是企业的盈利。取得的收入和发生的相关费用的对比情况就是企业的经营成果。如果企业经营不当，发生的生产经营费用超过取得的收入，企业就发生了亏损；反之，企业就能取得一定的利润。

微课视频

读懂利润表

利润表反映的是时期数，如利润表的编制期间为 2024 年，则反映的是企业从 2024 年 1 月 1 日到 12 月 31 日的收入、费用、利润的信息。

利润表包括收入、费用和利润三大要素：收入指企业在销售商品、提供劳务及转让资产使用权等日常活动中直接或间接形成的经济利益的总流入，通常包括商品或劳务的销售收入、利息收入、使用费收入、股利收入等；费用是企业在日常活动中发生的会导致所有者权益减少的、与向所有者分配利润无关的经济利益的总流出，如财务费用、管理费用、销售费用等；收入减去费用即等于利润。

利润表由表头和表体组成（见表 4-3）。表头包括报表的名称、编制单位名称、编制期间、计量单位等信息。利润表的表体采用多步式结构，即一步一步从上往下计算。

表 4-3　利润表样表　　　　　　　　　　　　　　　　　　　　会企 02 表

编制单位：××公司　　　　　　　　　2024 年 12 月　　　　　　　　　　单位：元

项目	本期金额	上期金额
一、营业收入		
减：营业成本		
税金及附加		
销售费用		
管理费用		
研发费用		
财务费用		
其中：利息费用		
利息收入		
加：其他收益		
投资收益（损失以"-"号填列）		
其中：对联营企业和合营企业的投资收益		
公允价值变动收益（损失以"-"号填列）		
信用减值损失（损失以"-"号填列）		
资产减值损失（损失以"-"号填列）		
资产处置收益（损失以"-"号填列）		
二、营业利润（亏损以"-"号填列）		
加：营业外收入		
减：营业外支出		

项目	本期金额	上期金额
三、利润总额（亏损总额以"-"号填列）		
减：所得税费用		
四、净利润（净亏损以"-"号填列）		
（一）持续经营净利润（净亏损以"-"号填列）		
（二）终止经营净利润（净亏损以"-"号填列）		
五、其他综合收益的税后净额		
（一）不能重分类进损益的其他综合收益		
1．重新计量设定受益计划变动额		
2．权益法下不能转损益的其他综合收益		
3．其他权益工具投资公允价值变动		
4．企业自身信用风险公允价值变动		
……		
（二）将重分类进损益的其他综合收益		
1．权益法下可转损益的其他综合收益		
2．其他债权投资公允价值变动		
3．金融资产重分类计入其他综合收益的金额		
4．其他债权投资信用减值准备		
5．现金流量套期储备		
6．外币财务报表折算差额		
……		
六、综合收益总额		
七、每股收益：		
（一）基本每股收益		
（二）稀释每股收益		

利润表计算过程如下。

① 营业利润=营业收入-营业成本-税金及附加-销售费用-管理费用-研发费用-财务费用+其他收益+投资净收益+公允价值变动收益+信用减值损失+资产减值损失+资产处置收益

② 利润总额=营业利润+营业外收入-营业外支出

③ 净利润=利润总额-所得税费用

其中，营业收入等于主营业务收入加其他业务收入，营业成本等于主营业务成本加其他业务成本。

利润表中的各项目都列有"本期金额"和"上期金额"两栏，"本期金额"栏反映各项目的本期实际发生数，"上期金额"栏反映各项目的上期实际发生数。

利润表是按照"收入-费用=利润"编制的，它反映的是一个期间企业经营活动成果；资产负债表是按照"资产=负债+所有者权益"编制的，它反映的是某一时点企业全部资产的分布状况及其相应来源。

利润表可以反映企业一定会计期间的收入实现情况，即实现的营业收入、投资收益、营业外收入各有多少等；可以反映一定会计期间的费用情况，即营业成本、其他业务成本、税金及附加、销售费用、管理费用、研发费用、财务费用、营业外支出各有多少等；可以反映企业生产经营活动的成果，即净利润的实现情况。报表使用者可通过利润表判断企业资本保值、增值情况。

📖 案例分析 4-1

京东方的困境：屏幕越卖越多，成为全球第一，利润却不断下滑

曾经全球排名前3的华映破产倒闭后，日本巨头松下也表示要退出LCD市场。为什么这些巨头都面临这种情况？按照松下的说法：目前LCD领域竞争太激烈，难度实在太大，没有胜算，所以不如放弃。LCD领域竞争中，京东方的表现可谓十分突出。统计数据显示，2019年第三季度京东方在电视机屏幕上出货量和出货面积都占据首位，而在前三季度累计值上，京东方也是全球第一。

但反映在营业收入和利润上，京东方却似乎有苦难言。2019年第三季度，京东方的营业收入为306.83亿元，同比增长18.05%，看起来很不错，但净利润仅为1.84亿元，同比减少54.49%，而扣除非经常性损益后的净利润为-8.4亿元，同比减少332.16%。

为什么会出现这种情况：屏幕越卖越多，营业收入在增加，利润却不断减少？其实原因很简单，那就是卖得越来越便宜，甚至有些在亏本卖。有专业人士分析，2018年下半年开始，因为供大于求，面板的价格就一直在下滑，而像55寸或以下相对低档的屏幕，价格甚至跌破了成本价，卖一片亏一片，但又不得不生产、不得不卖。这样，一旦停产了，可能亏得更多，所以就出现了营业收入增长，利润却下降的情况。

【案例思考】结合京东方的案例，说一说营业收入增加，利润却在下滑的主要问题是什么。利润表内哪些项目受到了影响？这一案例反映了利润表有什么作用？

【分析】因为京东方的屏幕售价越来越便宜，所以营业收入增加，营业收入低于成本，导致利润下降。利润表内"营业收入"项目、"营业成本"项目受到了影响。

动画视频

屏幕战争：京东方利润之谜

利润表的作用是反映企业一定时期的经营成果和企业的获利能力。经营成果通常指以营业收入等抵扣成本、费用、税金等的差额所表示的收益信息。经营成果是一个绝对值指标，可以反映企业财富增长的规模。获利能力是一个相对值指标，它指企业运用一定经济资源（如人力、物力）获取经营成果的能力。经营成果的信息直接由利润表反映，而获利能力的信息除利润表外，还要借助于其他财务报表和附注才能得到。

📖 拓展阅读

读懂利润表

表4-4所示为某股份有限公司2024年12月的利润表。利润表的作用是反映企业一定时期的经营成果和企业的获利能力。从表4-4中可以看出：该公司2024年12月的营业收入为103 116 245 136.42元，营业成本为65 421 614 348.00元，再扣除一系

列与经营有关的各种税金、费用，得到营业利润为 19 532 949 332.14 元，继续扣除营业外收支净额，可以得到利润总额（税前利润）为 19 590 093 676.19 元，最后扣除企业所得税费用，得到净利润（税后利润）为 14 182 496 961.14 元。

表 4-4　××股份有限公司利润表（简表）

编制单位：××股份有限公司　　　　　　　　2024 年 12 月　　　　　　　　单位：元

项目	本期金额	上期金额
一、营业收入	**103 116 245 136.42**	
减：营业成本	65 421 614 348.00	
税金及附加	10 916 297 537.10	
销售费用	3 056 377 656.90	
管理费用	2 790 308 041.10	
研发费用		
财务费用	764 757 191.68	
其中：利息费用		
利息收入		
加：其他收益		
投资收益（损失以"－"号填列）	**928 687 953.69**	
公允价值变动收益（损失以"－"号填列）	−871 923 308.00	
资产减值损失（损失以"－"号填列）	−83 818 288.19	
资产处置收益（损失以"－"号填列）	−606 887 387.00	
二、营业利润（亏损以"－"号填列）	19 532 949 332.14	
加：营业外收入	144 645 173.12	
减：营业外支出	87 500 829.07	
三、利润总额（亏损总额以"－"号填列）	19 590 093 676.19	
减：所得税费用	**5 407 596 715.05**	
四、净利润（净亏损以"－"号填列）	14 182 496 961.14	

4.1.3　读懂现金流量表

现金流量表是反映企业一定会计期间有关现金和现金等价物流入和流出信息的财务报表，理论依据是"现金净流量＝现金流入－现金流出"这个等式。因为现金流量表反映的是一定会计期间的有关信息，所以其反映的是时期数，是动态报表。

现金流量表中的现金包括现金及现金等价物，其中，现金是指企业库存现金以及可以随时用于支取的存款，不能随时用于支取的存款，不属于现金。现金等价物是指企业持有的期限短、流动性强、易于转换为已知金额现金、价值变动风险很小的投资，通常包括三个月到期的债券投资。权益性投资变现的金额通常不确定，所以不属于现金等价物。企业应当根据具体情况确定现金等价物的范围，一经确定，不得随意变更。

微课视频

读懂现金流量表

现金流量表的主要作用是反映企业的短期生存能力，可以概括反映经营活动、投资活动和筹资活动对企业现金流入流出的影响，对于评价企业实现的利润、财务状况及财务管理，能比传统的利润表提供更好的基础。

企业的现金流量由经营活动产生的现金流量、投资活动产生的现金流量和筹资活动产生的现金流量三部分构成。经营活动产生的现金流量指企业在生产、销售、供应的日常经营活动中产生的现金流入和流出，筹资活动产生的现金流量主要指企业通过发行股票、债券、借款等方式筹集资金而产生的现金流入和现金流出，投资活动产生的现金流量指企业投资金融资产、固定资产、子公司等产生的现金流入和现金流出。

现金流量表（见表 4-5）由表头和表体组成。表头包括报表名称、编制单位名称、编制期间和计量单位，因为现金流量表反映的是时期数，所以其是动态报表。现金流量表的表体主要由以下三大部分组成。

第一，经营活动产生的现金流量。经营活动产生的现金流入，包括销售商品、提供劳务收到的现金，收到的税费返还，收到其他与经营活动有关的现金。经营活动产生的现金流出，包括购买商品、接受劳务支付的现金，支付给职工以及为职工支付的现金，支付的各项税费，支付其他与经营活动有关的现金。现金流入减去现金流出，就是经营活动产生的现金流量净额。

第二，投资活动产生的现金流量。投资活动产生的现金流入，包括收回投资收到的现金，取得投资收益收到的现金，处置固定资产、无形资产和其他长期资产收回的现金净额，处置子公司及其他营业单位收到的现金净额，收到其他与投资活动有关的现金。投资活动产生的现金流出，包括购建固定资产、无形资产和其他长期资产支付的现金，投资支付的现金，取得子公司及其他营业单位支付的现金净额，支付其他与投资活动有关的现金。现金流入减去现金流出，就是投资活动产生的现金流量净额。

第三，筹资活动产生的现金流量。筹资活动产生的现金流入，包括吸收投资收到的现金，取得借款收到的现金，收到其他与筹资活动有关的现金。筹资活动产生的现金流出，包括偿还债务支付的现金，分配股利、利润或偿付利息支付的现金，支付其他与筹资活动有关的现金。现金流入减去现金流出，就是筹资活动产生的现金流量净额。

表 4-5　现金流量表

会企 03 表

编制单位：　　　　　　　　　2024 年 12 月　　　　　　　　　单位：元

项目	本期金额	上期金额
一、经营活动产生的现金流量：		
销售商品、提供劳务收到的现金		
收到的税费返还		
收到其他与经营活动有关的现金		
经营活动现金流入小计		
购买商品、接受劳务支付的现金		
支付给职工以及为职工支付的现金		
支付的各项税费		

项目	本期金额	上期金额
支付其他与经营活动有关的现金		
经营活动现金流出小计		
经营活动产生的现金流量净额		
二、投资活动产生的现金流量：		
收回投资收到的现金		
取得投资收益收到的现金		
处置固定资产、无形资产和其他长期资产收回的现金净额		
处置子公司及其他营业单位收到的现金净额		
收到其他与投资活动有关的现金		
投资活动现金流入小计		
购建固定资产、无形资产和其他长期资产支付的现金		
投资支付的现金		
取得子公司及其他营业单位支付的现金净额		
支付其他与投资活动有关的现金		
投资活动现金流出小计		
投资活动产生的现金流量净额		
三、筹资活动产生的现金流量		
吸收投资收到的现金		
取得借款收到的现金		
收到其他与筹资活动有关的现金		
筹资活动现金流入小计		
偿还债务支付的现金		
分配股利、利润或偿付利息支付的现金		
支付其他与筹资活动有关的现金		
筹资活动现金流出小计		
筹资活动产生的现金流量净额		
四、汇率变动对现金及现金等价物的影响		
五、现金及现金等价物净增加额		
加：期初现金及现金等价物余额		
六、期末现金及现金等价物余额		

现金流量表中各项目关系如下。

现金及现金等价物净增加额=经营活动产生的现金流量净额+投资活动产生的现金流量净额+筹资活动产生的现金流量净额+汇率变动对现金及现金等价物的影响

期末现金及现金等价物余额=现金及现金等价物净增加额+期初现金及现金等价物余额

现金流量表的作用包括：反映企业净收益的质量，反映企业运营现金的能力，反映企业的偿债能力，反映企业未来支付股利的能力。通过现金流量表，我们可以了解现金从哪里来、到哪里去了，能了解企业筹措现金、生成现金的能力。现金流量表可以提供企业经营是否健康的证据。如果一家企业经营活动产生的现金流量无法支付股利与保持股本的生产能力，从而得用借款的方式满足这些需要，那么这就给出了一个警告：这家企业从长期来看无法维持正常情况下的支出。

学习现金流量表的要点包括：第一，现金流入-现金流出=现金净流量，计算结果有可能是负数也可能是正数；第二，企业的现金流量由经营活动产生的现金流量、投资活动产生的现金流量和筹资活动产生的现金流量三部分构成；第三，现金流量表反映的是时期数，是动态报表。

案例分析 4-2

谁"偷"走了净利润

2007年7月，创业失败的豆盟创始人杨斌回到高阳集团，重新过上上班族生活，一待便是4年。当时正值凡客快速发展期，公司员工一度高达13 000人，在一众国内电商中，凡客最早推出了App。一天，杨斌与凡客高级副总裁王春焕交流业务，后者无意间提出一个想法："高阳集团这么多资源，我们有个需求看能否实现？"当时王春焕的需求是给凡客App找些新用户。谈话后，杨斌跟高阳集团领导进行了汇报，希望单独成立一个项目。凡客王春焕的原话在杨斌脑子里挥之不去："只要能找到新用户，钱不是问题。"

而该项目对杨斌的诱惑恰恰在于无现金流风险。"有人给你10万元做一件玛瑙丝T恤。虽然我也不知道玛瑙丝是什么，但是人家10万元先给我了，总可以去试一试的。"

一年后，杨斌在高阳集团内部成立了项目组。1—4月，杨斌一门心思扑在与凡客的独家协议上。"我承诺在3个月之内，做到单日新用户1万名以上，否则独家协议取消。"凡客同意了，但提了一个特殊条件，那就是回款周期允许在3个月以上。与杨斌事先设想有所不同，这给项目的失败埋下一颗隐形炸弹。成为凡客独家代理后，杨斌成了一个"吸铁石"，渠道一下就吸引了过来。为了推广凡客App，杨斌去找高阳集团内部资源，去各种小站点推广，去找运营商内置渠道……杨斌兑现了承诺，3个月内给凡客带去了100多万名新用户。一年后，杨斌团队达到10人，但实现净利润100多万元，销售额1 000多万元，其中凡客的贡献值在50%以上。

然而，该项目在第二年4月被停掉了，原因是现金流不合格。在杨斌眼里，项目人数少，一年还能有100多万元净利润，很好了。但从财务逻辑上看，这不是一个优质项目。为了这100多万元的净利润，高阳集团垫款300多万元。因此，净利润只是账面上的，年底的钱次年4月才到账；与此同时，业务还在运转，钱还得继续垫，什么时候才能收回300万元本金？什么时候才能看到分红、盈利？

【案例思考】杨斌第二次创业，年实现净利润 100 多万元，但其项目被认为不是个优质项目而被停掉。这次，杨斌的风险在哪里？

【分析】案例中杨斌的 100 多万元净利润，需要 3 个月以上的回款期，同时 50% 以上来源于凡客。对高阳集团来说，这 100 多万元的净利润需要占用大量的现金，且一旦凡客拒绝或拖延还款，集团不仅无法将净利润兑现，导致现金流异常，还将出现 200 万元以上的亏损，得不偿失。

动画视频

企业的现金流陷阱

拓展阅读

读懂上市公司现金流量表

哈尔滨××集团股份有限公司是一家历史悠久、驰名中外的老字号上市企业，创建于 1900 年。为适应市场经济需求，公司先后进行了 4 次扩建改造，现已发展成为一个以商业为主的集团化、现代化大型商业零售企业。表 4-6 为哈尔滨××集团股份有限公司母公司 2024 年 12 月的现金流量表。

表 4-6 哈尔滨××集团股份有限公司现金流量表

会企 03 表

编制单位：哈尔滨××集团股份有限公司　　　　2024 年 12 月　　　　单位：元

项目	本期金额	上期金额
一、经营活动产生的现金流量：		
销售商品、提供劳务收到的现金	318 679 942.73	
收到的税费返还	69 963.51	
收到其他与经营活动有关的现金	1 083 371 843.58	
经营活动现金流入小计	**1 402 121 749.82**	
购买商品、接受劳务支付的现金	219 852 941.70	
支付给职工以及为职工支付的现金	12 550 975.46	
支付的各项税费	26 770 485.45	
支付其他与经营活动有关的现金	1 273 987 254.88	
经营活动现金流出小计	**1 533 161 657.49**	
经营活动产生的现金流量净额	**−131 039 907.67**	
二、投资活动产生的现金流量：		
收回投资收到的现金		
取得投资收益收到的现金	5 000 000.00	
处置固定资产、无形资产和其他长期资产收回的现金净额		
处置子公司及其他营业单位收到的现金净额		
收到其他与投资活动有关的现金		
投资活动现金流入小计	**5 000 000.00**	

续表

项目	本期金额	上期金额
购建固定资产、无形资产和其他长期资产支付的现金		
投资支付的现金		
取得子公司及其他营业单位支付的现金净额		
支付其他与投资活动有关的现金		
投资活动现金流出小计		
投资活动产生的现金流量净额	**5 000 000.00**	
三、筹资活动产生的现金流量		
吸收投资收到的现金		
取得借款收到的现金		
发行债券收到的现金	**492 589 132.39**	
收到其他与筹资活动有关的现金	**853 309.38**	
筹资活动现金流入小计	493 442 441.77	
偿还债务支付的现金	296 400 000.00	
分配股利、利润或偿付利息支付的现金	80 380 591.01	
支付其他与筹资活动有关的现金		
筹资活动现金流出小计	376 780 591.01	
筹资活动产生的现金流量净额	**116 661 850.76**	
四、汇率变动对现金及现金等价物的影响		
五、现金及现金等价物净增加额	**−9 378 056.91**	
加：期初现金及现金等价物余额	**34 156 630.03**	
六、期末现金及现金等价物余额	24 778 573.12	

　　该公司 2024 年 12 月的现金流量表反映了该公司经营活动产生的现金流量净额为负数，为 −131 039 907.67 元，说明经营活动产生的现金流入小于现金流出，这就需要继续追查原因。一般来说，公司正常经营，经营活动产生的现金流入应该大于现金流出。

　　现金流量表还反映了该公司投资活动产生的现金流量净额为 5 000 000.00 元，说明公司除了经营之外，还有部分闲置资金用于投资。

　　最后，现金流量表还反映了该公司筹资活动产生的现金流量净额为 116 661 850.76 元，说明公司为了扩大规模，向银行或者其他金融机构贷款获得部分资金，扣除应该偿还的本金和利息，还有资金剩余。

4.2　透过指标看懂对企业的经营评价

　　我们可以通过指标看懂对企业经营各方面情况的评价。相关指标需要通过对财务报表进行分析得到。财务报表分析是以企业基本活动为对象，以财务报表为主要信息来源，以分析和综合为主要方法的系统认识企业的过程，其目的是了解过去、评价现在和预测未来，以帮助报表使用者改善决策。

企业财务报表是企业管理者的"眼睛"，是企业研究未来发展战略的"指向器"，所以我们应注重挖掘财务报表蕴含的重要财务信息。投资者可以通过分析财务报表全面了解企业的健康状况：

是否"超重"——欠银行和供应商的钱是否过多；

是否"贫血"——账面上的现金和现金等价物是否过低；

"新陈代谢"是否正常——存货和应收账款周转是否过慢。

这些反映企业健康状况的指标都可以在资产负债表、利润表、现金流量表中找到答案。如果企业的财务状况不健康，经营成果不正常，现金流量不正常，就失去了持续增长的基础。当前的业绩再出众，也不能给予投资者充分的信心。只有那些拥有健康财务报表的企业，其发展的前景才充满希望。由此可见，财务报表分析尤为重要。

财务报表分析的对象是财务报表，主要是资产负债表、利润表、现金流量表。分析者通过对财务报表重点项目分析和综合分析，得出财务报表使用者所关注的信息。无论是债权人、投资者还是企业经营管理者、员工和其他利益相关者，他们都是报表信息使用者，不同的报表信息使用者对财务报表的关注点不同。但一般而言，财务报表的使用者都是"经济人"，他们都希望用最少的投入获取最大的产出。因此，他们一般都会重点关注：企业的偿债能力、获利能力、营运能力和发展能力等。

财务报表分析的方法是完成财务报表分析的方式和手段。尽管分析方法一直在发展之中，但是一些基本方法仍然是进行财务报表分析必须使用的。常见的财务报表分析基本方法包括结构分析法、比率分析法和趋势分析法。尽管各个方法的基本内涵并不一样，但都是以财务报表等资料为基础，通过一定的指标或比值计算，帮助信息使用者透过繁杂的财务报表数据，发掘其背后所蕴含的意义和信息，为社会公众投资者和经营管理者的投资决策和经济预测提供帮助。在对数据进行对比和分析时，需要使用一些专业方法。

1. 结构分析法

结构分析法，是指对某项财务指标的数值占总体数值的百分比进行分析的方法。结构百分比计算公式如下。

$$结构百分比=某个组成部分数值÷总体数值×100\%$$

比较常见的结构分析法是计算报表各个项目的比重，比如资产负债表各个项目占总资产的百分比、利润表各个项目占营业收入的百分比等，利用该指标可以考察企业整体财务指标的结构是否合理，以及盈利能力的来源是否发生变动等。

2. 比率分析法

比率分析法也叫指标分析法，是指在同一报表的不同项目之间，或在不同报表的有关项目之间进行对比，从而计算出各种不同经济含义的比率，据以评价企业财务状况和经营成果的一种方法。比率分析法是进行财务报表分析的主要方法，主要以计算比率为基本手段，对财务报表数据进行分析。比率分析法是财务报表分析中使用最普遍的分析方法，以至于提起财务报表分析，很多人就误以为是通过计算一些财务比率进行分析。比较常见的比率分析法的指标见表 4-7。

动画视频

企业健康诊断书：
解码财务报表的
奥秘

表 4-7　企业经营评价指标（比率分析法的指标）

评价分类	评价指标
偿债能力	营运资本 流动比率 速动比率 资产负债率 产权比率 有形净值债务比率 长期负债比率
获利能力	净资产收益率 总资产报酬率 总资产净利率 营业毛利率 营业利润率 营业净利润率 成本费用利润率
营运能力	现金周转率 应收账款周转率 存货周转率 流动资产周转率 固定资产周转率 非流动资产周转率 总资产周转率
发展能力	销售增长率 资本累积率 总资产增长率 固定资产净值率

3．趋势分析法

趋势分析法，也称为水平分析法，通过对比两期或连续数期财务报告中的相同指标，确定其增减变动的方向、数额和幅度，来说明企业财务状况变动趋势、企业经营成果变动趋势等的一种方法。通过比较分析引起变化的原因、变动的性质，预测企业未来发展的前景。

4.2.1　看懂对企业偿债能力和资本结构的评价

资产负债表是以货币为主要计量单位，以"资产=负债+所有者权益"的会计恒等式为理论依据，综合反映企业某一特定日期资产、负债、所有者权益三个基本会计要素的相关信息，反映企业经济资源的构成和来源渠道的静态报表。通过阅读资产负债表，我们可以了解企业的财务状况，对企业的资本结构是否合理、流动资金是否充足、偿债能力是否良好做出判断。

1．资产负债表重要项目阅读与分析

阅读资产负债表主要内容，可以对企业的资产、负债及所有者权益的总额及其内部各项目的构成和增减变化有一个初步的认识。由于企业总资产在一定程度上反映了企业

的经营规模，而它的增减变化与企业负债与所有者权益的变化有极大的关系，所以当企业所有者权益的增长幅度大于资产总额的增长幅度时，说明企业的资金实力有了相对的提高；反之则说明企业规模扩大的主要原因是负债大规模上升，进而说明企业的资金实力在相对减弱，偿还债务的安全性亦在下降。

对资产负债表的一些重要项目，尤其是期初与期末数据变化很大，或出现大额红字的项目进行进一步分析，如固定资产、有代价或有息的负债（如短期借款、长期借款、应付票据等）、应收账款、货币资金以及所有者权益中的具体项目等。例如，企业应收账款占总资产的比重过高，说明该企业资金被占用的情况较为严重，而其增长速度过快，说明该企业可能因产品的市场竞争能力较弱或受经济环境的影响，企业结算工作的质量有所降低。此外，还应对附注中的应收账款账龄进行分析，应收账款的账龄越长，其收回的可能性就越小。

又如，在企业所有者权益中，如法定资本公积大大超过企业的股本总额，这预示着企业将有良好的股利分配政策。但与此同时，如果企业没有充足的货币资金做保证，预计该企业将会选择配股增资的分配方案而非采用发放现金股利的分配方案。

另外，在对一些项目进行分析评价时，还要结合行业的特点进行。就房地产企业而言，如该企业拥有较多的存货，意味着企业有可能存在较多的、正在开发的商品房基地和项目，一旦这些项目完工，将会给企业带来很高的经济效益。

2．企业偿债能力分析

企业偿债能力分析涉及对一些基本财务指标进行计算，计算财务指标的数据来源主要有以下几个方面：直接从资产负债表中相关数据计算取得，如净资产比率；直接从利润表中相关数据计算取得，如销售利润率；计算数据同时来源于资产负债表、利润表，如应收账款周转率。

对企业短期偿债能力进行分析，流动资产和流动负债是两个重要的要素。将流动资产和流动负债进行对比，可以看出企业的短期偿债能力。在对比分析中采用的指标主要有营运资本、流动比率、速动比率、现金比率等。

3．资产负债表财务分析方法

总结起来，为了评价企业的偿债能力和资本结构，可以使用财务分析的一些基本方法对资产负债表进行分析，如结构分析法、比率分析法和趋势分析法。

（1）结构分析法。

结构分析是指对资产负债表内部各个项目的结构进行分析，即分析各个项目的比重。不同行业的资产结构具有行业特性。如正常情况下，生产型企业有机器设备和厂房等生产设施，所以资产里通常固定资产占比较高；而商品流通企业的资产里则存货占比较高。因此，进行结构分析时，要站在企业所在的行业角度进行分析。负债里面，长期负债的比重能够反映企业对外来长期资金的依赖程度，比重高则代表依赖程度高，比重低则代表依赖程度低。流动负债的比重等于企业的流动负债除以负债总额，这个比重反映了企业依赖短期债权人的程度，比重越高则依赖越强。流动负债比重高，说明企业一年内需要偿还的负债比较多，应重点关注企业是否有足够的流动资产偿还债务。

（2）比率分析法。

比率分析是通过一些财务比率分析企业资产、负债、所有者权益结构的合理性。下面列举了一些能反映企业偿债能力的指标。

$$营运资本=流动资产-流动负债$$

营运资本等于流动资产减去流动负债。营运资本越大，偿债的风险越小，反之风险越大。该比率反映企业短期偿债能力。

$$流动比率=流动资产÷流动负债$$

流动比率等于流动资产除以流动负债。该指标反映企业偿还一年内到期的流动负债的能力，指标越大，说明短期偿债能力越强，财务风险越小；反之，短期偿债能力则越弱。但流动比率不是越高越好。流动比率高，有可能是因为企业的流动资产过多，说明企业没有有效地利用资金进行投资和经营。产销失衡，销售不利，也可能致使在产品、产成品积压而造成流动资产过多。

$$速动比率=速动资产÷流动负债$$

速动比率等于速动资产除以流动负债。其中，速动资产等于流动资产减去存货，速动资产的流动性比流动资产更强，变现能力更强。速动比率越大，说明企业对短期债务的偿还能力越强，反之则越弱。但速动比率过大则表明企业拥有过多的货币资产。企业应有效利用货币资产进行投资增值或用于生产经营。

$$资产负债率=负债总额÷资产总额×100\%$$

资产负债率是期末负债总额除以资产总额的百分比，也就是负债总额与资产总额的比例关系。该比率反映企业的长期偿债能力。资产负债率反映企业总资产中有多大比例是通过借债来的，其可以衡量企业在清算时保护债权人利益的程度。资产负债率反映债权人所提供的资本占全部资本的比例，也被称为举债经营比率。如果资产负债率达到100%或超过100%，说明企业已经没有净资产或资不抵债。那资产负债率是不是越低越好呢？我们要站在不同的角度来分析。对于债权人来说，资产负债率越低越好，因为企业资产负债率低，表明企业债务水平不高，还得起钱；对于投资者来说，企业资本利润率高，则资产负债率越高些越好；对于经营者来说，资产负债率高，表明企业有活力。

$$现金比率=（货币资金+现金等价物）÷流动负债$$

现金比率是指一定时期内企业现金类资产与流动负债的比值。现金类资产指库存现金、银行存款、其他货币资金和现金等价物。现金等价物一般为交易性金融资产。在企业已将应收账款和存货作为抵押品的情况下，或者分析者怀疑企业的应收账款和存货存在流动性问题时，以现金比率评价企业短期偿债能力是最为适当的选择。现金比率只有在企业已处于财务困境时，才是一个适当的选择。就正常情况下的企业而言，现金比率过高，可能意味着该企业没有充分利用现金资源，当然也有可能是因为已经有了现金使用计划（如扩建厂房等）。我国一般认为现金比率在0.2～0.3较为恰当。现金比率具体是高是低，需要结合企业的行业特点、企业经营活动规模的大小、企业存货及应收账款等资产质量状况等因素综合分析。

（3）趋势分析法。

趋势分析法，又称水平分析法，指通过对比两期或连续数期财务报告中的相同指标，确定其增减变动的方向、数额和幅度，来说明企业财务状况变动趋势的一种方法。趋势分析法通过比较分析引起变化的原因、变动的性质，预测企业未来发展的前景。

运用财务分析方法来分析资产负债表，可以评价企业偿债能力、资本结构等，全面了解企业的资产、负债、所有者权益结构的合理性，了解企业的短期、长期偿债能力，预测企业未来财务状况的发展趋势，为报表使用者做出决策提供有用的信息。

案例分析 4-3

分析资产负债表，评价企业资产结构

提取某公司 2024 年 12 月 31 日资产负债表中的重要数据，使用财务分析指标进行分析，对该公司做出评价。

一、结构分析

该公司资产结构如表 4-8 所示。

表 4-8　资产结构

项目	金额/万元	占比
流动资产合计	44 820	68.86%
非流动资产合计	20 269	31.14%
资产总计	65 089	100.00%

由表 4-8 可知，公司流动资产占资产总计的 68.86%，非流动资产占资产总计的 31.14%，公司流动资产比重较高，非流动资产比重较低。流动资产比重较高会占用大量资金，降低流动资产周转率，从而影响公司的资金利用效率。非流动资产比例过低会影响公司的获利能力，从而影响公司未来的发展。

该公司负债与所有者权益结构见表 4-9。

表 4-9　负债与所有者权益结构

项目	金额/万元	占比
流动负债合计	11 730	18.02%
非流动负债合计	12 000	18.44%
所有者权益	41 359	63.54%
负债与所有者权益总计	65 089	100.00%

由表 4-9 可知，公司流动负债占资本总计的 18.02%，非流动负债占资本总计的 18.44%，所有者权益占资本总计的 63.54%。由此得出，公司的债务资本比例为 36.46%，权益资本比例为 63.54%，公司债务资本比例较低，权益资本比例较高。低债务资本、高权益资本可以降低公司财务风险，降低公司发生债务危机的概率，但是会增加企业资本成本，不能有效发挥债务资本的财务杠杆效益。

该公司资产与负债匹配结构见表 4-10。

表 4-10　资产与负债匹配结构

流动资产	临时性占用流动资产（短期资金）	流动负债
	永久性占用流动资产（长期资金）	
非流动资产		非流动负债
		所有者权益

由表 4-10 可知，公司资产与负债的匹配结构为稳健型，在这一结构中，企业非流动资产的资金需要依靠长期资金来解决，流动资产的资金需要则使用长期资金和短期资金共同解决。在稳健型的匹配下，公司融资风险相对较小，融资成本较高，因此股东的收益水平也就不高。

二、资产构成要素分析

该公司 2024 年 12 月 31 日的总资产为 65 089 万元，其中流动资产为 44 820 万元，占资产总额的 68.86%，非流动资产为 20 269 万元，占资产总额的 31.14%。具体的资产构成如表 4-11 所示。

表 4-11　资产构成

资产类别	项目	金额/万元	占比
流动资产	货币资金	8 437	12.96%
	应收账款	5 424	8.33%
	减：坏账准备	1 425	2.19%
	存货	31 183	47.91%
	其他流动资产	1 201	1.85%
	合计	44 820	68.86%
非流动资产	固定资产	8 797	13.52%
	其中：在建工程	1 674	2.57%
	其他非流动资产	11 472	17.63%
	合计	20 269	31.14%
资产总计		65 089	100.00%

对公司资产各要素的数据仔细分析可以发现，公司的资产构成存在以下问题。

（1）货币资金金额较大。货币资金的金额为 8 437 万元，占资产总额的 12.96%。这表明公司的货币资金持有规模偏大。货币资金持有量过高会浪费公司的投资机会，增加公司的筹资本、持有现金的机会成本和管理成本。

（2）应收账款、坏账准备比重较高。公司 2024 年 12 月 31 日应收账款为 5 424 万元，占资产总额的 8.33%。此外，公司的坏账准备为 1 425 万元，坏账准备占应收账款的比例为 26.27%，坏账损失比例相当高，这说明公司应收账款的管理工作已经出现了问题，公司的信用政策可能过于宽松。

（3）存货比重较高。公司 2024 年 12 月 31 日存货净值为 31 183 万元，占流动资产合计的 69.57%，占资产总计的 47.91%，存货在资产中所占比重较大。过多的存货会带来一系列不利的影响。首先，一次性大量采购存货不仅会增加公司保管、整理费用，还会增加存货损耗、丢失、被盗的危险；其次，大量存货会占用过多资金，造成公司资金周转困难，增加利息，降低资金使用效率；最后，现代市场经济中，新材料、新产品层出不穷，更新换代非常迅速，拥有大量存货不便应对复杂多变的市场。

（4）固定资产比重较低。公司 2024 年 12 月 31 日包括在建工程在内的固定资产合计为 8 797 万元，占资产总计的 13.52%。企业的固定资产比重与行业特征有关，但一般认为，工业企业固定资产比重为 40%，商业企业固定资产比重为 30% 较为适宜，公司固定资产比重过低。

进一步分析固定资产结构，如表 4-12 所示。

表 4-12　固定资产结构

项目	金额/万元	占比
固定资产原值	29 393	100.00%
减：累计折旧	13 721	46.68%
固定资产净值	15 672	53.32%
减：固定资产减值准备	6 875	23.39%
固定资产净额	8 797	29.93%

由表 4-12 可以得到以下两个结论。

第一，公司固定资产折旧程度较高。公司固定资产折旧总计为 13 721 万元，占固定资产原值的比例为 46.68%，折旧金额较大，这说明公司固定资产老化较为严重。

第二，公司固定资产减值准备较高。公司固定资产减值准备金额为 6 875 万元，占公司固定资产原值的比例为 23.39%，占固定资产净值的比例为 43.87%，这说明公司现有固定资产的公允价值或现值较低，固定资产已经落后，需要更新换代。

在建工程在一定程度上可以反映公司固定资产更新力度。公司 2024 年 12 月 31 日在建工程价值为 1 674 万元，仅占固定资产净额的 19.03%，占固定资产净值的 10.68%，占固定资产原值的 5.70%，固定资产更新力度较小。

【案例思考】此案例资产负债表分析主要用的是什么分析方法？使用这种方法可以了解企业哪些方面的信息？

【分析】此案例主要用的是结构分析法。结构分析是指对资产负债表内部各个项目的结构进行分析，即各个项目的比重。如正常情况下，生产型企业有机器设备和厂房等生产设施，所以资产里通常固定资产占比较高，而商品流通企业的资产里则存货占比较高。这种分析方法又称为垂直分析法。通过这种方法的使用，对各个项目的比重分析，我们能够了解这个企业资产结构是否合理。

案例分析 4-4

分析资产负债表，评价企业偿债能力

提取某公司 2023 年 12 月 31 日和 2024 年 12 月 31 日资产负债表中的重要数据，使用财务分析指标进行分析，对该公司做出评价。

公司 2023 年 12 月 31 日和 2024 年 12 月 31 日流动资产与流动负债资料如表 4-13 所示。

表 4-13　流动资产与流动负债资料　　　　　单位：元

项目	2024 年 12 月 31 日	2023 年 12 月 31 日
货币资金	200 000	50 000
交易性金融资产	60 000	60 000
应收票据	20 000	10 000
应收账款	110 000	16 000

续表

项目	2024 年 12 月 31 日	2023 年 12 月 31 日
预付账款	600	
应收股利	6 000	
应收利息	4 000	
其他应收款	21 000	
存货	296 250	120 000
流动资产合计	717 850	256 000
短期借款	30 000	80 000
应付票据		
应付账款	1 250	10 000
预收账款		
应付职工薪酬	71 600	23 000
应交税费	18 300	10 000
应付利息	2 000	1 000
应付利润	10 000	50 000
其他应付款	7 000	10 000
其他流动负债		
流动负债合计	140 150	184 000

根据以上资料计算该公司的短期偿债指标，如表 4-14 所示。

表 4-14　短期偿债指标

指标	2024 年	2023 年
营运资本/元	577 700	72 000
流动比率	5.12	1.39
速动资产/元	421 600	136 000
速动比率	3.01	0.74
现金与现金等价物/元	200 000	50 000
现金比率	1.43	0.27

【案例思考】此案例资产负债表分析主要用的是什么分析方法？使用这种方法可以了解企业哪些方面的信息？

【分析】此案例主要用的是比率分析法。使用这种方法，可以知道公司 2024 年 12 月 31 日营运资本为 577 700 元，即流动资产偿还流动负债之后还结余 577 700 元，流动比率为 5.12，用流动资产偿还流动负债不成问题。速动比率为 3.01，意味着每百元负债有 301 元资产可以偿还。如果从现金占流动负债比重的角度分析，该公司立即偿还流动负债，每百元负债有 143 元现金得以偿还。综合上述指标，该公司 2024 年 12 月 31 日的短期偿债能力是很强的；但也看出公司的管理还存在问题：没有合理有效地使用资金，导致一部分资金闲置，没有发挥其最大效用。而公司在 2023 年的营运资本为 72 000 元，从绝对数上看其短期偿债能力是没问题的。再从相对数上分析，速动比率为 0.74，意味着每百元负债可有 74 元的资产偿付。如果从现金比率上进行分析，2023 年该公司立即偿还流动负债，每百元负债仅有 27.17 元现金得以偿还，公司的短期偿债能力较差。综上，2024 年与 2023 年相比，该公司短期偿债能力上升了很多，若要得到更具体的数据，应开展进一步分析。

📚 案例分析 4-5

分析资产负债表，评价企业发展趋势

提取某公司 2023 年 12 月 31 日和 2024 年 12 月 31 日资产负债表中的重要数据，使用财务分析指标进行分析，对该公司做出评价。

公司 2023 年 12 月 31 日和 2024 年 12 月 31 日资产与负债资料如表 4-15 所示。

表 4-15　资产与负债资料

项目	2023 年 12 月 31 日		2024 年 12 月 31 日		增减变动
	金额/万元	占比	金额/万元	占比	
流动资产：					
货币资金	24 821	37.34%	21 586	33.33%	−3 235
应收账款	290	0.44%	154	0.24%	−136
预付账款	726	1.09%	32	0.05%	−694
其他应收款	29 411	44.25%	39 239	60.59%	9 828
存货	3 399	5.11%	2 137	3.30%	−1 262
其他流动资产	151	0.23%	86	0.13%	−65
流动资产合计	58 798	88.46%	63 234	97.65%	4 436
非流动资产：					
长期股权投资	800	1.20%	24	0.04%	−776
固定资产	9 187	13.82%	2 458	3.80%	−6 729
减：累计折旧	3 359	5.05%	1 684	2.60%	−1 675
固定资产净值	5 828	8.77%	774	1.20%	−5 054
在建工程	42	0.06%	46	0.07%	4
无形资产	377	0.57%	180	0.28%	−197
减：累计摊销	107	0.16%	42	0.06%	−65
无形资产净值	270	0.41%	138	0.21%	−132
长期待摊费用	732	1.10%	543	0.84%	−189
非流动资产合计	7 672	11.54%	1525	2.35%	−6 147
资产总计	66 470	100.00%	64 759	100.00%	−1 711
流动负债合计	38 784	57.44%	29 962	45.19%	
非流动负债合计	28 739	42.56%	36 334	54.81%	
负债总计	67 523	100.00%	66 296	100.00%	

【案例思考】此案例资产负债表分析主要用的是什么分析方法？使用这种方法可以了解企业哪些方面的信息？

【分析】此案例主要用的是趋势分析法。使用这种方法，可以看出，公司 2024 年 12 月 31 日的非流动资产比重 2.35%远远低于流动资产比重 97.65%，说明公司变现能力极强，应变能力强，近期的经营风险不大。与 2023 年 12 月 31 日相比，流动资产比重由 88.46%上升到 97.65%，非流动资产比重由 11.54%下降到 2.35%，报表结果显示公司的变现能力提升了。

4.2.2 看懂对企业盈利能力和营运能力的评价

利润表是反映企业一定会计期间经营成果的财务报表，由于它反映的是某一期间的成果，是时期数，所以又称为动态报表。企业一定会计期间的经营成果可能表现为盈利，也可能表现为亏损，因此利润表也称为损益表。

1. 利润表重要项目阅读与分析

营业收入等于主营业务收入与其他业务收入之和。其中：主营业务收入是指企业销售商品、提供劳务及让渡资产使用权等日常经营活动所产生的收入；其他业务收入是指主营业务收入外的其他经营活动实现的收入，其跟日常经营活动相关，但不是主营业务，如出租固定资产、出租无形资产、出租包装物和商品、销售材料等取得的收入。

营业成本等于主营业务成本与其他业务成本之和。其中：主营业务成本是指企业因销售商品、提供劳务和让渡资产使用权的日常经营活动所发生的实际成本；其他业务成本指企业除主营业务活动以外的其他经营活动发生的成本，如销售材料的成本、出租固定资产的折旧额、出租无形资产的摊销额、出租包装物的成本等。

税金及附加是企业经营活动发生的消费税、城建税、教育费附加等相关税费。

销售费用主要指企业因为销售商品、提供劳务而发生的各项费用。比如因为销售而发生的运输费、装卸费、包装费、保险费等，以及为了促进销售而发生的费用，如广告费、展览费。另外，销售部门的费用，如销售人员的工资，销售部门使用的设备的折旧费、业务经费等，委托代销的费用也属于销售费用。

管理费用主要指管理部门为管理和组织生产经营活动而发生的费用，如管理部门使用的办公用品的费用、管理部门使用的设备的折旧费，以及管理人员的工资等。

财务费用主要指企业为筹集生产、经营所需资金而发生的费用，包括利息支出、汇兑损益、相关的手续费（如银行的转账手续费），以及企业发生的现金折扣和收到的现金折扣等。

营业外收入是指与企业生产经营活动没有直接关系的各种收入，如接受捐赠的收入或者盘盈的收入。营业外收入不是经营活动所产生的，没有相应的成本，所以又称为利得。

营业外支出是企业发生的跟日常经营活动没有直接关系的各项损失，如流动资产处置损失、非货币性资产交换损失、捐赠支出、盘亏损失、罚款支出等，营业外支出又称为损失。

2. 企业盈利能力和营运能力分析

盈利能力是指企业在一定时期获取利润、实现增值的能力。企业盈利能力越强，则其给予股东的回报越高，企业价值越大。企业盈利能力越强，带来的现金流量越多，企业的偿债能力也就越强。获取利润是企业经营的最终目标，也是企业生存与发展的前提。盈利能力直接关系到企业财务管理目标的实现，直接关系到投资者的利益，也关系到债权人以及企业经营者的切身利益。盈利能力分析主要包括投资收益能力分析和经营获利能力分析。投资收益能力分析主要指标有净资产收益率、总资产报酬率、总资产净利率等，经营获利能力分析主要指标有营业毛利率、营业利润率、营业净利润率、成本费用利润率等。

3. 利润表财务分析方法

为了评价企业的盈利能力和营运能力，可以使用财务分析的一些基本方法对利润表进行分析，如结构分析法、比率分析法和趋势分析法。

（1）结构分析法。

结构分析是指对利润表中各个项目占总收入、总成本或利润的比重进行分析，如营业收入占总收入的比重，财务费用、管理费用、销售费用占总费用的比重等。结构分析能反映收入的主要来源和成本费用的主要支出项目，有助于分析收入、费用结构的合理性。一家正常经营的公司，其主要利润应该来源于主营业务，这样的公司才有发展前景，才能保持持续发展，才有竞争力，才能不断地为股东创造财富。如果公司的利润主要来源于非经常性项目，这个公司的发展是畸形的，是不能长久的，因为公司的主要资源没有为公司带来利益。

（2）比率分析法。

比率分析是指通过财务比率对报表进行分析，以了解企业的营运能力、盈利能力。下面列举一些有用的指标。

$$总资产周转率=销售收入÷平均总资产×100\%$$

总资产周转率，等于销售收入除以平均总资产。平均总资产等于年初资产加年末资产除以2。总资产周转率反映了企业创造销售收入的能力，即营运能力。

$$流动资产周转率=销售收入÷平均流动资产总额×100\%$$

流动资产周转率，等于销售收入除以平均流动资产总额，反映的是流动资产创造销售收入的能力。平均流动资产总额等于年初流动资产总额加年末流动资产总额除以2。

$$应收账款周转率=销售收入÷平均应收账款×100\%$$

应收账款周转率，等于销售收入除以平均应收账款。平均应收账款是期初、期末应收账款扣除坏账后的平均值。应收账款周转率说明一定期间内企业应收账款转为现金的平均次数，是衡量企业应收账款周转速度及管理效率的指标。

$$应收账款回收期=360÷应收账款周转率×100\%$$

应收账款回收期，表示企业从取得应收账款到收回款项、转换为现金所需要的时间，反映了企业的营运能力和管理效率。

$$存货周转率=营业成本（销货成本）÷平均存货余额×100\%$$

存货周转率是企业一定时期营业成本（销货成本）与平均存货余额的比率。存货周转率用于反映存货的周转速度，即存货的流动性及存货资金占用量是否合理。存货周转率是衡量和评价企业购入存货、投入生产、销售收回等各环节管理状况的综合性指标。

$$存货周转天数=360÷存货周转率×100\%$$

存货周转天数等于360除以存货周转率。

$$营业毛利率=营业毛利÷营业收入×100\%$$
$$=（营业收入-营业成本）÷营业收入×100\%$$

营业毛利率，是指企业一定时期营业毛利与营业收入之间的比率，也称毛利率。其中，营业毛利=营业收入-营业成本。

$$营业利润率=营业利润÷营业收入×100\%$$

营业利润率，是指企业一定时期的营业利润与营业收入的比率。它是衡量企业经营效率的指标，反映在考虑营业成本的情况下，企业管理者通过经营获取利润的能力。

$$销售利润率=利润总额÷营业收入×100\%$$

销售利润率，是指企业利润总额与营业收入的比率，是以营业收入为基础分析企业获利能力，反映营业收入收益水平的指标。

$$销售净利率=净利润÷营业收入×100\%$$

销售净利率，是指净利润与营业收入的比率，它反映企业营业收入创造净利润的能力。

$$成本费用利润率=利润总额÷成本费用总额×100\%$$

成本费用利润率，是指企业一定期间的利润总额与成本费用总额的比率，反映企业经营过程中发生的耗费与获得的收益之间的关系。其中，成本费用一般指营业成本、销售费用、管理费用、财务费用。

（3）趋势分析法。

趋势分析法是通过对比两期或连续数期收入、费用、利润的增减变动情况来说明企业经营成果的变动趋势的一种方法。比如可以比较最近几年主营业务收入增减变动情况，分析增长率或减少率，并分析引起变化的原因、变动的性质，从而寻找解决的方法。

运用财务分析方法来分析利润表，可以评价企业盈利能力、营运能力等，全面了解一个企业的盈利能力、营运能力和管理效率等，预测企业未来盈利的发展趋势，为报表使用者做出决策提供有用的信息。

案例分析 4-6

分析利润表，评价企业盈利结构和盈利能力

F公司2024年利润表（简表）如表4-16所示。

表4-16　F公司2024年利润表（简表）

编制单位：F公司　　　　　　　　　　　2024年12月　　　　　　　　　　　单位：万元

项目	本期金额	上期金额
一、营业收入	9 105	12 291
减：营业成本	8 419	11 210
税金及附加	43	206
销售费用	337	335
管理费用	1 901	3 845
财务费用	994	1 916
加：投资收益	1 468	0

续表

项目	本期金额	上期金额
二、营业利润	-1 121	-5 221
加：营业外收入	84	43
减：营业外支出	19	19
三、利润总额	-1 056	-5 197
减：所得税费用	0	0
四、净利润	-1 056	-5 197

（一）利润表（简表）结构分析

利润表（简表）的主要利润结构分析表如表 4-17 所示。

表 4-17　主要利润结构分析表

编制单位：F 公司　　　　　　　　　2024 年 12 月　　　　　　　　　单位：万元

项目	本期金额	上期金额
一、营业利润	-1 121	-5 221
二、利润总额	-1 056	-5 197
三、净利润	-1 056	-5 197

　　根据利润表（简表）和主要利润结构分析表，公司的本期营业收入是 9 105 万元、营业成本是 8 419 万元，营业收入大于营业成本，但是营业利润计算出来是负数，表示公司是亏损的，而且利润总额和净利润也都是亏损的，由此可以看出，公司具备基本的盈利能力，但由于各项费用支出较大，导致公司最终亏损。

（二）利润表（简表）构成比重分析

利润表（简表）的主要利润构成比重分析表如表 4-18 所示。

表 4-18　主要利润构成比重分析表

编制单位：F 公司　　　　　　　　　　　2024 年 12 月

项目	本期金额/万元	占比	上期金额/万元	占比	占比变动率
一、营业收入	9 105	100.00%	12 291	100.00%	0.00%
减：营业成本	8 419	92.47%	11 210	91.20%	1.26%
税金及附加	43	0.47%	206	1.68%	-1.20%
销售费用	337	3.70%	335	2.73%	0.98%
管理费用	1 901	20.88%	3 845	31.28%	-10.40%
财务费用	994	10.92%	1 916	15.59%	-4.67%
加：投资收益	1 468	16.12%	0	0.00%	16.12%
二、营业利润	-1 121	-12.31%	-5 221	-42.48%	30.17%
加：营业外收入	84	0.92%	43	0.35%	0.57%
减：营业外支出	19	0.21%	19	0.15%	0.05%
三、利润总额	-1 056	-11.60%	-5 197	-42.28%	30.68%
减：所得税费用	0	0.00%	0	0.00%	0.00%
四、净利润	-1 056	-11.60%	-5 197	-42.28%	30.68%

从利润表（简表）的主要利润构成比重分析表可看出企业各项财务成果的构成情况，本期营业成本占营业收入的比重为 92.47%，比上期的占比 91.20%，增长了 1.27 个百分点；税金及附加占营业收入的比重为 0.47%，比上期的占比 1.68%，降低了 1.21 个百分点；销售费用占营业收入的比重较上期增加了 0.97 个百分点，但管理费用、财务费用占营业收入的比重都有所降低，营业收入、营业成本、税金及附加以及各项费用增减相抵的结果，是营业利润占营业收入的比重较上期增长了 30.17 个百分点。由于本期实现投资收益 1 468 万元，导致净利润占营业收入的比重较上期增加了 30.68 个百分点。从以上的分析可以看出，本期净利润比上期亏损额度小，并不是由于企业经营状况好转导致的，而是由于增加了投资收益所造成的。虽然公司想通过努力降低管理费用和财务费用的方式提高公司盈利水平，但对利润总额的影响不是很大。

（三）收入盈利能力分析

收入盈利能力分析表如表 4-19 所示。

表 4-19　收入盈利能力分析表

2024 年 12 月

项目	本期	上期	本期比上期
营业利润率	-19.72%	-13.69%	-6.03%
销售利润率	-4.88%	-13.52%	8.64%
销售净利率	-4.88%	-13.52%	8.64%

通过上表可知，公司本期营业利润率指标比上期降低了 6.03 个百分点，这表明公司的获利能力降低了。公司获利能力降低主要是由于营业收入减少、经营规模缩减导致的。

（四）成本费用盈利能力分析

成本费用盈利能力分析表如表 4-20 所示。

表 4-20　成本费用盈利能力分析表

2024 年 12 月

项目	本期	上期	本期比上期
成本费用利润率	-9.06%	-30.03%	20.97%

成本费用利润率反映了公司成本费用和利润总额之间的关系，公司本期成本费用利润率比上期有所增长，表明公司耗费一定的成本费用所得的收益有所增加，它直接反映出了公司增收节支，增产增加效益、降低成本费用水平，以此提高了盈利水平。

【案例思考】此案例评价分析企业主要用的是什么分析方法？通过这种方法的使用，我们可以了解企业哪些方面的信息？

【分析】此案例主要用的是结构分析法、比率分析法。通过这些方法的使用，可判断出公司现在的盈利能力较弱，随着行业内部竞争压力增大，经营规模呈下滑的趋势，公司想要生存下去要做到：①扩大经营规模，实现薄利多销，增加营业收入，才能扭转亏损的趋势；②控制企业销售费用等其他费用，否则会存在经营费用过高，发展后劲不足的风险。

案例分析 4-7

分析利润表，评价企业盈利趋势

表 4-21 所示为 ZTE 公司 2023 年和 2024 年的利润表（简表）。

表 4-21　ZTE 公司利润表（简表）

编制单位：ZTE 公司　　　　　　　　　　　　2024 年 12 月

项目	本期 金额/元	上期 金额/元	本期较上期 变动额/元	本期较 上期变动率
一、营业收入	44 293 427	34 777 181	9 516 246	27.36%
减：营业成本	29 492 530	23 004 541	6 487 989	28.20%
税金及附加	415 854	280 266	135 588	48.38%
销售费用	5 312 516	4 395 125	917 391	20.87%
管理费用	2 099 715	1 777 554	322 161	18.12%
研发费用	3 994 145	3 210 433	783 712	24.41%
财务费用	1 308 254	494 371	813 883	164.63%
加：其他收益			0	
投资收益（损失以"-"号填列）	122 666	59 437	63 229	106.38%
其中:对联营企业和合营企业的投资收益	19 877	24 267	-4 390	-18.09%
公允价值变动收益（损失以"-"号填列）	-128 328	115 566	-243 894	-211.04%
资产减值损失（损失以"-"号填列）	419 358	789 140	-369 782	-46.86%
资产处置收益（损失以"-"号填列）	37 154	23 927	13 227	55.28%
二、营业利润（亏损以"-"号填列）	1 282 547	1 024 681	257 866	25.17%
加：营业外收入	1 098 296	906 133	192 163	21.21%
减：营业外支出	81 146	179 153	-98 007	-54.71%
三、利润总额（亏损总额以"-"号填列）	2 299 697	1 751 661	548 036	31.29%
减：所得税费用	350 608	276 283	74 325	26.90%
四、净利润（净亏损以"-"号填列）	1 949 089	1 475 378	473 711	32.11%

由表 4-21 可知，营业收入本期较上期增加了 27.36%，说明公司的经营状况较好，利润增加；同时销售费用和管理费用分别增加了 20.87%和 18.12%，这时可以查明费用增加的具体原因，是不是营业收入增加而导致销售费用和管理费用正常增加。此外，财务费用增加了 164.63%，需要具体分析是什么原因引起财务费用大幅增加。通常，负债增加比较多，可能导致财务费用增加较多。另外，公允价值变动收益减少了 211.04%，需要具体查明到底是哪一项资产的公允价值下跌比较严重。

【案例思考】此案例利润表分析使用了哪种分析方法？通过利润表还能得到哪些有用的信息？

【分析】此案例使用了趋势分析法。趋势分析法是通过对比两期或连续数期收入、费用、利润的增减变动情况来说明企业经营成果的变动趋势的一种方法。比如可以比较最近几年营业收入增减变动情况，分析增长率或减少率，并分析引起变化的原因、变动的性质，从而寻找解决的方法。

通过分析利润表，我们能够了解一个企业的营运能力、盈利能力和管理效率等，得到我们需要的信息。

4.2.3 看懂对企业控制现金流能力的评价

现金流量表反映企业一定会计期间内有关现金和现金等价物流入和流出的信息。现金流量表反映时期数，是动态报表，理论依据是现金净流量等于现金流入减去现金流出。现金是企业的血液，如果企业在销售过程中过多使用应收账款、应收票据等，而没有实际收到现金，一旦未来债权无法收回，企业的资金链就会出现问题。

分析现金流量表的目的是解释资产负债表中企业的现金部分，在会计期间如何通过经营、投资及筹资活动而增加或减少。经营活动是指所有能影响利润表的营业活动，如销售商品、支付职工薪酬等；投资活动包括对内投资（如购买土地使用权、厂房）和对外投资（如参股其他公司）；筹资活动包括企业的借款、还款、支付现金股利等。有时一笔交易会影响到两种活动的现金流入，比如企业偿还银行贷款的本金和利息，其中本金属于筹资活动，而利息则属于经营活动，因为利息费用影响了利润表。对现金流量表进行分析，能够回答以下问题：为什么企业净利润增加了，而现金周转却出现了困难；为什么企业是亏损的，但现金净额却增加了；企业扩建厂房的钱是从哪儿来的；等等。

1. 现金流量表重要项目阅读与分析

现金流量表是以收付实现制为编制基础，反映企业在一定时期内现金收入和现金支出情况的报表。对现金流量表的分析，既要掌握该表的结构及特点，分析其内部构成，又要结合利润表和资产负债表进行综合分析，以求全面、客观地评价企业的现金流量情况。企业的现金流量由经营活动产生的现金流量、投资活动产生的现金流量和筹资活动产生的现金流量三部分构成，分析现金流量及其结构，可以了解企业现金的来龙去脉和现金收支构成，评价企业创现能力、筹资能力和资金实力。

对经营活动产生的现金流量进行分析时，可以将销售商品、提供劳务收到的现金与购进商品、接受劳务支付的现金进行比较。在企业经营正常、购销平衡的情况下，二者比较是有意义的。收到的现金与支付的现金相比，比重大，说明企业的销售利润大，销售回款良好，创现能力强。将销售商品、提供劳务收到的现金与经营活动流入的现金总额比较，可大致了解企业产品销售现款占经营活动流入的现金的比重有多大。比重大，说明企业主营业务突出，营销状况良好。另外将本期经营活动现金净流量与上期比较，增长率越高，说明企业成长性越好。

对投资活动产生的现金流量进行分析时，要注意当企业扩大规模或开发新的利润增长点时，需要大量的现金投入，投资活动产生的现金流入量补偿不了流出量，投资活动现金净流量为负数；如果企业投资有效，将会在未来产生现金净流入用于偿还债务，创造收益，企业不会有偿债困难。因此，分析投资活动产生的现金流量，应结合企业的投资项目进行，不能简单地以现金净流量大小来论优劣。

对筹资活动产生的现金流量进行分析时，要注意，一般来说，筹资活动产生的现金净流量越大，企业面临的偿债压力就越大；但如果现金净流入量主要来自企业吸收的权益性资本，则企业不仅不会面临偿债压力，而且资金实力会增强。因此，在分析时，可将吸收权益性资本收到的现金与筹资活动现金总流入比较，前者占后者比重大，说明企业资金实力较强，财务风险较低。

此外，可以对现金流量的构成进行分析。首先，分别计算经营活动现金流入、投资活动现金流入和筹资活动现金流入占现金总流入的比重，了解现金的主要来源。一般来说，经营活动现金流入占现金总流入比重大的企业，经营状况较好，财务风险较低，现金流入结构较为合理。其次，分别计算经营活动现金流出、投资活动现金流出和筹资活动现金流出占现金总流出的比重，其能具体反映企业的现金用于哪些方面。一般来说，经营活动现金流出比重大的企业，其生产经营状况正常，现金流出结构较为合理。

企业经营活动获取的现金流入，首先要满足生产经营活动的支出，如有剩余再安排扩大投资和偿还债务。企业扩大规模和开发新的利润增长点，是需要大量的现金投入的，如果投资活动产生的现金流入补偿不了现金流出，则投资活动的现金净流量为负数。如果筹资活动现金净流量为负数，说明企业的筹资活动现金流入小于现金流出；如果企业用于偿还债务和分配股利的现金比较多，筹资活动产生的现金净流量就可能为负数。

2. 企业控制现金流量能力分析

分析现金流量表，可以分析现金流量的结构。现金流量的结构是指各种活动现金流入量、现金流出量及现金净流量在企业总的现金流入量、总的现金流出量及总的现金净流量中的比例关系。根据现金流入的结构，可以了解企业获取现金收入的途径，据以判断企业获取现金的能力，评价现金收入的质量。根据现金流出的结构，可以了解企业现金支出的去向，据以判断企业的理财水平和理财策略。企业控制现金流量能力分析包括现金收入结构分析、现金支出结构分析、现金余额结构分析。

3. 现金流量表财务分析方法

为了评价企业控制现金流量的能力，可以使用财务分析的一些基本方法对现金流量表进行分析。

（1）结构分析法。

结构分析是指分析各种活动产生的现金流量占总现金流量的比重。结构分析能够了解企业的主要现金流入来源于哪些活动、主要现金流出来源于哪些活动，可以发现问题，从而及时查明原因，并进行改进。

（2）比率分析法。

比率分析是指使用跟现金流量表相关的比率进行财务分析，包括现金流动性指标、获取现金能力指标、财务弹性指标和收益质量指标等。现金流动性指标包括现金流量与当期债务之比、债务保障率；获取现金能力指标包括每元销售现金净流入、每股经营现金流量、全部资产现金回收率；财务弹性指标包括现金流量适合比率、现金再投资比率、现金股利保障倍数；收益质量指标包括营运指数。

下面列举一些分析中常用的财务比率。

$$现金流量与当期债务之比 = 经营活动现金净流量 \div 流动负债$$

现金流量与当期债务之比，反映企业用经营活动现金净流量偿还本期到期债务的能力。该比率越高，企业现金流动性越强。由于该比率的分子是经营活动现金净流量，不包括筹资活动和投资活动的现金净流量，所以，该指标实际说明企业通过经营活动产生的现金净流量对短期债务偿还的保障程度。

$$债务保障率=经营活动现金净流量÷负债总额×100\%$$

债务保障率反映企业用经营活动现金净流量偿还所有债务的能力，该比率越高，企业现金流动性越强。

$$盈利现金比率=经营现金净流量÷净利润$$

盈利现金比率是以经营活动产生的现金流量净流量与净利润相比较，反映企业净利润的收现水平。以现金获得的盈利才是企业真正获得的可以支配的收益。盈利现金比率越大，表明净利润的现金含量越高可供企业支配的货币量越大，企业的支付能力越强，企业盈利质量也就越高。该指标应大于1若比率小于1说明本期净利中存在尚未实现现金的收入，存在大量应收账款。在这种情况下，即使企业盈利，也可能发生现金短缺，严重时会导致企业破产。

$$再投资比率=经营现金净流量÷资本性支出$$
$$=经营现金净流量÷（固定资产+长期投资+其他资产+营运资本）$$
$$=经营现金净流量÷[固定资产+长期投资+其他资产+（流动资产-流动负债）]$$

现金再投资比率是经营活动产生的现金流量净额与已投资资产的比率。换句话说，现金再投资比率是企业经营活动现金净流量占长期资产的比率，以长期资产价值作参考，反映企业可以用来投资长期资产的现金规模。该指标越大，说明可用于再投资的现金占企业长期资产的比重越大，那么企业扩大再生产或投资于长期资产的资金储备越充足，投资能力越强。

$$强制性现金支付比率=现金流入量总额÷（经营现金流出量+偿还债务本息付现）$$

强制性现金支付比率就是反映企业是否有足够的现金履行其偿还债务、支付经营费用等责任的指标。企业经营中，有些现金流出带有强制性，是必须支付的，如生产经营活动中必须支付的现金，偿还本金、支付利息等必须支付的现金等。企业现金流入必须满足这种需要，才能保证生产经营活动的正常进行，保证企业保持良好的信誉。该比率越大，其现金支付能力就越强。

$$每股经营现金流量=（经营活动现金净流量-优先股股利）÷发行在外的普通股股数$$

每股经营现金流量反映企业经营活动为每普通股提供的现金流量，从而衡量企业股利支付能力。每股经营现金流量越大越好，且要求每股经营现金流量要大于每股收益，只有每股经营现金流量大于每股收益才能保证收益的真实性，没有经营现金流量保证的收益，很可能是存货、应收账款等产生的账面财富而已。

$$营运指数=经营活动现金净流量÷经营所得现金$$
$$=经营活动现金净流量÷（经营活动净收益+非付现成本）$$
$$=经营活动现金净流量÷（净收益-非经营收益+非付现成本）$$

营运指数是反映企业现金回收质量、衡量现金风险的指标。理想的现金营运指数应为1。营运指数大于1，说明一部分营运资金被收回，返回现金收益的质量较好。营运指数等于1，说明经营所得现金全部实现。营运指数小于1，说明经营所得现金被营运资金占用；如果营运指数长期小于1，其利润的质量应受到怀疑。

（3）趋势分析法。

趋势分析指分析两期或连续数期现金流量表各项目和指标的增减变动情况，从而发现问题，并分析发生变化的原因，进而通过历史数据预测未来的发展趋势。

运用财务分析的方法来分析现金流量表，可以评价企业控制现金流量的能力，全面了解一个企业筹措现金、生成现金的能力等，预测企业未来现金流量的发展趋势，为报表使用者做出决策提供有用的信息。

案例分析 4-8

分析现金流量表，评价企业控制现金流量的能力

提取 M 公司 2024 年现金流量表中的重要数据（见表 4-22），使用财务分析指标进行分析，对该公司做出评价。

表 4-22　M 公司 2024 年现金流量表

编制单位：M 公司　　　　2024 年 12 月　　　　单位：万元

项目	本期金额	上期金额
一、经营活动产生的现金流量：		
销售商品、提供劳务收到的现金	10 318	11 758
收到的税费返还	1 576	1 819
收到其他与经营活动有关的现金	360	9 232
经营活动现金流入小计	12 254	22 809
购买商品、接收劳务支付的现金	10 165	12 202
支付给职工以及为职工支付的现金	1 202	1 364
支付的各项税费	305	462
支付其他与经营活动有关的现金	921	9 605
经营活动现金流出小计	12 593	23 633
经营活动产生的现金流量净额	-339	-824
二、投资活动产生的现金流量：		
收回投资收到的现金	2 244	0
投资活动现金流入小计	2 244	0
购建固定资产、无形资产和其他长期资产支付的现金	70	272
投资活动现金流出小计	70	272
投资活动产生的现金流量净额	2 174	-272
三、筹资活动产生的现金流量：		
取得借款收到的现金	29 500	42 000
收到其他与筹资活动有关的现金	-735	2 401
筹资活动现金流入小计	28 765	44 401
偿还债务支付的现金	31 405	23 073
分配股利、利润或偿付利息支付的现金	2 431	2 279
支付其他与筹资活动有关的现金	0	0
筹资活动现金流出小计	33 836	25 352
筹资活动产生的现金流量净额	-5 071	19 049
四、汇率变动对现金及现金等价物的影响	0	0
五、现金及现金等价物净增加额	-3 236	17 953
加：期初现金及现金等价物余额	24 821	19 060
六、期末现金及现金等价物余额	21 585	37 013

（一）现金流量结构分析

表 4-23 所示为 M 公司的现金流量结构分析表。

表 4-23　M 公司现金流量结构分析表

2024 年 12 月

项目	本期金额/万元	占比	上期金额/万元	占比	增减变动额/万元	占比变动率
一、经营活动产生的现金流量：						
销售商品、提供劳务收到的现金	10 318	84.20%	11 758	51.55%	-1 440	32.65%
收到的税费返还	1 576	12.86%	1 819	7.97%	-243	4.89%
收到其他与经营活动有关的现金	360	2.94%	9 232	40.48%	-8 872	-37.54%
经营活动现金流入小计	12 254	100.00%	22 809	100.00%	-10 555	0.00%
购买商品、接收劳务支付的现金	10 165	80.72%	12 202	51.63%	-2 037	29.09%
支付给职工以及为职工支付的现金	1 202	9.54%	1 364	5.77%	-162	3.77%
支付的各项税费	305	2.42%	462	1.95%	-157	0.47%
支付其他与经营活动有关的现金	921	7.31%	9 605	40.64%	-8 684	-33.33%
经营活动现金流出小计	12 593	100.00%	23 633	100.00%	-11 040	0.00%
经营活动产生的现金流量净额	-339		-824		485	0.00%
二、投资活动产生的现金流量：					0	0.00%
收回投资收到的现金	2 244	100.00%	0	0.00%	2 244	100.00%
投资活动现金流入小计	2 244	100.00%	0	0.00%	2 244	100.00%
购建固定资产、无形资产和其他长期资产支付的现金	70	100.00%	272	100.00%	-202	0.00%
投资活动现金流出小计	70	100.00%	272	100.00%	-202	0.00%
投资活动产生的现金流量净额	2 174		-272		2 446	0.00%
三、筹资活动产生的现金流量：					0	0.00%
取得借款收到的现金	29 500	102.56%	42 000	94.59%	-12 500	7.96%
收到其他与筹资活动有关的现金	-735	-2.56%	2 401	5.41%	-3 136	-7.96%
筹资活动现金流入小计	28 765	100.00%	44 401	100.00%	-15 636	0.00%
偿还债务支付的现金	31 405	92.82%	23 073	91.01%	8 332	1.80%
分配股利、利润或偿付利息支付的现金	2 431	7.18%	2 279	8.99%	152	-1.80%
筹资活动现金流出小计	33 836	100.00%	25 352	100.00%	8 484	0.00%
筹资活动产生的现金流量净额	-5 071		19 049		-24 120	0.00%
四、汇率变动对现金及现金等价物的影响	0		0		0	0.00%
五、现金及现金等价物净增加额	-3 236		17 953		-21 189	0.00%
加：期初现金及现金等价物余额	24 821		19 060		5 761	0.00%
六、期末现金及现金等价物余额	21 585		37 013		-15 428	0.00%

M 公司现金流量结构分析整理如表 4-24 所示。

表 4-24 M 公司现金流量结构分析整理表

2024 年 12 月

项目	本期金额/万元	占比	上期金额/万元	占比	增减变动额/万元	占比变动率	增减变动率
经营活动现金流入小计	12 254	28.32%	22 809	33.94%	-10 555	-5.61%	-46.28%
投资活动现金流入小计	2 244	5.19%	0	0.00%	2 244	5.19%	0.00%
筹资活动现金流入小计	28 765	66.49%	44 401	66.06%	-15 636	0.43%	-35.22%
现金流入小计	43 263	100.00%	67 210	100.00%	-23 947	0.00%	-35.63%
经营活动现金流出小计	12 593	27.08%	23 633	47.98%	-11 040	-20.90%	-46.71%
投资活动现金流出小计	70	0.15%	272	0.55%	-202	-0.40%	-74.26%
筹资活动现金流出小计	33 836	72.77%	25 352	51.47%	8 484	21.30%	33.46%
现金流出小计	46 499	100.00%	49 257	100.00%	-2 758	0.00%	-5.60%
现金及现金等价物净增加额	-3 236		17 953		-21 189	0.00%	-118.02%

公司现金流量表结构分析,包括流入结构分析、流出结构分析和流入流出比例分析。

1. 流入结构分析

在全部现金流入量中,本期经营活动现金流入占 28.32%,比上期下降 5.61%;投资活动现金流入占 5.19%,比上期上升 5.19%;筹资活动现金流入占 66.49%,比上期上升 0.43%。由此可以看出,公司现金流入的主要来源为经营活动、筹资活动,投资活动对于公司的现金流入贡献很小。

2. 流出结构分析

在全部现金流出量中,本期经营活动现金流出占 27.08%,比上期下降 20.90%;投资活动现金流出占 0.15%,比上期下降 0.40%;筹资活动现金流出占 72.77%,比上期上升 21.30%。由此可以看出,公司现金流出主要在经营活动、筹资活动方面,投资活动占用现金流出很少。

3. 流入流出比例分析

从该公司的现金流量表可以得出以下结论。

在本期经营活动中,现金流入量 12 254 万元,现金流出量 12 593 万元,经营活动现金流入流出比为 0.97,表明 1 元的现金流出可换回 0.97 元现金流入。

在本期投资活动中,现金流入量 2 244 万元,现金流出量 70 万元,投资活动的现金流入流出比为 32.06,投资活动的现金流入大于流出,表明公司正处于投资回收期。

在本期筹资活动中,现金流入量 28 765 万元,现金流出量 33 836 万元,筹资活动流入流出比为 0.85,筹资活动流入小于流出,表明还款明显大于借款。

将现金流入量与现金流出和流入流出比相结合,可以发现该公司的现金流入与流出主要来自经营活动和筹资活动,部分投资活动现金流量净额可用于补偿经营活动支出和筹资活动支出。

（二）现金流量比率分析

强制性现金支付比率=现金流入量总额÷（经营现金流出量+偿还债务本息付现）

=43 263÷[12 593 +（31 405+2 431）]

=0.93

公司本年现金流入量总额为 43 263 万元，经营活动现金流出总额为 12 593 万元，偿还债务本息付现（偿还债务支付的现金+ 分配股利、利润或偿付利息支付的现金）金额为 33 836 万元，强制性现金支付比率为 0.93（小于 1）。这说明公司本年创造的现金流入量不足以支付必要的经营活动和债务本息支出，表明公司在筹资能力、企业支付能力方面较弱。

（三）现金流量趋势分析

M 公司现金流量趋势分析如表 4-25 所示。

表 4-25　M 公司现金流量趋势分析

2024 年 12 月

项目	本期金额/万元	上期金额/万元	增减变动额/万元	增减变动率
经营活动产生的现金流量净额	-339	-824	485	58.86%
投资活动产生的现金流量净额	2 174	-272	2 446	899.26%
筹资活动产生的现金流量净额	-5 071	19 049	-24 120	-126.62%
汇率变动对现金及现金等价物的影响	0	0	0	0
现金及现金等价物净增加额	-3 236	17 953	-21 189	-118.02%

由表 4-25 可知，公司经营活动产生的现金流量净额上期为-824 万元，本期为-339万元，本期较上期增加了 485 万元，增长了 58.86%；公司投资活动产生的现金流量净额上期为-272 万元，本期为 2 174 万元，本期较上期增加了 2 446 万元，增长了 899.26%；公司筹资活动产生的现金流量净额上期为 19 049 万元，本期为-5 071 万元，本期较上期减少了 24 120 万元，下降了 126.62%。现金及现金等价物净增加额上期为 17 954 万元，本期为-3 236 万元，本期较上期减少了 21 189 万元，降低了 118.02%。

【案例思考】此案例现金流量表分析主要用的是什么分析方法？通过分析能发现公司存在的哪些问题？

【分析】此案例主要用的是结构分析法、比率分析法、趋势分析法。通过分析能发现公司本年存在的哪些问题如下：

（1）获现能力很弱，且主要以偶然性的投资活动获得。

公司经营活动产生的现金流量净额和筹资活动产生的现金流量净额均为负数，表明其经营活动、筹资活动的获现能力很弱。该公司维持日常经营活动及偿还筹资所需的资金压力较大，如运营不当，极易造成资金链断裂。

（2）偿债能力很弱，没有充足的经营活动现金来源偿还借款。

由于取得借款收到的现金为 29 500 万元，说明公司短期内流动资金比较充裕，能够满足日常经营活动和偿还短期借款的需要，但是由于公司现有经营活动产生的现金流量净额为-339 万元，说明现有的经营活动不能给企业带来利润，公司未来面临极大的偿债压力。如果不能找到新的利润增长点，公司会面临经营危机。

职业道德与财税素养

农业上市公司财务造假案例分析

广东新大地生物科技股份有限公司成立于 2014 年，创立初期名为广东新大地生物科技有限公司，2018 年更名为广东新大地生物科技股份有限公司。该公司是主要从事油茶产业化的现代农业企业，2021 年 8 月被有关部门评为国家高新技术企业。公司主营业务有：茶皂素系列产品研发及山茶油加工、油茶苗培植及油茶基地开发；洗发护发产品、沐浴液、化妆品及生物有机肥生产、销售。该公司生产的"曼佗神露"牌高山茶油，作为公司的主打产品，对公司的销售收入贡献不小。但就是这样一家从事良种油茶苗的培育与推广，以及油茶精深加工系列产品的研发、生产和销售的企业，通过体外资金循环的方式成为创业板历史上财务造假第一股。

动画视频

财务健康守护：解码财务报表的造假与真相

公开资料显示，新大地公司有以下造假情况。

一、虚增收入

在构成收入的要素中，最能表现出一家企业经营获利能力、企业成长趋势的，同时引起投资者重视的是主营业务收入。上市公司财务舞弊最常用的舞弊手法之一就是虚增主营业务收入。新大地在 2019 年、2020 年、2021 年虚增营业收入分别为 3 542 195.03 元、7 314 799.87 元、6 150 129.86 元。

二、虚减成本

相对于虚增收入容易留下造假证据，虚减成本难以被发现，因此越来越多的上市公司采用这种手段虚增利润。新大地公司作为制造业企业，将企业自身或者集团内部上下游企业编制的大部分单据作为成本类账户记账的依据，2019 年、2020 年、2021 年虚减成本分别为 1 223 110.93 元、4 256 610.71 元、3 811 340.55 元。

三、虚增利润

新大地在 2019 年、2020 年、2021 年，虚增利润分别为 2 319 084.10 元、3 058 189.16 元、2 338 789.86 元。

四、虚增毛利率

从事食用油加工业业务的企业除了西王食品和金健米业的毛利率维持在 22% 和 15% 左右之外，其余的企业毛利率均在 6% 上下波动。然而新大地茶油 2019 年至 2021 年的毛利率分别为 60.66%、43.50% 和 36.19%，有机肥 2020 年和 2021 年的毛利率分别为 25.11% 和 41.92%，三年平均综合毛利率维持在 40% 左右。这高得离奇的毛利率背后是体外资金循环虚增的收入和成本核算的异常。

新大地有机肥在 2020 年进入市场的时候毛利率是 25.11%，而在 2021 年其毛利率提高至 41.92%。而在 2020 年至 2021 年期间，有机肥的销售量完成了 281.52% 的增长，这已经不能用常识去解释了。试想一下，通常商家为了扩大市场份额把产品价格压低打进市场，但是新大地的有机肥在完成惊人的销售量增长的同时，还保持着高额的毛利率和毛利增速。

企业可能通过种种方式虚增利润，但虚假的收入不会带来真实的经营活动现金净流量。财务舞弊造假不会给企业带来真正的利润，相反，这会给社会带来重大影响，企业自身也将承受责任。证监会 2022 年 10 月 15 日出具对新大地的行政处罚决定书，内容如下：

给予新大地公司警告处分，并罚款 60 万元；给予新大地公司的实际控制人黄某江、凌某兰警告处分，终身市场禁入，并罚款 30 万元；给予凌某（新大地公司财务总监、曾担任监事）警告处分，十年市场禁入，并罚款 20 万元；给予新大地公司董事黄某露、董事会秘书赵某警告处分，并罚款 20 万元；给予其他的相关责任人警告处分，并罚款 15 万元。

【案例警示】会计人员编制财务报告时应该遵守"诚信为本、操守为重、坚持准则、不做假账"的职业道德，应当根据企业实际情况编制真实的财务报告。财务报告使用者应该用辩证的观点去看待财务报告披露的信息，一方面可以通过财务报告看出企业的经营情况，另一方面，还要辨析财务报告的真实性，多方收集企业真实情况结合分析。财务报告使用者需要使用恰当的方法去识别造假的财务报告，避免使用错误信息，做出错误决策。

思考与练习

一、多选题

1. 反映企业特定日期的财务状况的会计要素有（　　）。

    A. 资产　　　　　　　　B. 负债　　　　　　C. 所有者权益　　　D. 收入

2. 关于利润表，下列说法正确的有（　　）。

    A. 利润表又称损益表，是反映企业在一定会计期间经营成果的报表，主要提供有关企业经营成果方面的信息

    B. 利润表的编制依据是"收入-费用=利润"这一等式

    C. 利润表通常由表头和正表两部分组成

    D. 利润表有两种格式：单步式利润表和多步式利润表，我国一般采用多步式利润表格式

3. 反映企业一定时期的经营活动及其成果的会计要素有（　　）。

    A. 资产　　　　　　　　B. 利润　　　　　　C. 费用　　　　　　D. 收入

4. 关于现金流量表，下列说法正确的有（　　）。

    A. 现金流量表属于动态报表，是反映企业一定会计期间现金和现金等价物流入和流出情况的报表

    B. 现金流量表通常由表头、正表和补充资料三部分组成

    C. 现金不仅包括库存现金，还包括企业银行存款，也包括其他货币资金账户核算的外埠存款、银行汇票存款、银行本票存款等其他货币资金

    D. 现金等价物是指企业持有的期限短、流动性强、易于转换为已知金额现金、价值变动风险很小的投资

5. 现金流量表里的现金流量包括（　　）。

    A. 经营活动产生的现金流量　　　　　　B. 投资活动产生的现金流量

    C. 筹资活动产生的现金流量　　　　　　D. 捐赠活动产生的现金流量

6. 通过分析资产负债表，我们能够（　　）。

    A. 全面了解企业的资产、负债、所有者权益结构的合理性

    B. 了解企业的短期、长期偿债能力

    C. 了解企业现金及现金等价物的流入和流出情况

    D. 预测企业未来财务状况的发展趋势

7. 关于利润表质量分析，下列表述正确的有（　　　　）。

　　A. 利润表质量分析就是对利润形成过程的质量进行分析

　　B. 没有现金支撑的利润质量较差

　　C. 某工业企业利润主要来自投资收益，说明该企业利润质量较差

　　D. 某商业企业利润主要来自营业收入，说明该企业利润质量较高

二、判断题

1. 资产负债表是反映企业在某一特定日期财务状况的会计报表，是动态报表。

（　　　　）

2. 资产负债表各要素所包含的项目一般按其流动性进行排列，流动性越强的项目越排列在后，流动性越弱的项目越排列在前。　　　　　　　　　　　　　　（　　　　）

3. 利润表又称损益表，它以"收入－费用＝利润"这个会计等式为理论依据，反映企业某一特定时期的收入、费用和利润的情况。　　　　　　　　　　　　　（　　　　）

4. 现金流量表是反映企业在某一特定日期现金及现金等价物的流入和流出情况的会计报表。　　　　　　　　　　　　　　　　　　　　　　　　　　　　（　　　　）

5. 流动比率等于流动资产除以流动负债，其反映了企业的长期偿债能力。（　　　　）

6. 流动资产周转率反映了企业的营运能力，其等于销售收入除以平均流动资产总额。　　　　　　　　　　　　　　　　　　　　　　　　　　　　　　（　　　　）

7. 现金流量与当期债务之比，等于经营活动现金净流量除以流动负债，该比率反映了用经营活动现金净流量偿还本期到期债务的能力。该比率越高，企业现金流动性就越强。　　　　　　　　　　　　　　　　　　　　　　　　　　　　（　　　　）

三、简答题

1. 财务报告的作用是什么？

2. 分析资产负债表的方法有哪些？

3. 分析利润表的方法有哪些？

4. 分析现金流量表的方法有哪些？

5. 任意列举三个财务比率，并说明如何计算及其含义。

动手做一做

请从网上搜集某公司的财务报告，用财务分析的三种方法，分别对资产负债表、利润表和现金流量表做出合理分析。

第 5 章 走进财务管理

学习目标

知识目标

➢ 认识企业财务活动；
➢ 了解企业筹资活动；
➢ 了解企业投资活动；
➢ 了解企业利润分配活动。

能力目标

➢ 能对企业财务活动有一定认识，能选择恰当的筹资方式、投资方式和企业利润分配方式。

素养目标

➢ 培养爱岗敬业精神，树立开拓创新精神；
➢ 培养诚实守信、遵纪守法意识，自觉遵守职业道德规范，增强责任担当；
➢ 弘扬奋斗精神，培育时代新风新貌。

如何认识企业财务活动？企业怎样选择恰当的筹资方式？企业怎么进行投资活动？企业如何进行利润分配？让我们一一揭晓吧！

5.1 认知财务管理

财务管理是关于资产配置、融资、投资和资产管理的一门学科，会涉及企业理财的一系列基本观念和方法，如资金的时间价值、风险价值、财务决策等。

动画视频

企业脉动：解码
财务管理的生命力

5.1.1 认识企业财务活动

在市场经济条件下，拥有一定数额的资金，是进行生产经营活动的必要条件。企业生产经营过程，一方面表现为物资的不断购进和售出，另一方面则表现为资金的支出和收回。企业的经营活动不断进行，企业财务活动也就会不断产生资金收支。企业资金的收支构成了企业经济活动的一个独立方面，这便是企业的财务活动。

企业目标与企业财务管理目标一般都是围绕资金收支活动的。

1．企业目标与企业财务管理目标

企业的目标首先是生存，然后是发展，最后才是获利。对于财务管理而言，企业生存要求企业以收抵支，企业发展要求企业筹集发展资金，企业获利要求企业收大于支。

企业财务管理活动通常有两个目标，一是利润最大化，二是企业价值最大化。

第一种情况，如果 A 公司和 B 公司今年都赚取了 100 万元，那么哪个公司更好呢？可能很多人会说两家公司一样好，但是真的一样好吗？我们需要考虑更多因素才能正确地回答这个问题。第二种情况，如果 A 公司赚取了 100 万元，全部是现金，B 公司也赚取了 100 万元，但全部是应收账款，哪个公司更好？当然是收回了现金的 A 公司更好。如果 A 公司是投资了 100 万元建成的，而 B 公司是投资了 500 万元建成的，当年都赚取了 100 万元，那么哪个公司更好？

先来看第一个目标——利润最大化。利润是一个绝对数，就是前面所说的企业赚取的 100 万元。这个目标的主要缺点是没有考虑资金的时间价值，没能有效地考虑风险的问题，没有考虑利润与投入资本的关系，由于利润没有反映企业未来的盈利能力，所以这一目标会导致财务决策的短期化。

再来看第二个目标——企业价值最大化，也就是股东财富最大化。这个目标考虑了资金的时间价值和风险因素，克服了企业追求利润的短期行为，反映了资本与报酬之间的关系。企业价值一般是通过其股价来反映的，也就是它未来获利的潜在能力。

表 5-1 概述了两种企业财务管理目标的优缺点。

表 5-1　财务管理目标优缺点对比

财务管理目标	优点	缺点
利润最大化	（1）利润可以直接反映企业创造的剩余产品的多少 （2）在自由竞争的资本市场中，资本的使用权最终属于获利最多的企业 （3）只有每个企业都最大限度地创造利润，整个社会的财富才可能实现最大化，从而带来社会的进步和发展 （4）有利于企业资源的合理配置，有利于企业整体经济效益的提高	（1）没有考虑利润实现时间和资金的时间价值 （2）没有考虑风险问题 （3）没有反映创造的利润与投入资本之间的关系 （4）可能导致企业短期财务决策倾向，影响企业长远发展
企业价值最大化	（1）考虑了取得报酬的时间，并用资金的时间价值原理进行了计量 （2）考虑了风险与报酬的关系 （3）将企业长期、稳定的发展和持续的获利能力放在首位，能克服企业在追求利润上的短期行为 （4）用价值代替价格，克服了过多受外界市场因素的干扰，有效规避了企业的短期行为	（1）企业的价值过于理论化，不易操作 （2）对于非上市公司，只有对企业进行专门的评估才能确定其价值。而在评估企业的资产时，由于受评估标准和评估方式的影响，很难做到客观和准确

2．企业财务管理活动

企业的财务管理活动包括筹资、投资、营运和分配，如图 5-1 所示。

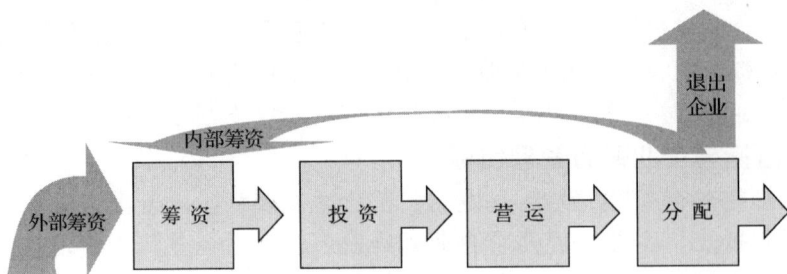

图 5-1　企业财务管理活动

在筹资过程当中，企业一方面要预测投资的总规模，另一方面要通过选择一定的筹资渠道和适当的筹资方式或工具，确定合理的筹资结构，以降低筹资成本，控制财务风险。

投资活动不但要考虑投资的规模，还要通过选择投资方向、投资方式，确定合理的投资结构，以提高投资效益并降低投资风险。

营运资金是指企业为满足日常经营活动的需要，而需要垫付的资金。在一定时期内资金周转越快，企业就可以利用相同的金额，生产经营更多的商品，获得更多的收入，获得更多的报酬。因此企业应该千方百计地加速资金周转，以提高资金的利用效率。

分配活动是对企业财务成果的分割过程，企业应依照一定的分配原则，充分考虑各相关利益主体的要求，合理确定分配规模和分配方式，力争使企业取得最大的长期利益。

一般来讲，企业财务管理的方式有以下 5 个：第一个是预测，第二个是决策，第三个是预算，第四个是控制，第五个是分析。其中，决策是核心，决策一旦失误，其他工作都是无效的。

传统的财务会计主要服务于企业外部用户，并通过向管理会计和财务管理部门提供其所需的信息，间接起到对企业内部管理的作用。而财务管理是对企业资金运动全过程的直接管理。管理会计是会计与管理的结合。整个财务会计体系以实现股东财富最大化为目标。

案例分析 5-1

C 公司的现金流出现严重问题

C 公司是一家以药品、绿色食品为主要经营产品的集团企业，集生产、销售于一体，是省级龙头企业。C 公司目前开发了 6 大系列 14 种产品，药品类主要在国内市场销售，部分绿色食品已经打入了欧美市场。2023 年后，C 公司开始大力扩展其经营项目，近年来 C 公司一直在省内市场占有绝对优势的市场份额。

最近几个月，C 公司的盈利水平明显下降，甚至部分子公司还出现了资金链断裂的危机。总经理对公司上上下下进行了审查。总经理查看了公司的生产情况，对公司十年的发展规划进行了评估，对公司员工进行了严格的审核，对人员管理、公司文化、销售渠道都做了评估，并没有发现有什么问题。直到收到了来自公司财务人员的各种抱怨：应收账款越来越多，旧债收不回又有新债；过大的存货量浪费了不少成本；要进原料时没有资金，但有的时候资金一闲置就是半年。原来是风险资金管理出了问题，使得公司所承受的风险增加。另外，一些子公司在筹资、投资、营运等方面的现金流也存在较大的问题，有的甚至出现了资金链断裂。

【案例思考】C公司现金流出现严重问题，风险大大增大，主要体现在哪些方面？

【分析】C公司现金流出现问题，主要体现在以下几个方面。

一、风险控制不足，资金状况不稳定

一个健康的企业要有充足的营运资金，但也要避免资金过多，否则企业会面临较大的风险。C公司需要在所承担的风险与公司的收益之间选择一个合适的组合。据相关报表数据表明，公司货币资金状态一直不稳定，从2020年到2022年资金一直短缺，从2023年之后，由于没有做好资金预算和分配计划工作，公司的资金出现了囤积。加上对赊账方的信用审核不严格，让应收账款也出现了问题，特别是集团内几个规模不大的子公司，这使得信用较差的公司也钻空子赊账，坏账比例增大，C公司的应收账款增多。在客户的经营状况和付款条件发生变化的时候，C公司也没有及时调整信用条件。没有制定相应的收账政策是根本原因，C公司应该对不同客户进行分级，并且在不同状况下采取不同的措施。

二、母子公司之间、子公司之间资金流转不科学

C公司集团内部一个子公司在近几个月里险些出现资金链断裂。在对C公司的报表和其他财务资料查看后发现，集团内部其他一些公司的资金状况良好甚至过剩。显然问题出在母子公司、子公司之间资金的调剂调配不充分、不科学，资金管理过于分权。在一个子公司现金严重不足的情况下，其他公司没有及时帮助，这是由于整个集团没有现金统筹计划，缺乏对资金的战略性计划。并且集团缺少全面的资金预算，母公司没有对集团未来资金短缺或者过剩进行合理的估计，子公司对自身未来资金的需求或者投资筹资计划也没有及时上报给母公司。

三、投资活动过于分散使风险增大

多元化投资结构的不合理以及不切合实际的总体战略是C公司投资活动的最大问题。2023年后，C公司大力扩展了其经营项目，最初仅仅只是实业经营，后来越来越多地关注金融行业，试图走产融混业经营模式。C公司前后并购或参股了5家金融机构，其中包括商业银行和证券公司。C公司通过抵押、担保等方式轻松地从这些金融机构获取资金。采取宽松的信贷政策的金融机构，使C公司扩张，快速增长的企业仍旧需要资金。然而，政府宏观调控导致信贷规模大大缩减，这立马影响了C公司产业，最终的结果就是其资金链断裂。因此C公司在快速发展其融资能力的同时也大大增加了公司的风险。公司近几年来除了农业和药业外，还慢慢向旅游业、纺织业、汽车行业发展。然而这些行业与C公司的主营业务从渠道和上下游都没有相关之处。这使得公司从技术上、人员上、管理方法上都面临巨大的挑战，风险也大大增加。

四、过度担保、大股东占用资金

其他方面的问题主要在于过度担保以及股东占用资金。各种资产抵押、股权抵押、信用担保，使得C公司集团内部的不同公司的风险相关联，形成了一条风险传递链。从相关信息来看，C公司担保数额较同行业大，且大多数都是流动债务，偿还期短，风险大。另外，通过委托理财，C公司大股东挪用资金的情况也十分严重。

3. 企业财务管理环境

企业财务管理环境是指对企业财务管理活动产生影响的企业内、外部条件或因素，如图 5-2 所示。

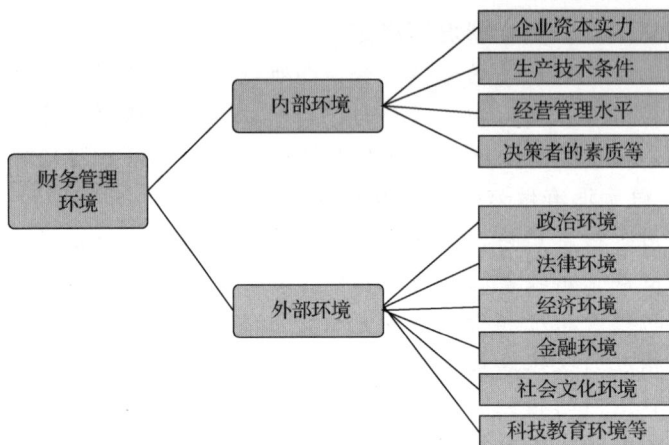

图 5-2　企业财务管理环境

外部环境中，法律环境是指企业和外部发生经济关系时所遵循的各项法律法规。一方面，法律提出了企业从事各项业务活动所必须遵守的规范和前提条件，从而对企业行为进行约束。另一方面，法律也为企业守法从事各项业务活动提供了保护。

经济环境是影响企业财务管理的各种经济因素，有经济周期、经济发展水平、通货膨胀状况、政府的经济政策等。

金融环境是指影响企业进行财务活动的金融因素，包括金融机构、金融市场和利率。可以说金融环境是影响财务活动诸多因素当中最为直接和最为特殊的一个方面。

案例分析 5-2

ABC 游戏软件设计公司遇到的资金短缺问题

ABC 游戏软件设计公司成立迄今有三年，已推出四款颇受市场欢迎的游戏软件，公司去年营业收入达 2 亿元。

目前，这家公司资本额为 2 000 万元，为了筹措营运所需资金，公司准备将自有的厂房及仓库抵押给银行以取得 4 000 万元担保贷款，还计划进一步将营业项目扩展到商用以及教育应用软件的开发设计。

为了这些扩充计划，公司财务经理发现现有的资金筹措方式将不足以应对未来公司对资金的需求。更严重的是，公司将面临短期营运资金不足的问题。

为了公司业务发展的需要，公司的部分原有投资者建议年底进行少量分红，将资金用于支持公司的发展。

【案例思考】从财务管理的角度讨论 ABC 游戏软件设计公司遇到的问题。

【分析】公司因为扩大规模面临资金短缺的问题，需要筹措更多的资金。财务经理应该通过各种渠道筹措资金。

5.1.2 解析财务收益与风险

1. 资金的时间价值

今天的 1 元与若干年以后的 1 元价值相等吗？这涉及资金的时间价值问题。资金的时间价值是指一定量的资金，在不同时点上的价值量的差额，也称为货币的时间价值。资金的时间价值主要涉及图 5-3 所示的几个基本概念

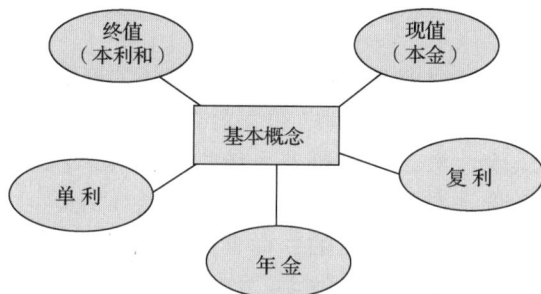

图 5-3　资金的时间价值涉及的基本概念

（1）现值也叫本金，是指未来某一个时点上的一定量的现金折算到现在的价值。

（2）终值也叫本利和，是指一定量的现金在将来某一时点上的价值。

（3）单利是指对本金计算利息，利息部分不再计算利息。

（4）复利是指不仅对本金计算利息，而且对本金所产生的利息也要计算利息，也就是所谓的"利滚利"。

（5）年金是指在一定时期内每隔相同的时间收取或者支出相同金额的系列款项。

在单利计息的情况下，假如现在的本金 1 000 元三年以后的终值是 1 300 元，得到的利息是 300 元。按复利计算的话，三年以后的终值是 1 331 元，比单利计息多了 31 元，这多出来的 31 元就是利息产生的利息。就财务管理活动而言，一般以复利计息为主。

简单来说，复利的终值是指将现在的钱折算到若干年以后是多少，而复利的现值是将若干年以后的钱，折算到现在是多少。

2. 资金收益与风险

企业要追求资金收益，当然也就要承受一定的风险。企业在做一项决策的时候，一般考虑两个方面：一方面是收益，另一方面是风险。收益和风险一般来讲有 4 种组合：收益大，风险大；收益小，风险小；收益大，风险小；收益小，风险大。图 5-4 中，第三种"收益大，风险小"的方案最好，第四种"收益小，风险大"的方案最差，因为冒很大的风险却获得很小的收益，这样的方案不可取。

决策需要考虑：

	收益	风险	
（1）	大	大	
（2）	小	小	
（3）	大	小	最好
（4）	小	大	最差

图 5-4　资金收益与风险

（1）资金收益。

资金收益一般用两种方式表示：一是用绝对数来反映的资金收益，二是用相对数来反映的资金收益，即收益率。

资金收益也可以说是资本利得或者利润。通俗来讲，资本利得就是买卖差价。买入 20 元，卖出 50 元，那么资本利得就是 30 元，这个是用绝对数来表示的资金收益。收益率是指资金增量值与期初资金的比值。

（2）资金风险。

资金风险是指企业在各项财务活动中，难以预料或者无法控制的因素作用，使企业的资产实际收益和预计收益发生背离，从而蒙受经济损失的可能性。风险的种类有两大类，第一大类是系统性风险，第二大类是非系统性风险。系统性风险是指全部的不可分散市场风险。非系统性风险是指个别的可分散企业风险（经营风险和财务风险）。

系统性风险是针对市场上所有企业的，而非系统性风险是针对个别企业的。系统性风险不可分散，而非系统性风险可以分散。

5.2 做好企业财务管理

企业财务管理主要包括筹资管理、投资管理、营运资金管理、利润分配管理等。

5.2.1 解析企业筹资管理

企业筹资是指企业根据其生产经营、对外投资以及调整资本结构等需要，通过一定的渠道，采取适当的方式，获取所需资金的行为。

1. 筹资管理概述

（1）筹资的分类。按照资金的性质，企业资金可分为负债资金和权益资金。

表 5-2 所示为筹资方式比较表，即负债资金和权益资金两种筹资方式的对比。负债资金需要偿还本金，而权益资金不需要；负债资金的收益是利息，而权益资金的收益是股利；负债资金没有决策权，而权益资金有决策权；进入破产清算阶段，先清偿的是负债资金，后清偿的是权益资金。

表 5-2 筹资方式比较表

比较项目	负债资金	权益资金
是否偿还本金	是	否
收益	利息	股利
决策权	没有	有
破产清算	先清偿	后清偿

（2）筹资的原则。企业筹资坚持下列原则：第一，守法原则；第二，规模适当原则；第三，及时性原则；第四，来源合理原则；第五，资本结构优化原则。

（3）筹资渠道。筹资渠道是指客观存在的筹措资金的来源和通道。筹资渠道有以下几个方面：国家财政资金、银行信贷资金、非银行金融机构资金、其他法人资金、民间资金、企业内部资金、外商资金。也就是说，企业可以从上述方面获得资金。

（4）筹资方式。常用的筹资方式有以下几种：吸收直接投资、发行股票、发行债券、银行借款、商业信用、融资租赁。筹资渠道和筹资方式是相互联系的：筹资渠道反映企业资金的来源与方向，即资金从何而来；筹资方式反映企业筹资的具体手段，即如何取得资金。一种渠道可以对应多种方式，一种方式也可以对应多种渠道。

权益资金的筹集主要通过吸收直接投资、发行股票以及留存收益获得，权益资金筹集方式的优点和缺点如表 5-3 所示。

表 5-3　权益资金筹集方式比较

筹资方式		优点	缺点
权益资金筹资	吸收直接投资	✓ 能够尽快形成生产能力 ✓ 容易进行信息沟通 ✓ 手续相对比较简单，筹资费用较低	✓ 相对于债务筹资和股票筹资来说，资本成本较高，投资者往往要求将大部分盈余作为红利分配 ✓ 不易进行产权交易
	发行普通股	✓ 相对吸收直接投资来说，普通股筹资的资本成本较低 ✓ 能提高公司社会声誉，促进股权流通和转让	✓ 资金成本较高 ✓ 容易分散控制权 ✓ 信息沟通与披露成本较大 ✓ 相对吸收直接投资方式来说，不能及时形成生产能力
	发行优先股	✓ 没有固定的到期日，一般情况下不用偿还本息 ✓ 股利支付既固定，又有一定弹性 ✓ 有利于提升公司信誉，增强公司的借债能力	✓ 优先股股利从净利润中支付，因此成本较高 ✓ 发行优先股通常有许多限制条款 ✓ 优先股需要支付固定股利，但利润下降时，会加大公司较大的财务负担
	留存收益	✓ 不用发生筹资费用（与普通股筹资相比较，留存收益筹资不需要发生筹资费用，资本成本较低） ✓ 维持公司控制权分布	✓ 筹资数额有限

负债资金按筹集时间长短，又分为短期负债资金和长期负债资金。短期负债资金主要通过商业信用、短期借款两种方式筹集，长期负债资金可以通过长期借款、发行债券、融资租赁等方式筹集。负债资金筹集方式的优点和缺点如表 5-4 所示。

表 5-4　负债资金筹集方式比较

筹资方式		优点	缺点
负债资金筹资	短期借款	✓ 筹资速度快 ✓ 款项使用灵活 ✓ 资本成本低	✓ 借款数量有限 ✓ 筹资风险大
	长期借款	✓ 筹资速度快 ✓ 款项使用灵活 ✓ 资本成本低	✓ 财务风险较高 ✓ 限制性条件比较多
	债券筹资	✓ 资本成本较低 ✓ 能获得财务杠杆效益 ✓ 保障所有者对企业的控制权	✓ 财务风险比较高 ✓ 限制条件多

续表

筹资方式		优点	缺点
负债资金筹资	融资租赁	✓ 无须大量资金就能迅速获得资产 ✓ 财务风险小，财务优势明显 ✓ 筹资限制条件较少 ✓ 租赁能延长资金融通的期限	✓ 资金成本较高
	商业信用	✓ 商业信用容易获得 ✓ 企业有较大的机动权 ✓ 企业一般不用提供担保	✓ 商业信用筹资成本高 ✓ 容易恶化企业的信用水平 ✓ 受外部环境影响大

2. 资本成本与结构

资本成本与结构是企业筹集资金的时候必须要考虑的问题。企业筹集资金是需要付出一定代价的，这就是资金成本，也叫资本成本。企业为了筹集和使用资金而付出的代价，包括筹资费用和用资费用。一般来讲，筹资费用有发行费、手续费等，用资费用有股息、利息等。

（1）相关指标。

① 边际贡献。边际贡献等于销售收入减去变动成本。

$$边际贡献（M）=销售收入（S）-变动成本（V）$$

② 息税前利润。息税前利润等于边际贡献减去固定成本。

$$息税前利润（EBIT）=边际贡献（M）-固定成本（a）$$

$$=S-V-a$$

③ 利润总额。利润总额等于息税前利润减去利息。

$$利润总额=息税前利润（EBIT）-利息（I）$$

④ 净利润。净利润等于利润总额减去所得税。

$$净利润=利润总额-所得税（T）$$

$$=EBIT-I-T$$

⑤ 每股收益。每股收益等于净利润除以发行在外的普通股股数。

$$每股收益（EPS）=净利润÷发行在外的普通股股数$$

（2）资本成本。

资本成本是指企业为筹集和使用资金而付出的代价，包括筹资费用和用资费用。资本成本可以用两种方式表示。第一种是用绝对数表示，就是把筹资费用和用资费用加起来。比如筹资费用是 5 万元，用资费用是 20 万元，则资本成本就是 25 万元。用绝对数表示资本成本的缺点是条件不同的情况下不能进行对比。第二种是用相对数表示，也可以叫资本成本率，通过用资费用除以筹资净额得到。比如，用资费用是 20 万，筹资净额是 50 万，资本成本率就是 20÷50×100%=40%。

资本成本包括个别资本成本和综合资本成本两类。通常情况下，用个别资本成本来表示某一种资金的成本，用综合资本成本来表示多种资金的平均成本。

① 个别资本成本的计算。

A. 以负债资金中的银行借款的资本成本和债券的资本成本为例。

a. 银行借款的资本成本的计算公式如下。

$$K_1 = \frac{I(1-T)}{L(1-f)} = \frac{i(1-T)}{1-f}$$

其中，K_1 表示银行借款的资本成本，L 表示筹资总额，I 表示借款年利息，i 表示借款年利率，f 表示筹资费用率，T 表示所得税税率。

b. 债券的资本成本的计算公式如下。

$$K_b = \frac{I(1-T)}{P(1-f)} = \frac{B \times i(1-T)}{P(1-f)}$$

其中，K_b 表示债券的资本成本，P 表示发行价，I 表示债券年利息，i 表示债券年利率，B 表示债券面值，f 表示筹资费用率，T 表示所得税税率。

B. 以权益资金中的优先股的资本成本、普通股的资本成本、留存收益的资本成本为例。

a. 优先股的资本成本的计算公式如下。

$$K_p = \frac{D}{P(1-f)} \times 100\%$$

其中，K_p 表示优先股的资本成本，D 表示每年股利。

b. 普通股的资本成本分以下两种情况。

股利固定普通股的资本成本的计算公式如下。

$$K_{c1} = \frac{D_1}{P(1-f)} \times 100\%$$

其中，K_{c1} 表示股利固定普通股的资本成本，D_1 为第一年股利。

股利增长普通股的资本成本的计算公式如下。

$$K_{c2} = \frac{D_1}{P(1-f)} \times 100\% + g$$

其中，K_{c2} 表示股利增长普通股的资本成本，g 为每年股利增长率。

c. 留存收益的资本成本（没有筹资费用）分为以下两种情况。

股利固定的留存收益资本成本的计算公式如下。

$$K_{e1} = \frac{D_1}{P} \times 100\%$$

其中，K_{e1} 表示股利固定的留存收益的资本成本。

股利增长的留存收益资本成本的计算公式如下。

$$K_{e2} = \frac{D_1}{P} \times 100\% + g$$

其中，K_{e2} 表示股利增长的留存收益资本成本。

② 综合资本成本的计算。

综合资本成本是指企业全部资金的总成本，它不等于各种资金成本的简单相加，而是要加权平均。综合资本成本的计算公式如下。

$$K_w = \sum K_i \times W_i$$

其中，K_w 表示综合资本成本，K_i 表示某一种资本成本，W_i 表示某一种资金的权数（某一种资金占总资金的比重）。

（3）资本结构。

企业的资金一般是由权益资金和负债资金构成的，资本结构通常指权益资金和负债资金在资金总额中的占比。资金的总体结构应该是 100%，如果权益资金占了 70%，负债资金的比例就只有 30%；如果权益资金的比例是 40%，负债资金的比例是 60%。那么，什么结构才是合理的资本结构呢？

例如，有 A、B 两家公司，资产规模均为 1 000 万元，年息税前利润均为 600 万元，所得税税率为 25%，其他情况如表 5-5 所示。

表 5-5　A 公司和 B 公司筹资指标比较

项目	A 公司	B 公司
权益资金/万元	1 000	500
普通股/万股	1 000	500
负债资金/万元	0	500
负债利率	0	10%
负债比例	0	50%
利息费用/万元	0	50
息税前利润/万元	600	600
所得税费用/万元	150	150
净利润/万元	450	400
每股收益/元	0.45	0.8

注：息税前利润=净利润÷（1-所得税税率）+利息费用

　　　　　=净利润+所得税费用+利息费用

　　　　　=利润总额+利息费用

净利润=息税前利润-所得税费用-利息费用

A 公司的 1 000 万元全部是普通股，也就是权益资金，而 B 公司的 1 000 万元中有一半是普通股，还有一半是负债资金。

A 公司的负债比例为 0，没有负债；而 B 公司的负债比例是 50%。两家公司的息税前利润都是 600 万元，可以算出 A 公司的净利润有 450 万元，B 公司的净利润有 400 万元。

下面再看一个指标——每股收益。每股收益等于净利润除以普通股股数。A 公司的普通股有 1 000 万股，其每股收益是 0.45 元，而 B 公司的普通股只有 500 万股，其每股收益是 0.8 元，相对于 A 公司来讲，每股收益翻了接近一倍。

如果你是一个投资者，你觉得哪家公司更好，你希望投资哪家公司？

应选择 B 公司。因为每股收益越高，公司越好。B 公司每股收益高于 A 公司，是因为其有一半的负债，普通股股数少，所以分摊到每一股上的收益大。

资本结构要达到最优，应该满足两个条件。第一是综合资本成本最低，第二是使企业价值最大化。那么企业在进行资本结构决策的时候，究竟是增加负债资金，还是增加权益资金；或者说在几个方案里进行选择的时候，应该怎么决策？

第一种方法是比较资本成本法，也就是比较各个方案的综合资本成本，哪个方案的综合资本成本最低，哪个方案就最好。

第二种方法是每股收益分析法，哪个方案的每股收益最大，就选择哪个方案。

（1）比较资本成本法。

比较资本成本法通过计算和比较不同资本结构的综合资本成本，选择综合资本成本最低的方案，该方法以资本成本作为确定最优资本结构的唯一标准，简单实用。计算公式如下。

$$K_i = \frac{原有资本成本 + 追加资本成本}{原有资本 + 追加资本}$$

某企业准备筹集 1 000 万元，现在有 A、B 两个方案可供选择，详细信息如表 5-6 所示。采用比较资本成本法，将这两个方案的综合资本成本，也就是加权平均成本算出来，然后比较选择综合资本成本最低的方案即可。

表 5-6　A 方案和 B 方案比较

筹资方式	A 方案		B 方案	
	筹资额/万元	资本成本	筹资额/万元	资本成本
长期借款	300	6%	400	7%
长期债券	200	7%	300	8%
优先股	100	10%	100	15%
普通股	400	15%	200	20%
合计	1 000		1 000	

分别测算两个筹资方案的加权平均资本成本，从而确定最佳筹资方案，即最佳资本结构。

$$K_A = \left(\frac{300}{1\,000} \times 6\% + \frac{200}{1\,000} \times 7\% + \frac{100}{1\,000} \times 10\% + \frac{400}{1\,000} \times 15\%\right) \times 100\% = 10.2\%$$

$$K_B = \left(\frac{400}{1\,000} \times 7\% + \frac{300}{1\,000} \times 8\% + \frac{100}{1\,000} \times 15\% + \frac{200}{1\,000} \times 20\%\right) \times 100\% = 10.7\%$$

经过计算比较，A 方案的资本成本较低，因此，A 方案是最好的筹资方案。

（2）每股收益分析法。

每股收益分析法，也叫作无差别点法，这种方法是利用每股收益无差别点来分析确定资本结构的方法。每股收益无差别点是指两种筹资方式下，每股收益相等时的息税前利润点，也叫销售额点、息税前利润平衡点。

在图 5-5 中，横坐标代表息税前利润，纵坐标代表每股收益。假设有两种方案，第一种方案是发行股票，即筹集权益资金；第二种方案是发行债券，即筹集负债资金。这两种方案的息税前利润增长时，每股收益也在增长，这两条斜线相交的那一点对应的息税前利润就是每股收益无差别点，这时两种方案的每股收益是相等的。

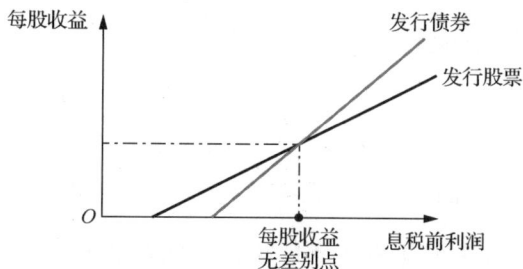

图 5-5　每股收益无差别点

当息税前利润小于每股收益无差别点的息税前利润时，发行股票的每股收益比发行债券的每股收益高，所以应该选择发行股票；而当息税前利润大于每股收益无差别点的息税前利润时，发行债券的每股收益比发行股票的每股收益高，所以应该选择发行债券。

📚 案例分析 5-3

蓝天公司的筹资方式选择

蓝天公司是经营机电设备的一家国有企业，为了进一步拓展国际市场，公司需要在国外建立一个全资子公司。公司目前的资本来源包括面值为1元的普通股1 000万股和平均利率为10%的3 200万元的负债，预计公司当年实现息税前收益1 600万元。开办这个全资子公司需要投资4 000万元，适用的所得税税率为25%，预计该子公司建成投产之后会为公司增加销售收入2 000万元，其中变动成本为1 100万元，固定成本为500万元。

该项目有两种筹资方式：①以11%的利率发行债券；②按每股20元价格发行普通股。

【案例思考】（1）在不考虑财务风险的情况下，试分析该公司应选择哪一种筹资方式。

（2）公司发行股票与发行债券各有何优缺点？

【分析】（1）利用每股收益无差别点进行分析。

债券筹资与普通股筹资的每股收益无差别点：

[（EBIT-3 200×10%-4 000×11%）×（1-25%）]÷1 000=[（EBIT-3 200×10%）×0.75]÷（1 000+4 000÷20）

通过计算可得EBIT为2 960万元。

在不考虑财务风险的情况下，基于以上的计算结果，债券筹资与普通股筹资的每股收益无差别点是2 960万元。由于该项目为公司新增400万元（2 000-1 100-500）的息税前利润，再加上预计当年实现的息税前利润1 600万元，共计获得息税前利润2 000万元，在这种情况下，债券筹资的每股收益为[（2 000-3 200×10%-4 000×11%）×（1-25%）]÷1 000=0.93，普通股筹资的每股收益为[（2 000-3 200×10%）×0.75]÷（1 000+4 000÷20）=1.05，相比较，普通股筹资的每股收益更高，所以应该选择发行股票的方式来筹资。分析过程可以参考图5-6。

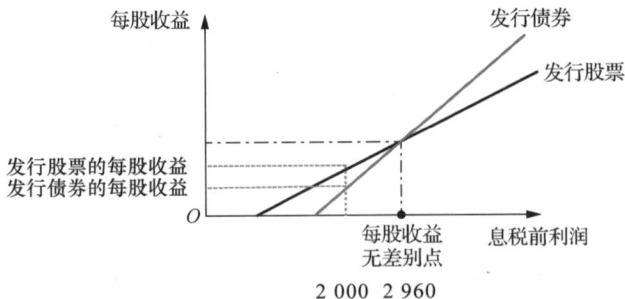

图5-6　每股收益无差别点分析图

（2）发行股票的优点是增信誉、降风险；缺点是成本高、控制分散、易泄密。发行债券的优点是成本低、不稀释股权、提高声誉；缺点是风险高、限制多、易泄密。

5.2.2　解析企业投资管理

1. 对内投资（项目投资）

投资决策是企业重要的决策。筹资的目的是投资，投资决定了筹资的规模和时间。投资决定了购置的资产类别，不同的生产经营活动需要不同的资产，因此投资决定了企业日常经营活动的特点和方式。投资决策决定着企业的前景，提出投资方案和评价方案的工作已经不是财务人员能单独完成的，需要所有管理人员的共同努力。

（1）项目投资概述。

投资是指特定经济主体为了在未来可预见的时间内获得收益或使资金增值，在一定时期向一定领域的标的物投放足够资金或实物等现金等价物的经济行为。项目投资是一种以特定建设项目为对象，直接与新建项目或更新改造项目有关的长期投资行为。

项目投资的特点有：内容独特（每个项目至少涉及一项固定资产投资）；投资数额多；影响时间长（一年或一个营业周期以上）；发生频率低；变现能力差；投资风险高。

项目投资程序包括：①提出投资项目；②估计各个备选方案的现金流量；③计算各个备选方案的价值指标；④评价比较各个方案的价值指标；⑤对已经接受的方案进行跟踪评价。

（2）项目投资评价。

投资项目评价的基本原理是：投资项目的收益率超过资本成本时，企业的价值将增加；投资项目的收益率小于资本成本时，企业的价值将减少。

① 项目投资现金流量分析。

所谓现金流量，是指一个项目引起的企业现金支出与现金收入增加的数量。这时的"现金"是广义的现金，不仅包括各种货币资金，而且还包括项目需要投入的企业现有的非货币资源的变现价值。

现金流量的构成包括以下三种。

◆　现金流出量：项目引起的企业现金支出的增加额。

◆　现金流入量：项目引起的企业现金收入的增加额。

◆　现金净流量：项目引起的现金流入量和现金流出量的差额。

现金净流量=现金流入量-现金流出量

实际工作中，一般采用简化计算公式的形式计算现金净流量，即根据项目计算不同阶段的现金流入量和现金流出量，直接估算各阶段的现金净流量。

建设期现金净流量是指初始投资时发生的现金流量，一般包括固定资产投资、无形资产投资、流动资金投资和原有资产的变价收入等。对于新建项目来讲，建设期现金净流量等于其原始投资额。

经营期现金净流量是指投资项目完工投入使用后，在其寿命周期内，生产经营所带来的现金流入和现金流出的数量。

终结现金净流量是指投资项目完结时所发生的现金流量，即终结日的现金净流量。终结现金净流量主要包括原有固定资产的残值或变价收入、原来垫支在各种流动资产上的流动资金的收回和停止使用土地的变价收入等。

建设期某年的现金净流量=-该年发生的投资额

经营期某年的现金净流量=营业收入-付现成本-所得税+该年回收额

=该年净利润+该年折旧+该年摊销+该年利息+该年回收额

② 项目投资决策评价指标。

项目投资决策评价指标是用于衡量和比较投资项目可行性，以便据以进行方案决策的定量化标准与尺度，主要有投资利润率、静态投资回收期、净现值、净现值率、现值指数、内含报酬率等。这些指标按照是否考虑资金时间价值来分类，可以分为非折现评价指标和折现评价指标。二者的区别在于，非折现评价指标在计算的过程中不考虑资金的时间价值，因此也叫做静态评价指标。折现评价指标在计算的过程中考虑资金的时间价值，因此也叫做动态评价指标。静态评价指标如表5-7所示，动态评价指标如表5-8所示。

表5-7 项目投资决策评价指标——静态评价指标

指标	含义及计算公式	决策标准	优缺点
投资利润率	含义：投资项目生产经营期内年平均利润占投资总额的比率。计算公式：投资利润率=投产期年平均利润÷投资总额×100%	投资项目的投资利润率越高越好，低于设定的必要报酬率的方案为不可行方案	优点：简单明了、易于掌握，该指标不受建设期长短、投资方式、回收额有无以及净现金流量大小等条件的影响，能够说明各投资方案的收益水平。缺点：没有考虑货币时间价值因素，分子分母其时间特征不一致，指标的计算无法直接利用净现金流量信息
静态投资回收期	含义：不考虑资金时间价值的情况下，收回全部投资额需要的时间，通常以年为单位计算。计算公式：如果生产经营期年现金净流量相等，那么投资回收期=投资总额÷年现金净流量；如果生产经营期每年的现金净流量不相等，则投资回收期的计算需要先计算每年年末尚未收回的投资额，然后计算投资回收期	如果静态投资回收期小于等于期望回收期，此投资方案可以采纳；否则不可采纳	优点：易于计算和理解。缺点：没有考虑资金时间价值；只考虑了投资回收期内的现金净流量，没有考虑回收期满后的现金净流量，可能导致决策者优先考虑急功近利的投资项目

表5-8 项目投资决策评价指标——动态评价指标

指标	含义及计算公式	决策标准	优缺点
净现值	含义：在项目计算期内，按选定的折现率计算的各年现金净流量的现值的代数和。计算公式：净现值=Σ（项目计算期内各年的现金净流量×复利现值系数）	净现值≥0为可行方案 净现值<0为不可行方案	优点：考虑了资金的时间价值，能够反映各种投资方案的净收益；考虑了项目计算期的全部净现金流量，体现了流动性与收益性的统一；考虑了投资风险性。缺点：无法反映各个投资方案本身可能达到的实际投资收益率
净现值率	含义：投资项目的净现值占原始投资现值总额的百分比。计算公式：净现值率=投资项目净现值÷原始投资现值×100%	净现值率≥0为可行方案 净现值率<0为不可行方案	优点：可以从动态的角度反映项目投资的资金投入与净产出之间的关系。缺点：无法直接反映投资项目的实际收益率

指标	含义及计算公式	决策标准	优缺点
现值指数	含义：按选定的折现率计算的项目投产后各年现金净流量的现值之和与原始投资现值总额之比。 计算公式： 现值指数=项目投产后净现金流量现值之和÷原始投资现值总和	决策标准：现值指数>1，该方案为可行方案； 现值指数<1，该方案为不可行方案； 现值指数越大，投资方案越好	优点：可以从动态的角度反映项目投资的资金投入与净产出之间的关系。 缺点：无法直接反映投资项目的实际收益率，计算复杂，计算口径也不一致
内含报酬率	含义：使投资项目的净现值等于零的折现率。 计算方法：试误法	内含报酬率>资金成本，该方案为可行方案； 内含报酬率<资金成本，为不可行方案	优点：能从动态的角度直接反映投资项目的实际收益水平。 缺点：计算过程复杂，当进入生产经营期又发生大量追加投资时，就有可能导致多个高低不同的内含报酬率出现

案例分析 5-4

某公司现金净流量的计算与净现值的分析

某公司决定投资一项目，投资期为 2 年。第一年年初固定资产投资 200 万元，第二年年初固定资产投资 100 万元，第 3 年年初开始投产，投产时需垫支流动资金 50 万元。该项目经营期为 4 年。每年会使公司增加销售收入 350 万元，增加付现成本 180 万元。假设固定资产残值为 20 万元，最后一年回收垫支的流动资金 50 万元，在经营期内按直线法计提折旧。企业所得税税率为 25%。

【案例思考】（1）计算该项目各年的现金净流量（NCF）；（2）如果以 10%作为折现率，计算该项目的净现值（NPV）并进行分析。

【分析】（1）每年折旧额=（200+100-20）÷4=70（万元）

第 3～5 年每年净利润=（350-180-70）×（1-25%）=75（万元）

各年现金净流量：

NCF_0=-200（万元）

NCF_1=-100（万元）

NCF_2=-50（万元）

NCF_{3-5}=75+70=145（万元）

NCF_6=75+70+20+50=215（万元）

（2）净现值：NPV=145×（P/A, 10%, 3）×（P/F, 10%, 2）+215×（P/F, 10%, 6）

$$-200-100×（P/F, 10\%, 1）-50×（P/F, 10\%, 2）$$

$$=145×2.486\ 9×0.826\ 4+215×0.564\ 5-200-100×0.909\ 1-50×0.826\ 4$$

$$=298+121.37-200-90.91-41.32=87.14（万元）$$

因为该投资项目的净现值大于零，所以方案可行。

2. 对外投资（证券投资）

（1）证券投资概述。

证券是指票面载有一定金额，代表证券持有人的财产所有权或债权，可以有偿转让的财产凭证，如股票、债券等。证券投资是指投资者（法人或自然人）购买股票、债券、基金等有价证券以及这些有价证券的衍生品，以获取红利、利息及证券买卖价差（也叫资本利得）的投资行为。合理地买卖有价证券可以给证券投资者带来丰厚的收益。但对证券不恰当的投机和运作，则会导致证券投资者的经济损失。

证券投资具有收益性、流动性、风险性等特点，具体可分为债券投资、股票投资、基金投资等，其优缺点对比如表 5-9 所示。

表 5-9　债券投资、股票投资、基金投资优缺点对比

类别	优点	缺点
债券投资	投资收益稳定 投资风险低 流动性强	无经营管理权 购买风险较大
股票投资	投资收益高 购买力风险低 拥有经营控制权	收入不稳定 价格不稳定 求偿权居后
基金投资	能够在不承担太大风险的情况下获得较高收益 具有专家理财优势和资金规模优势	无法获得很高的投资收益 在大盘整体大幅度下跌的情况下，投资人可能承担较大风险

证券投资的程序是：合理选择投资对象—委托买卖—成交—清算与交割—办理证券过户。

证券投资的风险是指证券投资者在证券投资过程中遭受损失或达不到预期收益的可能性。证券投资的风险主要来源于系统性风险和非系统性风险，具体包括利率风险、购买力风险、违约风险、流动性风险、再投资风险。

（2）证券投资的价值和收益率分析。

① 债券投资。债券价值也称债券的内在价值，是指债券未来现金流入的现值。债券投资的现金流出是购买债券的价格，现金流入主要包括利息和到期归还的本金或出售时获得的现金。债券投资决策中，只有债券的价格小于或等于债券价值时，才可以投资该债券。

分期付息、到期还本债券的价值的计算公式如下。

$$V = I \times (P/A, \ i, \ n) + M \times (P/F, \ i, \ n)$$

其中，V 代表债券的实际价值，M 代表债券的票面价值，P 为债券的购买价格，I 为每年获得的固定利息，F 为债券到期收回的本金，i 为债券投资收益率，n 为投资期限，A 代表年金。

一次还本付息、不计复利债券的价值的计算公式如下。

$$V = M \times (1 + n \times i) \times (P/F, \ i, \ n)$$

其中，V 代表债券价值，M 代表债券的票面价值，P 为债券的购买价格，F 为债券到期收回的本金或中途出售收回的资金，i 为债券投资收益率，n 为投资期限。

债券投资的收益包括两方面：一是债券的利息收入；二是资本利得，即债券买入价与卖出价之间的差额。债券投资收益利率是指债券投资中所获得的收益率，它反映了债券投资的经济效益。在只有一种债券可供选择时，如果债券投资收益率高于债券投资人

要求的报酬率，则可以购买该债券；若有多种债券可供选择时，则应投资于收益率最高的债券。

短期债券由于持有时间较短，一般不用考虑货币时间价值因素，只需考虑债券价差及利息，将其与投资额相比，即可求出短期债券收益率，其基本计算公式如下。

$$K = \frac{S_1 - S_0 + I}{S_0}$$

其中，K 为短期债券收益率，S_0 为债券购买价格，S_1 为债券出售价格，I 为债券利息。

长期债券因持有时间较长，所以要考虑资金的时间价值，通常采用内含报酬率法计算其投资收益率。此时，债券投资收益率就是能使未来现金流入现值等于债券购买价格的贴现率。其基本计算公式如下。

$$P = I \times (P/A, i, n) + F \times (P/F, i, n)$$

式中：P 为债券的购买价格，I 为每年获得的固定利息，F 为债券到期收回的本金或中途出售收回的资金，i 为债券投资收益率，n 为投资期限，A 代表年金。

由于上述公式无法直接计算收益率，所以需采用逐步测试法及内插法。

② 股票投资。股票投资的目的主要有两种：一是获利，即进行一般的证券投资，获取股利收入及股票买卖差价；二是控股，即利用购买某一企业的大量股票达到控制该企业的目的。股票投资比债券投资风险要大许多。

股票的价值是指股票预期的未来现金流入的现值，也称股票的内在价值，是股票的真实价值，也叫理论价值，通常用 V 表示。股票的价格主要由预期股利和当时的市场利率决定，即股利的资本化价值决定了股票价格。另外，股票价格还受整个经济环境变化和投资者心理等复杂因素的影响。股利是股息和红利的总称，是公司从其税后利润中分配给股东的，是公司对股东投资的一种报酬。股票的预期收益额包括预计的每股股利与每股买卖价差之和。

股票的估价就是对股票的投资价值进行评估。股票价值的评价是在对股票未来收益和股票价格准确预测基础上，按一定的投资报酬率和估价模型对股票的内在价值所进行的估计。其计算方法类似于债券价值的计算，即求股票未来现金流入的现值。

零成长股票是指预期每年股利固定不变的股票。这样的股票常见于优先股股票，这种股票股利的支付过程类似于永续年金。计算公式如下。

$$V = \frac{D}{R_s}$$

其中，V 代表股票价值，D 代表固定股利，R_s 代表预期报酬率。

固定成长股票是指每年股利以一个固定增长率增长的股票。计算公式如下。

$$V = \frac{D_0 \times (1+g)}{R_s - g} = \frac{D_1}{R_s - g}$$

其中，D_0 代表第一年股利，g 代表股利增长率，D_1 代表当期股利。

非固定成长股票是指股票的股利既不是固定不变，也不是固定成长的股票。在这种情况下，要分段计算，才能确定股票的价值。

短期股票投资时间较短（通常不超过一年），所以一般不用考虑资金的时间价值，因此，短期股票投资收益率计算比较简单，其基本计算公式如下。

$$K = (S_1 - S_0 + d) \div S_0 \times 100\%$$

其中，K 为短期股票收益率，S_1 为股票出售价格，S_0 为股票购买价格，d 为股利。

长期股票投资，投资者持有该股票的时间超过一年，通常采用内含报酬率法计算其投资收益率。

③ 基金投资。基金投资是一种利益共享、风险共担的集合投资方式，即通过发行基金股份或受益凭证等有价证券聚集众多的不确定投资者的出资，交由专业投资机构经营运作，以规避投资风险并谋取投资收益的证券投资工具。

基金的创立和运行主要涉及四个方面：投资人、发起人、管理人和托管人。

（3）证券投资组合。

证券投资组合又叫证券组合，是指在进行证券投资时，不是将所有的资金都投向单一的某种证券，而是有选择地投向一组证券。证券组合可在一定程度上降低投资风险，但不能完全消除投资风险。

① 常见的组合策略如下。

◆ 冒险型策略：主要选择高风险高收益的成长型股票。

◆ 保守型策略：购买尽可能多的证券以分散风险。

◆ 适中型策略：通过分析，选择高质量的股票或债券组成投资组合。

② 常见的组合方法如下。

◆ 选择足够数量的证券进行组合。

◆ 把不同风险程度的证券组合在一起。

◆ 把投资收益负相关的证券组合在一起。

案例分析 5-5

某公司股票上年支付每股股利为 1.38 元，投资者要求的必要报酬率为 10%。

【案例思考】（1）若该股票为零成长股票，则永久持有股票的价值是多少？（2）若该股票股利固定增长率为 5%，持有股票的价值为多少？（3）假设该股票为零成长股票，某人以每股 20 元的价格购入该股票，试计算该股票的预期收益率为多少？并回答此时购买该股票是否明智。

【分析】（1）股票价值=1.38÷10%=13.8（元）

（2）股票价值=1.38×（1+5%）÷（10%-5%）=28.98（元）

（3）股票价值=1.38÷i=20（元），i=6.9%

因为 6.9%<10%，所以此时购买股票不明智。

5.2.3 解析企业营运资金管理

1. 现金管理

现金是指企业在生产过程中暂时停留在货币形态的资金。在企业的流动资产中，现金是流动性最强的资产。有价证券作为现金的一种转换形式，变现能力较强，可以随时转换为现金。企业有多余现金时，常将现金转换为有价证券；需要补充现金时，再出让有价证券换回现金。这样做的目的是利用暂时闲置的现金，获取一定的收益。广义的现金包括货币资金和短期有价证券。其中，货币资金包括库存现金、银行存款、银行本票

158

存款、银行汇票存款等，短期有价证券包括短期国库券、银行承兑汇票、商业票据、大额可转让存单、回购协议等。

（1）现金的成本分析。

① 持有现金的目的通常包括以下几个。

◆ 交易性需要：满足日常业务现金支付的需要。

◆ 预防性需要：应对意外紧急事件的需要。

◆ 投机性需要：用于不寻常的购买机会的需要。

② 持有现金的成本通常包括以下几个方面。

◆ 机会成本：因保留一定现金余额而丧失的再投资收益。

◆ 管理成本：因保留一定现金余额而增加的管理费用。

◆ 转换成本：用现金购入有价证券以及转让有价证券换取现金时付出的交易费用。

◆ 短缺成本：在现金持有量不足而又无法及时通过有价证券变现加以补充而给企业造成的损失。

（2）最佳现金持有量的确定。

现金管理的目标是保证企业正常经营所需现金支付的同时尽量减少闲置现金的数量，以提高现金的收益率。最佳现金持有量的决策依据是权衡流动性与收益性。企业留存的现金既不能太少，也不能太多，这就需要确定一个最佳现金持有量，即满足需求的同时，相关成本之和最低。确定最佳现金持有量的常用方法有成本分析模式和存货模式。

① 成本分析模式。成本分析模式是通过分析持有现金的成本，寻找持有现金总成本最低时的现金持有量的一种方法。运用成本分析模式确定最佳现金持有量时，主要考虑与现金持有量直接相关的机会成本和短缺成本。管理成本基本属于固定成本，与现金持有量的大小关系不大，在这里可作为现金持有总成本的组成部分来考虑，对转换成本则不予考虑。这种模式下，最佳现金持有量，就是持有现金而产生的机会成本、管理成本和短缺成本之和最小时的现金持有量。

② 存货模式。存货模式是引入存货的经济批量模型计算最佳现金持有量的一种分析方法，存货模式的着眼点也是现金相关总成本最低。管理成本因其相对稳定，同现金持有量的大小关系不大，因此，在存货模式中将其视为决策无关成本，同时，对短缺成本也不予考虑。这种方法主要考虑机会成本和转换成本，引入存货的经济批量模型计算最佳现金持有量时，主要是对现金持有量的机会成本和转换成本进行权衡，寻求两项成本之和达到最低时的现金持有量。

持有现金的机会成本与证券变现的转换成本相等时，现金管理的总成本最低，此时的现金持有量为最佳现金持有量。计算公式如下。

$$Q = \sqrt{2TF \div K}$$
$$TC = \sqrt{2TFK}$$

其中：T 为某一时期的现金总需用量，Q 为最佳现金持有量（每次出售有价证券换回的现金数量），K 为有价证券的利率（注意：K 与 T 的期间必须一致），F 为每次出售有价证券的转换成本，TC 为某一时期的现金管理总成本。

（3）现金日常管理。

现金日常管理的策略主要是对现金收支的时间加以控制，从而加快现金流转，缩短现金周转期，以保持最适宜及最少量的现金余额。想要缩短现金周转期，一方面是必须缩短生产经营周期，亦即缩短存货平均周转期和应收账款平均收款期；另一方面是延缓应付账款的支付。因此，现金日常管理工作的主要思想是力求加快收款，减慢支付，利用好时间差。具体做法有：加速应收款项收现；推迟应付款项支付；加强浮游量的管理；加强闲置资金管理。

案例分析 5-6

某企业现金收支状况比较稳定，预计全年（按 360 天计算）现金总需用量为 200 000 元，现金与有价证券的转换成本为每次 400 元，有价证券的年利率为 10%。

【案例思考】

（1）计算最佳现金持有量；

（2）计算最低全年现金管理相关总成本。

【分析】

最佳现金持有量（Q）$= \sqrt{2 \times 200\,000 \times 400 \div 10\%} = 40\,000$（元）

最佳现金管理相关总成本（TC）$= \sqrt{2 \times 200\,000 \times 400 \times 10\%} = 4\,000$（元）

2. 存货管理

存货是指企业在日常生产经营过程中，为生产或者销售而储备的物资，包括商品、产成品、半成品、在产品以及各种材料、燃料、周转材料等。存货管理是企业财务管理中一项经常性的工作。

（1）存货的成本。

持有存货的目的是满足生产经营需要和满足销售需要等。

企业保持一定数量的存货，就必然会付出一定的代价，即存货成本。存货成本一般有以下几项。

① 进价成本。进价成本又称购置成本，通俗地讲就是存货的买价，通常用订货单价与存货总需要量的乘积来确定。如果存在采购数量折扣，即单价随采购数量加大而降低，则进价成本与采购次数有关，属于决策相关成本。

② 订货成本。订货成本是指企业为组织订货而开支的费用。如与存货采购有关的办公费、差旅费、邮资、电话电报费、运输费、检验费、入库搬运费等支出。其中差旅费、邮资、电话电报费等费用与订货次数成正比例变动，称为变动订货成本，属于决策相关成本；而办公费、运输费、检验费、入库搬运费等费用与订货次数无关，称为固定订货成本，属于决策无关成本。

③ 储存成本。储存成本是指为储存存货而发生的费用，主要包括存货资金占用费或机会成本、仓储费用、保险费用、仓库折旧费、仓库职工的固定月工资等。其中存货资金占用费或机会成本、仓储费用、保险费用等费用与存货储量成正比例变动，称为变动储存成本，属于决策相关成本；而仓库折旧费、仓库职工的固定月工资等费用与存货储量无关，称为固定储存成本，属于决策无关成本。

④ 缺货成本。缺货成本是指因存货不足而给企业造成的损失，包括材料供应中断造成的停工损失、成品供应中断导致延误发货的信誉损失及丧失销售机会的损失等。若企业允许缺货，则缺货成本与存货储量反向相关，即属于决策相关成本；反之，若企业

不允许缺货,则缺货量为零,缺货成本也为零,也就无须考虑缺货成本。

(2)存货持有量决策。

为了保证生产经营的需要,降低存货的进价成本、订货成本和缺货成本,企业应持有充足的存货;但是,存货的增加又会加大储存成本。因此,如何以最低的存货成本来满足生产经营需要,成为存货持有量决策的基本目标。

存货决策相关总成本=进价成本+变动订货成本+变动储存成本+缺货成本

$$KC=D\times P+\frac{D}{Q}\times K+\frac{Q}{2}\times K_c+\frac{D}{Q}\times K_u\times S$$

其中,D表示年需要量,P表示单价,Q表示每次订货数量,K表示每次订货成本,K_u表示单位存货的年储存成本,K_u表示单位缺货成本,S表示一次订货缺货量。

存货持有量与订货批量有关,每次的订货批量越大,存货的持有量越大。经济订货批量是指既能满足生产经营需要,又能使一定时期存货的相关总成本达到最低的一次采购批量。

在经济批量基本模型下,存货相关成本计算公式如下。

$$TC=\frac{D}{Q}\times K+\frac{Q}{2}\times K_c$$

经济订货批量(Q^*)的计算公式如下。

$$Q^*=\sqrt{\frac{2KD}{K_c}}$$

经济订货批量的存货成本(TC*)的计算公式如下。

$$TC^*=\sqrt{2KDK_c}$$

(3)存货日常管理。

存货日常管理是指企业日常生产经营过程中,按照存货规划要求,对存货的使用和周转情况进行组织、调节和监督。存货日常管理的方法主要有以下两种。

① 存货储存期控制法。

存货储存期控制法,是根据存货的有关费用与存货储存时间的依存关系,通过控制存货储存时间,加速存货周转,实现存货管理目标的一种控制方法。无论是商品流通企业还是生产制造企业,其商品、产品一旦入库,便面临着如何尽快销售出去的问题。先不考虑未来市场供求关系的不确定性,仅是存货储存本身就会给企业造成较多的资金占用费(如利息成本或机会成本)和仓储管理费。因此,尽力缩短存货储存时间,加速存货周转,是节约资金占用、降低成本费用、提高企业获利水平的重要保证。

② ABC分类控制法。

对于一个大型企业来说,往往存货种类繁多,而不同的存货对企业影响大小不同。有的存货尽管品种数量很少,但金额巨大,如果管理不善,将给企业造成极大的损失。相反,有的存货虽然品种数量繁多,但金额微小,即使管理中出现一些问题也不至于对企业产生较大的影响。ABC分类控制法的目的在于使企业分清主次,突出重点,以提高存货资金管理的整体效果。所谓ABC分类管理,就是按照一定的标准,将企业的存货划分为A、B、C三类,分别实行分品种重点管理、分类别一般控制和按总额灵活掌握的存货管理方法。

A类存货品种数量少，但占用资金多，企业应集中主要力量进行周密的规划和严格的管理，应将其列为控制重点。其控制措施有：一是计算确定其经济订货批量、最佳保险储备量和再订货点，严格控制存货数量；二是采用永续盘存制，对存货的收发结存进行严密监视，当存货数量达到再订货点时，应及时通知采购部门组织订货。

B类存货品种、数量、占用资金均属中间状态，不必像A类存货那样严格控制，但也不能过于宽松。其控制要求是：确定每种存货的经济订货批量、最佳保险储备量和再订货点，并采用永续盘存制对存货的收发结存情况进行反映和监督。

C类存货品种多、数量大，但资金占用量很小，企业对此类存货不必花费太多的精力，可以采用总金额控制法，根据历史资料分析后，按经验适当增大订货批量，减少订货次数。

案例分析 5-7

某公司每年需要A材料6 000千克，一次订货成本为150元，单位材料的年储存成本为5元，该材料的采购单价为20元/千克。若一次购货在2 000～2 999千克，可获得2%的折扣；若一次购货在3 000千克及以上，可获得5%的折扣。假设缺货成本为0。

【案例思考】该公司每次订货量为多少时，可以达到存货总成本最低？

【分析】

$$Q^* = \sqrt{\frac{2 \times 150 \times 6\,000}{5}} = 600（千克）$$

TC（600千克）$= \sqrt{2 \times 150 \times 6\,000 \times 5} + 6\,000 \times 20 + 0 = 123\,000$（元）

TC（2 000千克）=进价成本+变动订货成本+变动储存成本+缺货成本

$$= 6\,000 \times 20 \times (1-2\%) + \frac{6\,000}{2\,000} \times 150 + \frac{2\,000}{2} \times 5 + 0 = 123\,050（元）$$

TC（3 000千克）=进价成本+变动订货成本+变动储存成本+缺货成本

$$= 6\,000 \times 20 \times (1-5\%) + \frac{6\,000}{3\,000} \times 150 + \frac{3\,000}{2} \times 5 + 0 = 121\,800（元）$$

由于每次购货3 000千克时总成本最低，所以每次订货量应为3 000千克。

3. 应收账款管理

应收账款是指企业对外销售商品或提供劳务时采用赊销方式而形成的应向购货方或接受劳务方收取的款项。加强对应收账款的管理已成为企业财务管理的重要内容。

（1）应收账款的持有目的和成本。

① 持有应收账款的目的。

a. 促进销售。企业销售产品可以采取现销方式或赊销方式。在竞争激烈的市场经济条件下，单纯依靠现销方式往往使企业处于不利境地。而采用赊销方式意味着企业在销售产品的同时，还相当于给购买方提供了可以在一定期限内无偿使用资金的优惠条件（即商业信用），如果有现金折扣，则又给购买方减少了开支，这对购买方而言具有极大的吸引力。因此，赊销是促进销售的一种重要方式，在资金相对短缺的情况下，赊销的作用更为明显。

b. 减少存货。企业持有存货，对存货管理，需要支付管理费、仓储费及保险费等；而赊销促进了产品销售，自然就减少了企业存货的数量，加快了存货的周转速度，将存货转化为应收账款，减少了对存货管理的有关支出。因此，当企业产成品存货过多时，就可以考虑采用较为优惠的信用条件进行赊销，以减少产成品存货，节约各项支出。

② 应收账款的成本，由机会成本、管理成本、坏账损失和现金折扣成本构成。

a. 机会成本。应收账款的机会成本是指企业的资金因用于应收账款而不能用于其他投资所丧失的投资收益。机会成本可用有价证券利率、资金利润率和资本成本率表示。应收账款机会成本的大小通常还与企业维持赊销业务所需要的资金（即应收账款占用资金）、资本成本有关，其计算公式如下。

$$应收账款机会成本 = 年赊销额 \div 360 \times 平均收账天数 \times 变动成本率 \times 资本成本率$$

b. 管理成本。应收账款的管理成本是指从应收账款发生到收回期间所有与应收账款管理系统运行有关的费用。管理成本主要包括对购买方信用状况进行调查的费用、收集各种信息的费用、账簿的记录费用、收账费用以及其他有关费用。

c. 坏账损失。应收账款因某种原因而无法收回的损失就是坏账损失。一般情况下，应收账款越多，发生的坏账损失也会越多。当然，坏账损失的发生与信用期限的长短、应收账款的管理水平也存在直接的关系，不同行业的坏账平均损失率也有差别。

d. 现金折扣成本。现金折扣是指为了鼓励购买方早日付款，而给予购买方付款数额方面的优惠。企业提供现金折扣条件，若购买方享受现金折扣，能缩短应收账款的占用时间，但必须付出现金折扣代价。

（2）信用政策的分析与决策。

应收账款管理的目标就是在扩大收益与增加的成本和风险之间权衡，将采用不同信用政策所产生的收益和花费的成本进行比较，制定最佳的信用政策。一般来说，当企业采取或松或紧的信用政策所带来的收益最大时，就是理想的信用政策。

信用政策是企业事先权衡收益与成本而提供给客户的信誉质量要求。制定信用政策是应收账款管理的核心，是指导企业进行应收账款日常管理的基本准则。为了管理好应收账款，企业必须制定出一系列符合企业自身经营管理特点的信用政策。

企业信用政策主要包括信用标准、信用条件和收账政策三部分内容。

① 信用标准。信用标准是客户获得商业信用所应具备的最低条件。信用标准通常以预期的坏账损失率表示。如果企业的信用标准比较严格，只对信誉较好的客户提供商业信用，则可以减少坏账损失，降低应收账款的机会成本和管理成本，但不利于企业市场竞争和扩大销售收入；反之，如果企业的信用标准比较宽松，虽然会增加销售量，提高市场竞争力，但是，也会相应地增加坏账损失和应收账款的机会成本与管理成本。

② 信用条件。信用标准是企业评价客户等级，决定是否给予客户商业信用的依据。一旦企业决定给予客户商业信用，就要考虑客户支付赊销款项的具体条件，这就是信用条件。信用条件是指企业接受客户信用订单时所提出的付款要求，主要包括信用期限、折扣期限及现金折扣等。

信用条件的基本表现方式如"2/10，n/45"，意思是若客户能够在发票开出后的 10 日内付款，可以享受 2% 的现金折扣；如果放弃折扣优惠，则全部款项必须在 45 日内付清。在此，45 天为信用期限，10 天为折扣期限，2% 为折扣期限内可享受的现金折扣。

改变信用条件对应收账款成本的影响可以从以下两个方面分析。

a. 改变信用期限。产品销售量与信用期限之间存在着一定的依存关系。延长信用期限，一方面会扩大销售量，从而增加毛利；另一方面会使平均收账期延长，应收账款的占用资金也相应加大，引起机会成本增加，同时坏账损失和收账费用也会增加。

b. 给予现金折扣。给予现金折扣的主要目的是鼓励客户提前付款，缩短平均收账期，进而降低机会成本、收账费用和坏账损失。另外，现金折扣也能招揽一些视现金折扣为减价出售的客户前来购货，进而扩大销售。但是，现金折扣是对现金收入的扣减，将直接带来现金折扣损失。

企业提供比较优惠的信用条件往往能增加销售量，但同时也会增加现金折扣成本、坏账损失和应收账款的机会成本及管理成本。在进行信用条件决策时，就是要综合考虑上述因素，先计算增加的收益，再计算增加的成本，最后，根据二者比较结果，选择最大可能增加企业利润的信用条件。

净收益（信用条件变动后的）=增加的收入-增加的成本+节约的成本-现金折扣

③ 收账政策。收账政策是指企业对超过了规定的信用期限仍未收到应收账款所采取的对策、措施以及准备为此而付出代价的策略。从理论上讲，履约付款是客户不容置疑的责任与义务，债权企业有权通过法律途径要求客户履约付款。

对于逾期时间长短不同的应收账款，应采用不同的收账政策。对逾期较短的应收账款，可以暂不采取行动，以便保持与客户之间的长期赊销关系；对逾期稍长的应收账款，可去信函有礼有节地提醒客户付款；对逾期较长的应收账款，应去电话或较明确的信函催收；对逾期很长的应收账款，则应派专人登门催收，若客户故意拒付，则可诉诸法律。

（3）应收账款日常管理。

企业在制定了信用政策后，为客户提供了商业信用，就不可避免地产生了应收账款。对已经发生的应收账款加强日常管理，采取有力的措施进行分析、控制，有利于减少坏账损失。应收账款日常管理是一项复杂而细致的工作，以下几项为主要的管理措施：加强对客户信用要求的审批管理；加强对应收账款的信息反馈管理；加强对应收账款的责任管理；建立坏账准备金。

案例分析 5-8

某企业现采用的收账政策和拟改变的收账政策，有关数据资料如表 5-10 所示。假设有价证券的利率（机会成本率）为 20%。

表 5-10 收账政策数据资料

项目	现采用收账政策	拟改变收账政策
年收账费用/万元	8	12
平均收账期/天	72	45
坏账损失占赊销额	3%	2%
赊销额/万元	560	560
变动成本率	60%	60%

【案例思考】根据资料，计算两种方案的收账总成本，并进行对比分析评价。

【分析】两种收账政策的分析评价如表 5-11 所示。

表 5-11 两种收账政策分析评价

项目	现采用收账政策	拟改变收账政策
赊销额/万元	560	560
应收账款周转率/次	360÷72=5	360÷45=8
应收账款平均余额/万元	560÷5=112	560÷8=70
维持赊销业务占用资金/万元	112×60%=67.2	70×60%=42
应收账款机会成本/万元	67.2×20%=13.44	42×20%=8.4
坏账损失/万元	560×3%=16.8	560×2%=11.2
收账费用/万元	8	12
收账总成本/万元	38.24	31.6

表 5-11 的计算结果表明,拟改变收账政策发生的收账总成本较现采用收账政策的收账总成本降低了 6.64(38.24-31.6)万元,因此,应改变收账政策。

5.2.4 解析企业利润分配管理

1. 如何进行利润分配

利润分配指对企业所实现的经营成果进行分割和派发的活动。利润是企业一定会计期间的经营成果,是一定会计期间内实现的收入与发生费用相抵后的净额。它是企业生产经营活动的最终成果,集中反映了企业生产经营活动各方面的效益,是衡量企业生产经营管理和各方面工作的重要指标。利润主要包括营业利润、利润总额和净利润三个层次。财务管理中的利润分配,主要是指企业的净利润分配。利润分配是财务管理的重要内容,利润分配的实质就是确定给投资者分红与企业留用利润的比例。

(1)利润分配的基本原则。

利润分配就是将企业所实现的经营成果在各利益主体之间进行分配,这不仅会影响企业的筹资决策、投资决策和投资各方的利益,而且还会影响企业的资金流转。因此,利润分配活动中必须妥善处理好企业内外各利益主体之间的关系以及企业内部短期发展和长远发展之间的辩证关系,以保证企业的健康发展。为此,企业在进行利润分配时应遵循以下原则:坚持规范性原则,依法分配;坚持全局观念,兼顾各方利益;坚持分配与积累并重,兼顾长期利益与短期利益共存;坚持投资与收益对等,收益大小与投资比例相匹配等。

(2)利润分配的一般程序。

利润分配程序是指公司制企业根据适用法律、法规或规定,对企业一定期间实现的净利润进行分派必须经过的先后步骤。《中华人民共和国公司法》(以下简称《公司法》)规定,公司弥补亏损和提取公积金后所余税后利润,有限责任公司按照股东实缴的出资比例分配利润,全体股东约定不按照出资比例分配利润的除外;股份有限公司按照股东所持有的股份比例分配利润,公司章程另有规定的除外。公司持有的本公司股份不得分配利润。公司违反规定向股东分配利润的,股东应当将违反规定分配的利润退还公司;给公司造成损失的,股东及负有责任的董事、监事、高级管理人员应当承担赔偿责任。

① 非股份制企业的利润分配程序。

非股份制企业当年实现的利润总额应按国家税法的有关规定作相应的调整,然后依法缴纳所得税。缴纳所得税后的净利润,除法律行政法规另有规定外,按下列顺序进行分配。

a. 弥补以前年度的亏损。按我国财务和税务制度的规定，企业的年度亏损可以由下一年度的税前利润弥补，下一年度税前利润尚不足以弥补的，可以由以后年度的利润继续弥补，但用税前利润弥补以前年度亏损的连续期限一般不超过 5 年。5 年内弥补不足的，用本年税后利润弥补。本年净利润加上年初未分配利润为企业可供分配的利润，只有可供分配的利润大于零时，企业才能进行后续分配。

b. 提取法定盈余公积金。法定盈余公积金是按照有关法规制度的要求强制性提取的，其主要目的是保全资本，防止企业滥分税后利润。法定盈余公积金按照税后利润扣除弥补亏损后余额的 10% 提取，当法定盈余公积金已达到注册资本的 50% 时可不再提取。法定盈余公积金可用于弥补亏损、扩大公司生产经营或转增资本，但公司用盈余公积金转增资本后，法定盈余公积金的余额不得低于转增前公司注册资本的 25%。

c. 向投资者分配利润。企业以前年度未分配的利润并入本年度利润，在充分考虑现金流量状况后，向投资者分配。属于各级人民政府及其部门、机构出资的企业，应当将应付国有利润上缴财政。

② 股份制企业的利润分配程序

对股份有限公司而言，在弥补以前年度亏损、提取法定盈余公积金之后，向投资者分配利润还需要按以下步骤进行。

a. 支付优先股股息。企业应按事先确定的股息率向优先股股东支付股息。如果公司的优先股股东所持股票为可参与优先股，那么在向股东支付固定股息后，还应该按约定的条款允许优先股股东与普通股股东一起参与剩余利润的分配。

b. 提取任意盈余公积金。任意盈余公积金由企业根据章程的有关规定或董事会决议所确定的比例自愿提取。提取任意盈余公积金可以起到控制向普通股股东分配股利及调节各年股利分配波动的作用。任意盈余公积金的用途和法定盈余公积金一样，可用于弥补亏损或转增企业资金。

c. 支付普通股股利。企业应按已经确定的利润分配方案向普通股股东支付股利。企业弥补以前年度亏损和提取盈余公积后，当年没有可供分配的利润时，不得向投资者分配利润，但法律、行政法规另有规定的除外。

（3）股利的种类。

股利的种类主要有现金股利、股票股利、财产股利和负债股利。

现金股利是股份有限公司以现金的形式发放的股利，它是股利支付的常用方式，也是投资者易接受的方式。发放现金股利的多少主要取决于公司的股利政策和经营业绩。

股票股利是指以额外增发股票的形式来发放给股东的股利。发放股票股利一般按股东的持股比例以认购股票或增配新股的方式进行。股票股利不会改变公司股东权益总额，但会改变股东权益的构成；不会导致公司资产的流出或者负债的增加，也不会因此而增加公司的财产。

财产股利是以现金以外的资产支付给股东的股利，主要是以公司所拥有的其他企业的有价证券（如证券、股票）作为股利支付给股东。

负债股利是公司以负债支付的股利，通常以公司的应付票据支付给股东，在不得已情况下，也有发行公司债券抵付股利的。

财产股利和负债股利实际上是现金股利的替代。

（4）股利的发放程序。

股份有限公司分配股利须遵循法定的程序，先由董事会提出股利分配预案，然后提交股东大会决议，经股东大会决议通过后，向股东宣布股利分配方案，并确定股权登记日、除息（或除权）日和股利支付日等。

案例分析 5-9

鸿新公司本年度利润总额 150 万元，5 年内未弥补亏损 50 万元，超过 5 年弥补期限的亏损额 20 万元，没有其他纳税调整事项，所得税税率 25%，按 10% 计提法定盈余公积。

【案例思考】该公司当年应纳税所得额、所得税费用、应计提的法定盈余公积以及可供分配的利润是多少？

【分析】应纳税所得额=150-50=100（万元）。

所得税费用=100×25%=25（万元）。

应计提的法定盈余公积=（150-50-25-20）×10%=5.5（万元）。

可供分配的利润=150-50-25-20-5.5=49.5（万元）。

2. 选择股利政策

股利政策是指在法律允许的范围内，企业是否发放股利、发放多少股利以及何时发放股利的方针及策略。股利政策的核心问题是确定分配与留存的比例，即股利支付比率问题。股利政策受多种因素的影响，并且不同的股利政策也会对企业的股票价格产生不同的影响。

（1）股利政策主要类型

① 剩余股利政策。剩余股利政策是指企业在保持其最佳资本结构的前提下，税后利润的分配首先满足企业发展资金的需要，如果还有剩余就将剩余的税后利润用于发放股利，如果没有剩余就不发放股利的分配政策。

剩余股利政策的优点，在这种股利政策下，公司将满足投资后剩余的盈余用于发放股利，从而降低了再投资的资金成本，保持了理想的资本结构，使综合资金成本最低。因此，剩余股利政策有利于满足企业对资金的需求，稳定并提高股价。

剩余股利政策的缺点，公司的投资需求各年之间变化很大，因此采取这种股利分配政策会导致各年之间分配给股东的股利变化很大；且企业每年支付的股利额是随投资机会变化的，不能与企业的盈余较好地配合，甚至不发放股利，所以剩余股利分配政策会遭到重视股利收入的股东的反对。剩余股利政策不利于投资者安排收入与支出，也不利于公司树立良好的形象。剩余股利政策一般适用于公司初创阶段。

② 固定或稳定增长股利政策。所谓固定或稳定增长的股利政策是指公司将每年派发的股利固定在某一特定水平上，并在较长的时期内保持不变，只有当公司认为未来盈余会显著地、不可逆转地增长时，才提高年度的股利发放额的分配政策。

实行固定或稳定增长的股利政策的主要目的是避免出现由于经营不善而减发股利的情况。这种股利政策有以下几个优点。第一，稳定的股利向市场传递公司正常发展的信息，有利于树立公司良好的形象，有利于股票价格的稳定，从而增强投资者对公司的信心。第二，稳定的股利有利于投资者安排股利收入与支出，特别是对那些对股利有着很强依赖性的股东。而股利忽高忽低的股票，则不会受这些股东的欢迎，股票价格会因此而下降。第三，稳定的股利政策可能会不符合剩余股利理论，但考虑到市场会受多种因素包括股东的心理状态和其他要求等影响，为了将股利维持在稳定的水平上，即使推迟某些投资方案或者暂时偏离目标资本结构，也可能要比降低股利或降低股利增长率更为有利。

固定或稳定增长的股利政策的缺点在于股利的支付与公司盈利能力相脱节。当盈利能力较低时仍要支付固定的股利，这可能引起公司资金短缺，财务状况恶化，同时不能像剩余股利政策那样保持较低的资本成本。固定或稳定增长的股利政策一般适用于经营比较稳定或者正处于成长期、信誉一般的企业。

③ 固定股利支付率政策。固定股利支付率政策是指企业确定一个股利占公司盈余（净利润）的比率，并长期按此比率支付股利的政策。

固定股利支付率政策的优点是：公司股利与公司经营状况紧密配合，以体现利多多分，利少少分，无利不分的原则，才算真正公平地对待每位股东。而且公司分配股利与经营状况相联系，不会有资金短缺或财务状况恶化的窘迫情况出现。

固定股利支付率政策的缺点是：各年的股利变动较大，极易造成公司不稳定的感觉，对于稳定股票价格不利。固定股利支付率政策一般适用于稳定发展的企业和企业财务状况较稳定的阶段。

④ 低正常股利加额外股利政策

低正常股利加额外股利政策是企业事先设定一个较低的经常性股利额，企业每期通常都按此金额支付正常股利，只有盈利较多时，再根据实际情况发放额外股利。

低正常股利加额外股利政策的优点是：既可以在一定程度上维持股利的稳定性，又有利于优化资本结构，将稳定性与灵活性较好地结合；有助于稳定股价，增强投资者的信心。

低正常股利加额外股利政策的缺点是：盈利波动使得额外股利不断变化，或时有时无，容易造成企业收益不稳定的错觉；若连续使用此政策，会使股东认为额外股利也是"正常股利"，而一旦取消额外部分，股东则可能会认为是企业财务状况恶化，会引发股价下跌。

低正常股利加额外股利政策一般适用于盈利水平随经济周期波动较大的企业。

（2）影响利润分配的因素

企业在进行对投资者分配利润的决策时，有来自于主观和客观方面的制约因素，使得决策者只能遵循当时的经济环境与法律环境之间做出有限的选择。影响企业利润分配政策的因素主要体现在以下几个方面。

◆ 法律因素：资本保全约束、企业积累约束、净利润约束、偿债能力约束。
◆ 公司因素：公司举债能力、盈余的稳定性、资产的流动性、未来投资机会、筹资成本、债务需要、其他因素。
◆ 股东因素：控制权、稳定的收入和避税、规避风险。
◆ 其他因素：债务合同约束、通货膨胀。

案例分析 5-10

华强公司全年利润总额是 2 000 万元，所得税税率为 25%；需要用税后利润弥补的亏损额是 50 万元；公司规定按 10%提取法定盈余公积金后，不再提取任意盈余公积；第二年的投资计划拟需资金 1 200 万元。该公司的目标资金结构为自有资金 60%，借入资金 40%。另外，该公司流通在外的普通股总额为 2 000 万股。

【案例思考】（1）计算该公司当年可发放的股利的额度。（2）计算在剩余股利政策下，该公司当年可发放的股利额及每股股利。

【分析】（1）计算该公司当年可发放的股利的额度；

税后利润=2 000×（1-25%）=1 500（万元）；

弥补亏损后的利润=1 500-50=1 450（万元）；

提取的法定盈余公积=1 450×10%=145（万元）；

该公司当年可发放的股利最高额度=1 450-145=1 305（万元）。

（2）计算在剩余股利政策下，该公司当年可发放的股利额及每股股利：

当年可发放的股利额=1 305-1 200×60%=585（万元）。

每股股利=585÷2 000=0.2925（元/股）。

职业道德与财税素养

企业选择风险低的筹资方式，避免陷入非法集资陷阱

被告人吴某华为维持其自有公司经营，欠下大量债务。随后，吴某华建立了名为"华强财富"的投融资 P2P 互联网交易平台，指使吴某虹等人制作虚假的借款合同和抵押合同，在互联网上发布虚假的借贷信息，承诺高回报率，进行融资，通过第三方平台或直接将钱转入该公司账户或吴某虹的银行卡的形式进行投标。吴某华将骗取资金用于华强公司的运营和归还其个人其他债务等。被告人吴某华被认定为犯集资诈骗罪，判处有期徒刑十四年，并处罚金人民币五十万元。

动画视频

红线之殇：企业筹资的生死抉择

【案例警示】

企业运营期间，需要根据实际情况进行筹资，应该选择风险低的筹资方式，在创新金融模式的同时，一定要注意不要触碰监管及法律红线。企业不触碰法律红线的前提是了解相关的监管文件，避免违法违规。违规指的是违反行政法规、部门规章、地方性法规的规定。违规面临的是行政处罚，情节轻的通常是罚款、整改；如果情节严重，则可能导致相关业务被关闭。这些都会对企业造成负面影响，严重的甚至影响企业生存。违法指的是违反相关法律规定，承担的法律后果主要是民事责任和刑事责任。目前融资平台涉及非法集资的案件，法院一般不会判定为单位犯罪，而是直接判定主要责任人犯罪，也就是所谓的决策层人员个人犯罪行为，重则判处十年以上有期徒刑或无期徒刑，并没收财产；轻则判处三年以下有期徒刑或拘役。

所以，企业筹资不应该铤而走险，触犯法律红线，沦为非法集资，否则逃脱不了法律的制裁。

思考与练习

一、单选题

1. 财务管理的核心工作环节是（　　）。

A. 财务预测　　B. 财务决策　　C. 财务预算　　D. 财务分析

2. 下列充分考虑资金的时间价值和投资风险价值的理财目标是（ ）。

    A. 利润最大化   B. 资金利润率最大化

    C. 每股收益最大化   D. 企业价值最大化

3. 财务管理的基本内容是指（ ）。

    A. 筹资、投资和用资

    B. 预测、决策、预算、控制和分析

    C. 资产、负债与所有者权益

    D. 筹资管理、投资管理、营运资金管理和利润分配管理

4. 下列各项中，不属于负债资金筹集方式的是（ ）。

    A. 留存收益   B. 银行借款   C. 商业信用   D. 融资租赁

5. 以下对普通股筹资优点的叙述中，不正确的是（ ）。

    A. 具有永久性，无须偿还   B. 无固定的利息负担

    C. 资本成本较低   D. 能增强公司的举债能力

6. 股票投资与债券投资相比（ ）。

    A. 风险高   B. 收益小   C. 价格波动小   D. 变现能力差

7. 一个投资方案年销售收入 300 万元，年销售成本 210 万元，其中折旧 85 万元，所得税税率为 25%，则该方案年现金流量净额为（ ）万元。

    A. 90   B. 152.5   C. 175   D. 54

8. ABC 分类控制法下，最基本的分类标准是（ ）。

    A. 金额   B. 品种   C. 数量   D. 体积

9. 某企业全年需用 A 材料 2 400 吨，每次的订货成本为 400 元，每吨材料年储备成本 12 元，则每年最佳订货次数为（ ）次。

    A. 12   B. 6   C. 3   D. 4

10. 按照剩余股利政策，假定某公司资金结构是 30% 的负债资金、70% 的权益资金，明年计划投资 600 万元，今年年末股利分配时，应从税后净利中保留（ ）用于投资需要。

    A. 180 万元   B. 240 万元   C. 360 万元   D. 420 万元

11. 要保持目标资本结构，应采用的股利政策是（ ）。

    A. 剩余股利政策   B. 固定股利政策

    C. 固定股利支付率政策   D. 正常股利加额外股利政策

12. 能使股利与公司盈利紧密结合的股利政策是（ ）。

    A. 剩余股利政策   B. 固定股利政策

    C. 固定股利支付率政策   D. 正常股利加额外股利政策

二、多选题

1. 下列各项中，属于利率组成因素的有（ ）。

    A. 纯利率   B. 通货膨胀补偿率

    C. 风险报酬   D. 社会累计率

2. 财务管理的内容包括（ ）。

    A. 筹资管理   B. 投资管理

    C. 利润分配管理   D. 营运资金管理

3. 年金有（　　　）等特征。

　　A. 收入或支付款项的金额相等

　　B. 收入或支付款项的间隔期相等

　　C. 收入或支付款项的间隔期一定为一年

　　D. 收入或支付款项的时间是在每一期的期初

4. 下列（　　　）属于年金形式。

　　A. 年资本回收额　　　　　　　　　B. 定期定额支付的养老金

　　C. 零存整取储蓄存款的整取额　　　D. 偿债基金

5. 在计算个别资本成本时，需要考虑所得税抵减作用的筹资方式有（　　　）。

　　A. 银行借款　　　　B. 长期债券　　　　C. 优先股　　　　D. 普通股

6. 银行借款的特点包括（　　　）。

　　A. 限制性条款多，因此融资速度较慢　　B. 借款成本低

　　C. 借款灵活性大　　　　　　　　　　　D. 借款成本高

7. 基金投资与债券投资相比，（　　　）。

　　A. 发行的主体不同　　　　　　　　　B. 体现的权利关系不同

　　C. 风险和收益不同　　　　　　　　　D. 存续时间不同

8. 内含收益率是指（　　　）。

　　A. 投资报酬与总投资的比率　　　　　B. 项目投资实际可望达到的报酬率

　　C. 投资报酬现值与总投资现值的比率　D. 使投资方案净现值为零的贴现率

9. 应收账款日常管理的主要内容包括（　　　）。

　　A. 应收账款追踪分析　　　　　　　　B. 应收账款账龄分析

　　C. 应收账款收现率分析　　　　　　　D. 应收账款坏账准备制度

10. 企业在制定或选择信用标准时应考虑的因素有（　　　）。

　　A. 同行业竞争对手的情况　　　　　　B. 企业承担违约风险的能力

　　C. 企业承担流动性风险的能力　　　　D. 客户的资信程度

11. 关于股利分配政策，下列说法正确的有（　　　）。

　　A. 剩余分配政策能充分利用筹资成本最低的资金资源保持理想的资金结构

　　B. 固定股利政策有利于公司股票价格的稳定

　　C. 固定股利支付率政策体现了风险投资与风险收益的对等

　　D. 低正常股利加额外股利政策不利于股价的稳定和上涨

12. 剩余股利政策（　　　）。

　　A. 能使综合成本最低

　　B. 有利于保持理想的资本结构

　　C. 有可能影响股东对企业的信心

　　D. 可最大限度地满足企业对再投资的权益资金需要

13. 按照公司法的规定，下列各项中属于公司利润分配项目的有（　　　）。

　　A. 资本公积　　　B. 法定盈余公积　　　C. 税前补亏　　　D. 股利

三、判断题

1. 风险与收益是对等的，风险越大，投资人要求的投资收益率就越高。（　　　）

2. 年金是指每隔一年、金额相等的一系列现金流入或流出量。（　　　）

3. 发行股票，既可筹集企业生产经营所需资金，又不会分散企业的控制权。（　　）

4. 当债券的票面利率高于市场利率时，债券可折价发行。（　　）

5. 企业的自有资金都属于长期资金，而债务资金则既有长期的也有短期的。（　　）

6. 一般情况下，使某投资方案的净现值小于零的折现率，一定高于该投资方案的内含报酬率。（　　）

7. 在利用成本分析模式和存货模式确定最佳现金持有量时，都可以不考虑现金管理成本的影响。（　　）

8. 在 ABC 分类控制法下，应当重点管理的是虽然品种数量较少，但金额巨大的存货。（　　）

9. 在收益分配实践中，固定股利政策和低正常股利加额外股利政策为常见的两种股利政策。（　　）

10. 固定股利政策的一个主要缺点是当企业盈余较少甚至亏损时，仍须支付一固定数额的股利，可能导致企业财务状况恶化。（　　）

11. 企业发生的年度经营亏损，依法用以后年度实现的利润弥补。连续 5 年不足弥补的，用税后利润弥补，或者经企业董事会或经理办公会审议后，依次用企业盈余公积、资本公积弥补。（　　）

四、简答题

1. 什么是项目投资，其有哪些特点？

2. 证券投资的目的是什么？有哪些风险？

3. 什么是信用政策，其包括哪些内容？

4. 简述企业利润分配的程序。

动手做一做

请从网上搜集某企业进行筹资的案例，并且分析其筹资方式是否恰当，其优缺点有哪些。